考古学リーダー21

縄文研究の新地平（続々）
～縄文集落調査の現在・過去・未来～

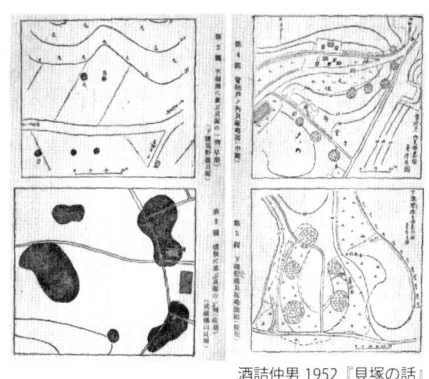

酒詰仲男 1952『貝塚の話』

小林謙一・黒尾和久・
セツルメント研究会 編

六一書房

扉挿図：貝塚の分布
酒詰仲男　1952『貝塚の話－初めて先史学を学ぶ人々に－』彰考書院版
1948年に第一版が出されている。1940年に東京帝国大学人類学教室で発掘した埼玉県黒谷貝塚を説明する上で、「縄文石器時代の貝塚」には「数個の貝塚が円形や、馬蹄形に点列している」場合や「一山ことごとく貝殻の山になって」「周辺が土手状に高くなり、なかが凹んでそこにはほとんど貝がないような場合」を図示している。

目　次

序—縄文集落研究の新地平の15年を巡って— …… 小林　謙一　1
調査史年表 ……………………………………… 小林・中山・黒尾　9

1部　報告「縄文集落研究の新地平の15年」

縄文時代住居調査学史 ………………………… 小林　謙一　29
武蔵野台地における縄文中期集落調査の事例から … 中山　真治　58
多摩における縄文中期集落調査の展望 ……… 黒尾　和久　70
調査例個別報告その1　東海地方からの視点 ……… 纐纈　茂　98
調査例個別報告その2　犬島貝塚の調査から ……… 遠部　慎　105
調査例個別報告その3　山梨県の調査例 ……… 櫛原　功一　109
調査例個別報告その4　福島県井出上ノ原遺跡の調査実践
　………………………………………………… 大網　信良　115
調査例個別報告その5　北関東から－栃木県の事例－
　………………………………………………… 武川　夏樹　123
調査例個別報告その6　北海道での調査実践 ……… 村本　周三　130

2部　討論の記録

縄文集落研究の新地平の15年 ………………………………… 137

3部　補論と展望

縄文集落研究の15年と新地平グループの指針 ……… 宇佐美哲也　195
「縄文集落研究の新地平の15年」公開研究会参加記
　－いわゆる新地平グループのこだわり－ ……… 山本　典幸　203
戦後集落調査の系譜 …………………………… 小林　謙一　210
型式組列原理再考 ……………………………… 五十嵐　彰　223
結～縄文集落研究の足場 ……………………… 黒尾　和久　235

編者紹介・執筆者一覧

序 ―縄文集落研究の新地平の15年を巡って―

小 林 謙 一

1. 縄文集落研究の新地平を巡って

　最初に研究の目指す先として設定している縄文集落研究ひいては縄文社会復元の課題について指摘しておきたい。学史研究を目的化するのではなく、歴史復元の一里塚としての意義を明確に意識していく必要がある。そうでなければ「ひだびと論争」の反省を踏まえることなく編年至上主義として土器型式編年さらには型式細別を目的化したかのような土器研究に陥った研究状況、皇国史観に積極的に関与するか植民地主義を後押しする結果となった大陸・南洋での考古学・民俗学調査が招いた戦前の研究状況、その反動として唯物史観を基盤とした原始共同体論や水野正好集落論に始まる演繹的なモデル優先の縄文観の構築、高度経済成長期におけるバブル考古学とその破綻がもたらす近年の研究の停滞など、無批判な研究の蓄積がかえって研究の袋小路へ迷い込む結果を招く恐れがないとはいえない。研究上の留意点を確認しつつ、一歩ずつ進めていく必要があるだろう。

考古学の動向と調査

　1970年代の高度成長期における緊急調査の増加により発掘件数が年間1万件を超え、奈文研の埋蔵文化財ニュースに積み上がった発掘調査報告書の写真が表紙となって遺跡保存の意味がいかに調査体制を整え開発にすり寄せながら調査期間を確保し報告書を作成するかということに無意識的にすり替わった時期に、現代に続く日本考古学は大きく成長した。団塊の世代が先鞭をつけ、それに続く我々の世代が遺跡を消費しながら資料のみを積み上げてきた。各地の埋蔵文化財センターによる調査が考古学的情報の発信地となり、考古学に関わる研究者の人数が最も多いセンターとなった。考古学的研究は、

現行の47都道府県が単位となり、県ごとに考古学会ができ、集成作業も県単位で行うのがデフォルトとなった。土器型式編年はおおよそ完成したとの認識が緩やかに共有されつつも、編年のための編年として型式細別が拡大再生産されていった。もてはやされる研究は調査や整理作業を行っていく上で不可欠な知識となる土器編年など実用的な方法論に傾注する結果となり、集落研究を含む先史社会の再構築は共同体理論が廃れると空中分解することになってしまった。

考古学と埋文行政考古学

　現代的な課題として埋蔵文化財行政を巡る課題を含めなくてはならない。高度経済成長期における埋蔵文化財センターを典型とする埋文行政考古学は、一定地域の広域調査・台地全面をめくる全面調査・自然科学分析の定型的な導入・報告書の刊行による多量の成果の蓄積など一定の成果を上げ、現時点における考古学のスタンダートとなっている。同時に、ルーチンワークとなったための弊害や、不況下における行政考古学の停滞、そもそも埋蔵文化財としての遺跡保存という建前と、開発のための記録保存により多大な成果を挙げてきたという本質との間の自己矛盾を清算することができず、団塊の世代の退職後も新たなテーゼを示しているとはいえずに縮小再生産を繰り返しているのが現状である。

調査方法の進化と効率化

　発掘調査の方法は、2つの側面で変化してきた。一つは、とらえるべき考古学的情報の多様化に伴い、調査方法が進化してきた面である。明治期、ある種の発掘では人骨採集が最大の目的であり、貝層をめくって人骨資料を取り上げるのみの発掘が行われた。また坪掘りやトレンチ調査によって炉のみ、または竪穴住居のみを丸掘りし完形に復元できる土器や定型的な石器、土偶などの珍品を取り上げることを主とする調査もあった。調査目的に応じて調査方法が局限されつつ発達してきた。植物遺体などの採集を狙ってフローテーションなど水洗選別の手法が発達し、遺構の層位的所見を得るために土層断面観察ベルトが設定されるようになった。一方、コストと期間の問題により、より効率的な調査方法が発達した。特に高度経済成長期には、調査に

かかる金銭的コストよりも期間短縮が優先され、ブルトーザーやパワーシャベル、ベルトコンベヤーなどの建設機器による機械化や、平板測量・やり方測量から光波測定器やコンピューターの利用、空中測量・写真測量による測量技術が発達した。こうした調査技術の発達は、考古学情報の効率的な収集という点で益が大きい一方、調査の画一化、省力化による情報の見落としを招くなど、功罪ともに大きなものがあった。

縄文集落研究史と社会

　集落研究における学史的な観点としては、本書の各論考を参照してもらうこととするが、学史研究も研究者自体の認識によって大きく左右される。一つには、研究目的や対象とする考古学分野によって研究史のとらえ方は当然だが変わる。同一の遺跡の調査に対する評価も当然変わるだろう。もう一つは、意識するしないにかかわらず、研究者が置かれている社会に従った認識によって価値観が変わる点にある。戦前・戦中期に身をおけば、皇国史観に参与するにせよ関わりを避けるにせよそれに対応した見方となるし、現在においても自由史観なりなんなり後世を待たなくては客観的評価は下せない見方に縛られて研究史を見ていることは否めない。その点を意識した上で、やはり研究史は繰り返し再評価していかなくてはならないと言うことになる。

縄文集落研究の目的と方法

　縄文時代、先史時代の集落研究の目的はなにか。多様なレベルでの研究目的が存在するが、まずは居住痕跡をどのように認識するか、逆に言うならば考古学的な調査によって過去のどのような情報を得ることができるのか、その時間的重層をどの程度の分解能で把握できるのかといった考古学的な方法論の構築や検証に関わるレベル、遺構・遺物として認識し得た考古学的情報を統合することで、過去の居住・生産・消費・廃棄・生業・葬送・儀礼などの重層した活動痕跡と社会システムをどのように復元するかという先史社会システム復原のレベル、特定地点・地域に限らず広域的な文化複合体としてのあり方を検討することになる社会システムの構築まで、発掘調査など考古学的記述の統合化から、ライフサイクルモデルなどモデル論的アプローチから土器編年・層位的解釈など考古学的方法論や過去・現在にわたる民族学的

な情報、年代測定・産地推定・使用痕分析を含む自然科学的分析など各レベルを結びつけるいわゆるミドルレンジセオリーから研究者の認識や資料が遺存するに至るまでの形成プロセスの復元まで、多様な研究の階層が生じる。研究目的をどのような視座に持つかは、研究者の任意に委ねざるを得ないため、多角的な視点を保ちつつも目的に応じた特化したアプローチを取ることもある。その中の研究目的を特定するということは、当座の研究アプローチを示すということに過ぎないが、研究者相互の共通理解を得ていくためにはある程度の限定は必要といえる。

　ここでは、南西関東地方の縄文時代中期の竪穴住居が含まれる「集落遺跡」と称されるセツルメントを中心に、居住活動が行われたセツルメントを摘出し、その活動内容の解明と重層性または分節化を検討のうえ、時間的把握・活動内容の解明・規模や量の把握について発掘調査を主とした考古学的情報から復原する。集団規模のコントロールや定住性または移動形態を含む居住形態、婚姻・家族・村落・地域集団を含む社会組織、資源獲得の手法としての生業形態、婚姻システムや交易システムを含む集団間の相互作用といった互いに関連したサブシステムからなる社会システムを復元することを目的とする。

２．集落研究の新地平５と本書刊行の経緯

　本書は、2010年3月13日に中央大学文学部において、新地平グループの第5回目に当たる研究集会「縄文集落研究の新地平の15年」の記録である。これは、国立歴史民俗博物館個別共同研究「東アジア先史時代の定住化過程の研究」（2007～2009年度）2009年度第4回公開研究会を兼ねた研究会としておこなった。この歴博の共同研究については、国立歴史民俗博物館研究報告の154集（春成・小林編2009）として刊行した愛媛県上黒岩遺跡の研究に関わる縄文時代草創期・早期の遺跡研究・遺物研究や年代論とともに、東北・関東地方を中心とした縄文中期集落の個別集落や地域ごとの実態復原、そのための研究事例として竪穴住居ライフサイクルの分節ごとの年代研究といった視点からの論考をまとめた論集が、『国立歴史民俗博物館研究報告172集

序 ―縄文集落研究の新地平の 15 年を巡って―

東アジア先史時代の定住化過程の研究』(小林・工藤編 2012) として刊行されるので、併せて参照されたい。

縄文時代の定住性については、その成立期における定住化の復原も重要である (例えば小林・工藤編 2011) が、ここでは縄文中期をとりあげる。縄文時代の発展段階と言われる典型的な日本列島の採集狩猟段階を主とした先史社会である縄文時代前中期の実像を巡って、定住か移動かを巡る議論がいまだに熟成せず、水掛け論を続けている。南関東を主な研究フィールドとして高度経済成長に伴う大規模開発の落とし子としての考古学バブル期から縄文集落調査に関わってきた者として、縄文集落研究の夢見る頃と停滞期を知る世代である我々が研究を積み上げる努力をしなくてはならない。埋蔵文化財行政や考古学研究の中でいつまでたっても最若手の一端を占める「新人類世代」(の走りくらいだろうか) とされる新地平派であるが、いつまでも「新地平」といってすましていることもできない。1995 年に「縄文集落研究の新地平」(縄文集落研究グループ 1995) として旗揚げし、主に『考古学リーダー』の場を使わせていただいて、『縄文研究の新地平―勝坂から曽利へ―』(小林・セツルメント研究会 2005)、『縄文研究の新地平 (続) ―縄文集落・竪穴住居のリサーチデザイン―』(小林・セツルメント研究会 2008) と重ねてきたが、縄文集落の実態に直接アプローチする手法を採らず、時間軸となる土器編年の再検討、調査法の再検討というように遠回りの道を選んできた。今回、さらに学史研究へと道を進め、急がば回れの方策を採ることとした。

3 月 13 日の研究集会では、小林謙一・中山真治・黒尾和久による南関東地方の縄文時代中期集落研究および北海道・北関東・中部・東海・瀬戸内地域の個別研究について比較検討した。細かな調査法に基づく集落の一時的景観復原について、内外の研究者多数による議論を行い、改めて集落研究・調査の問題点や議論において齟齬をきたしている点が浮き彫りになるなど、問題意識の再構築を得ることができた。

当日の演題は下記の通りである。
小林謙一 「縄文住居調査学史」
中山真治 「武蔵野台地における縄文中期集落調査の事例から」

黒尾和久　「多摩における縄文中期集落調査の展望」
纐纈　茂　「調査例個別報告その１　東海地方から」
村本周三　「調査例個別報告その２　北海道での調査実践」
遠部　慎　「調査例個別報告その３　犬島貝塚の調査」
櫛原功一　「調査例個別報告その４　山梨県の調査例」
大網信良　「調査例個別報告その５　井出上ノ原遺跡の調査実践」
武川夏樹　「調査例個別報告その６　北関東から」

　発表後、宇佐美哲也の司会により、討論会を行った。討論では、小林・中山・黒尾を中心に南関東地方の縄文集落調査とそこで培われてきた集落研究にスポットを当てて研究史的な復原を行い、会場からも桐生直彦、山本孝司、五十嵐彰の各氏からコメントを頂いた。また、研究会当日は、小林・中山・黒尾がそれぞれの視点から調査史年表を提示したが重なる部分も多いため、本書では山本典幸・五十嵐彰氏の協力も頂いた上で３人の年表を統合し、１枚の縄文集落調査・研究年表として巻頭に掲げた。

　本書では、各発表者の講演記録ともに、討論の記録を収録した。それぞれ当日の録音テープや配布レジメを発表者が手を加えてまとめたものである。また、コメントとして当日会場にいらした山本典幸、五十嵐彰両氏に改めてコメント原稿をいただいた。山本氏には新地平派の活動を外からの視点で総括して頂いた。自己充足に陥ることなく、絶えず外からの意見に耳を傾けていきたい。また、細かいことに熱中する等個人的な傾向が強いメンバーが多いこともあり、一つのテーマにこだわりがちな事が多いが、個別のテーマは総体として先史を含む人類社会解明へ向けての方途であり、物質文化研究の統合化が第一の目標である。そのためにも、五十嵐氏には井戸尻編年の位置づけを含め、集落調査史から遺物研究・編年研究への横断的な視点として、型式論への提言を頂いた。今後の方向性の一つとして模索していきたい。

　縄文集落研究新地平グループの活動と、国立歴史民俗博物館共同研究の活動とは、代表を小林が務め、研究メンバーも一部が重なるという物理的な共通点と、縄文社会の居住形態復原という研究目標の共通項はあるが、その研究テーマや対象においてもちろん温度差がある。新地平グループは在野の調

序 —縄文集落研究の新地平の15年を巡って—

査者としての手弁当での研究活動であり、広く連帯を求める運動である。その目標は、将来の縄文集落研究の実像を探るために必要な研究ツールの獲得(例えば全点ドットの「点を取る調査」であったり遺構間接合であったり水洗選別であったり炭素14年代測定であったりする)や実践と洗練、改良や普及にあり、必ずしも縄文社会をすぐさま明らかにする義務があるわけではない。また、研究の担い手をこれから調査に関わっていく若手に求めたいと考えている。それに対して、歴博は国立の歴史学・考古学・民俗学の本山を目指す研究機関であり、国民の税金を使わせて頂いて、意義がある研究成果を挙げる義務がある。その目標は、縄文時代研究を日本史の中に位置づけ、日本列島に暮らす人々の暮らしを人類史や地域史として再構成することにあり、その担い手は、プロの歴史の語り部と期待される。その点、小林らはこれからの若手でもなく、知見豊かな大家でもない。中途半端な研究の提示はいただけないよといわれるだろうが、若者の厚顔無恥と老人の押しつけがましさの両面を持つことにして、あくまで途中経過にすぎない縄文社会復原の一里塚の構築につきあっていただきたいと考える次第である。

　本書をまとめるにあたり、研究会当日のテープ起こしや編集において、矢嶋良多、平原信崇、橋本望、小澤政彦、浅野美幸、大野(小林)尚子の各氏に協力を得た。記して謝意を表します。

　なお、山内清男に従い「縄紋」「地紋」と「文様」を使い分けたいが、本書では引用などを除き、一般に使われている「縄文」で統一することした。

参考文献

春成秀爾・小林謙一編　2009　『愛媛県上黒岩遺跡の研究』国立歴史民俗博物館研究報告第154集　国立歴史民俗博物館

小林謙一・セツルメント研究会編　2005　『縄文研究の新地平—勝坂から曽利へ—』考古学リーダー6　六一書房

小林・セツルメント研究会　2008　『縄文研究の新地平(続)—縄文集落・竪穴住居のリサーチデザイン—』考古学リーダー15　六一書房

小林謙一・工藤雄一郎・国立歴史民俗博物館編　2011　『歴博フォーラム　縄文はいつから!?—地球環境の変動と縄文文化—』新泉社

小林謙一・工藤雄一郎編　2012　『東アジア先史時代の定住化過程の研究』国立歴史民俗博物館研究報告第172集　国立歴史民俗博物館

調査史年表

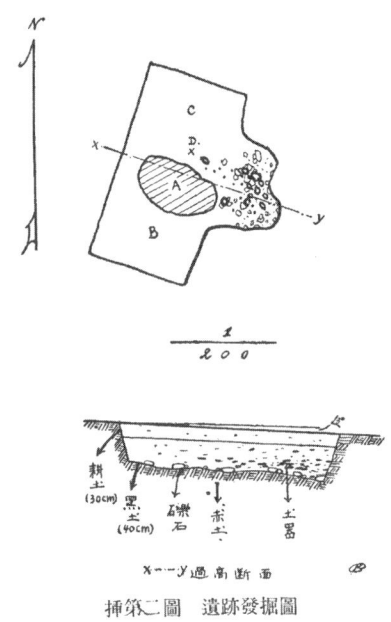

挿第二圖　遺跡發掘圖
(A ハ中村氏發掘 B.C.第二第三次發掘 D 頭面把手出土位置)

大山柏 1927『神奈川県下新磯村字勝坂遺物包含地調査報告』史前研究会

扉挿図：勝坂遺跡竪穴断面

打斧による縄文農耕論の提唱、勝坂式土器展開図の作成で著名な報告書であるが、大山は竪穴住居内の土器出土状況についても重要な指摘をおこなっている。「同一黒土層の下部であっても（中略）概二〇糎（サンチ）内外の高さの差を見、相密集している」「P.1の如きは、大なる口片は相重なって出土したが、縄紋ある胴片の一部と底とは約五〇糎を隔てて出土」「既に大破した土器を一箇所に集積せられたものか」など出土状態への注意を喚起している。

縄文集落調査・研究史年表 －調査報告書・論文－ （小林謙一・中山真治・黒尾和久編）

集落調査・研究史（大字：武蔵野台地・多摩丘陵）

年代		集落調査（大字：武蔵野台地・多摩丘陵）	調査報告書・論文	遺物出土状態の記録と検討事項＜武蔵野台地・多摩丘陵地域の特記事項＞
1902年	蒔田鎰次郎	「弥生式土器と共に貝を発見せし事に就て」	『東京人類学会雑誌』192	切り通し等に見られる堅穴の断面図をスケッチ
1905年	N.G.マンロー	三ツ沢貝塚調査		
1909年	鍵谷徳三郎	「尾張熱田高蔵貝塚実査」	『東京人類学雑誌』266	初めての層位的調査
1920年	両角守一	「信濃諏訪丸山堅穴遺跡」	『人類学雑誌』35-6・7	住居断面と思われる図面記録
1924年				
1927年	宮坂光次・八幡一郎	「下総炸山貝塚発掘調査像報」	『人類学雑誌』42.1	後藤守一 町田市高ヶ坂敷石住居の調査（敷石住居群の最初の発見）
1927年	大山 柏	「神奈川県下新磯村字勝坂遺物包含地調査報告」	史前研究会	堅穴住居群の調査、発屈墓（埋葬ではなく事故死と推定、調査は1926年
1928年	山内清男	「下総上本郷貝塚」	『人類学雑誌』43-10	大正15年（1925年）調査、昭和2年補足調査
1932年	松村瞭・八幡一郎他	「下総炸山に於ケル石器時代遺跡」	『東京帝国大学理学部人類学教室研究報告第5編』	1929年伊東信雄「下総上本郷貝塚の堅穴に就いて」『史前学雑誌』1.1
1936年	山内清男	「ミネルヴァ」	『ミネルヴァ』1-4	1952年ジェラード・グロード、篠遠喜彦「炸山貝塚 日本考古学研究所、に
1938年	和島誠一	「武蔵高校裏石器時代遺跡の発掘 東京市内志村に於ける原始時代堅穴の調査報資料」	『考古学雑誌』28-9	も記載「堅穴部の廃用後凹地となりそこに土器が捨てられたと見える」トレンチ断面の住居覆土断面図提示
1938年	関野 克	「埼玉県福岡村縄文前期住居址と堅穴住居の系統に就いて」	『人類学雑誌』53.8	拡幅住居
1948年	宮坂英弌	「原住民族の遺蹟－八ケ岳中麓尖石遺蹟研究」	諏訪史談会叢書第2輯	
1950年	関東高等学校	「小金井南桜野の先史時代の遺跡」		高校生による発掘調査の開始（1950年代）
1952年	堀口国雄・稲積隆志・山内清男	「先史文化（武蔵野中心）」第1号	都立国立高校考古学研究会	貫井遺跡他の野川流域の縄文中期遺跡調査が盛ん
1953年	松井新一・甲野勇他 日本考古学協会	「先史文化（小金井貫井編）」第3号	都立国立高校考古学研究会	層位的調査
1954年	和島誠一	「登呂 本編」	毎日新聞社	1947年より登呂遺跡調査の開始＜武蔵野第2貝塚調査が多く名を占める考古学講座1巻 河出書房
1955年	大場磐雄編	「集落址」	『日本考古学講座』1巻 河出書房	瓜郷第2貝塚調査の提唱（埋葬のために住居廃絶）、一括出土器の廃業動機
1957年	松井新一他 吉田 格	「先史文化（小金井貫井続編）」第6号 「東京都国分寺町恋ヶ窪堅穴住居址の土器」	都立国立高校考古学研究会 『調査』12	埋葬、廃屋墓説の提唱（埋葬のために住居廃絶）、一括出土土器中心（分布図なし）
1958年	和島誠一 岡本 勇	「南堀貝塚と原始集落」	『横浜市史』1	考察（置き去り説、木面住遺物の記録中心（トレンチ）
1959年	栗原文蔵他	「大和町のむかし 吹上貝塚」	郷土誌資料3	集落全域を対象とした調査 住居跡覆土中の貝層に注意

11

年	著者	表題	掲載誌	備考
1961年	和島誠一	三殿台遺跡の調査開始		横浜市教育委員会1962『横浜市三殿台遺跡発掘経過概報』など
1964年	藤森栄一・武藤雄六	『信濃境増利遺跡調査報告』	『長野県考古学会誌』創刊号	<多摩考古学の発足> <多摩地区では、1963年以降、中央道八王子地区の調査など緊急発掘調査の物ー>
1965年	小林達雄他	日本考古学協会による加曽利貝塚の調査		<吹上パターン>提唱の契機となった調査、前期黒浜期(住居覆土(貝殻)の形成過程の検討、(住居のライフサイクルの想定)、<吹土パターン>⇔[井戸尻パターン]
	藤森栄一編	『遺物出土状態及びそれに派生する問題(土器廃棄処分の問題)』	『米島貝塚』	
1966年	戸沢充則他編	『井戸尻』	中央公論美術出版	重複住居跡の重複関係から一括土器群による編年調査地区全体をグリッドで区分した図中に遺物ドットを図示したが、住居跡内の詳細な遺物分布は示されていない
	Hill, J.N.	A Prehistoric community in eastern Arizona	Southwestern Journal of Anthropology 22	
1968年	渡辺 仁	「縄文時代人の生態ー住居の安定性とその生物学的民族史的意義ー」	『人類学雑誌』74-2	
	小林達雄	「多摩ニュータウンNo.46遺跡における縄文中期の吹上パターン」	『第34回日本考古学協会要旨』	<楢原遺跡(八王子)の調査>
	西家 稔	「土器片の移動現象について」	『多摩ニュータウン遺跡調査報告Ⅵ』	接合土器分布から移動要因を考察
1969年	J.E.キダー・小山修三	「I.C.U. ARCHOLGY: PRELIMINARY REPORT ON LOC7」	『国際基督教大学学報ⅣーB 人文科学研究 キリスト教と文化4』	野川遺跡(I.C.U. LOC7)の調査(1969~1970年)、<野川遺跡を皮切りに野川流域で大規模な面的調査開始 多摩ニュータウン遺跡群の調査開始>
	安孫子昭二他	『多摩ニュータウン遺跡調査報告Ⅶ』	『No.46遺跡』	土器片の関係など出土状態の詳細さを記録と試み、住居の廃絶と土器の廃棄の関係を2つのサイクルの導入で理解、遺物の廃棄方向の想定など、廃棄以外の場所に廃棄=「平和台パターン」、中期前半土器の編年(文様展開図の作成)
	司気通宏	「No46遺跡ー住居の廃絶と土器の廃棄ー」	『古代文化』21-3・4	<原位置>論、出土遺物の全点ドット記録の必要性→70年代以降の調査で実践
1971年	水野正好	「縄文時代集落(復原)への基礎的操作」	『古代文化』38	
	麻生 優	「原位置」論序説	『ふぃいくj』10	
	長崎元広・白石浩之・塚田 光	「吹上パターンの諸問題 西耕地パターンの想定」	『発掘者』62	
	関 俊彦	『下総考古学研究会の歩み』	『考古学研究』16-2	
	野川遺跡調査会	『野川遺跡の調査』	『長野県考古学会誌』11	
	秋間健郎・服部敬史・上川名昭・川崎義雄・白石浩之他	『東京都吹上遺跡の調査』		
	堀越正行	『日野吹上遺跡』		
1971年		「パターン論の精算」	『原始共同体研究の基礎理論』	塚田光「栗原遺跡調査報告書『吹上貝塚理解のために』を反駁する」、芝崎孝曽利貝塚調査報告書について、戸田哲也「縄文時代における宗教意識について」 <遺跡共同体試みられる新しい調査方法>
		『下総考古学』4		
		『瀬戸遺跡』		
		『野川遺跡の調査』	『文化財の保護』3	

調査史年表

年	著者	題名	掲載誌	内容
	橋木 正	「遺物の埋没について」	『小杉町中山南遺跡調査報告書』	
	樋口清之・麻生 優・八幡一郎・西野 元	「十三菩提遺跡 西耕地遺跡」		
	吉田 格	「高根木戸」		
1972年	比留間博・土井義夫・横山悦枝 他	『小金井市文化財調査報告書1 中山谷』		第1次（1967年）～第5次（1970年）調査の報告。住居内他の遺物分布図なく、遺物出土状況の詳細不明
	安孫子昭二・司児昭宏 他	『平尾遺跡調査報告 I』		野川流域遺跡群の調査で住居跡内遺物の出土位置の記録化が開始される（1971年～）
	樋口昇一	「土器廃棄に関する一問題─とくに"吹上"パターン"を中心として─」	『信濃』24-12	
	服部敬史	「岳の上遺跡」		
1973年	大場磐雄・永妻光一 他	『鶴川遺跡群』		縄文中期住居跡11軒検出（調査自体は1963～1964年）、J地点で中期前半～後半の集落調査。住居小ブロックに分割
	麻生 優	「泉福寺洞穴の第四次調査」	『考古学ジャーナル』88	調査自体は1970～1972年、住居跡にセクションベルトを意識的に設定した調査の初見
	吉田 格・比留間博・土井義夫 他	「平代坂B─平代坂周辺の考古学的調査─」	『月刊文化財』112	
	関根孝夫	「貝の花」	『国史学』93	「セトルメントパターン論」
1974年	小林達雄	「多摩ニュータウンの先住者─主として縄文時代のセトルメント・システムについて─」		縄文中期集落含む
	大場磐雄・甲野勇 他	『宇津木遺跡とその周辺─方形周溝墓初発見の遺跡─』		
	小林達雄	「縄文時代における土器の廃棄について」		土器廃棄の認定と廃棄パターンA～E（型式）に分類。「土器の製作と廃棄は季節的行動の一つであった」
1975年	安孫子昭二・佐藤攻・小田静夫 他	『貫井南 小金井市貫井南遺跡調査報告』		調査自体は1972年。記録方法は出土遺跡ヶ窪遺跡が引き継がれる。「土器パターン」と遺物出土状態の類型化（6類）の試み。類型化における限界と遺物出土状態の多様性、住居跡内の微細な記録の実践、調査時には土ベルトを設定しているが、「遺物の微細な記録」、調査・記録方法にセクション図なし、報告時にセクション図＋セクション図示作成の試行がみられる
	小田静夫・高林 均・岡崎完樹 他	「平山橋遺跡」		調査自体は1972～1973年、住居跡調査における遺物分布図＋セクション図作成の定着
	J.E.キダー・小田静夫・岡崎完樹 他	「中山谷遺跡」		アメリカ考古学（人類学）の援用（ICU）、ウォータープロテーション・セパレーションによる微細遺物の再生、土器片種子、微細石器類の方向性、炭化種子、微細石器類の検出

13

	著者	論文・報告書名	掲載誌	備考
	土井義夫・横山悦生他 比留間博代	『小金井市文化財調査報告書 4 栗山』		調査自体は1971〜1973年。遺物の出土状態の単純なパターン化に対する批判。住居跡のみならず住居外も含めた遺物出土状態の記録（「接合破片の記録化）「同一土器型式期」の住居が廃絶時期を異にする事実指摘
	和田 哲	「西上遺跡―縄文中期文化の研究―」	『山梨県中央道埋蔵文化財包蔵地発掘調査報告書 北巨摩郡長坂・明野・韮崎地内』	模式図的な遺物出土層位への着目
	末木 健	「移動としての吹上パターン」	『史跡』5	集落移動論
1976年	末木 健・麻生 優	「縄文時代中期の土器廃棄について　『原位置論』の現代的意義」	『物質文化』24	
	鈴木克彦	「円筒式土器文化における土器の廃棄―円筒土器の特有な出土状況について―」	『考古学ジャーナル』111	
	松村恵司 井上義安・藤井由樹 枝・前原豊	「井戸尻編年とその問題点」	『Circum-Pacific』2	井戸尻編年の編年観を批判する中で住居一括性についても批判
	土井義夫他	「おんだし遺跡」		
	Schiffer, M.B.	Archaeology as Behavioral Science	American Anthropologist 77	
	桐原 健	「床面浮上土器の取り扱いについて」	『信濃』28-8	遺物出土状態の図示
	桐原 健	「土器が投棄された廃屋の性格」	『考古学ジャーナル』127	1974〜80年まで調査、第Ⅲ遺跡（柳田遺跡）、第Ⅱ遺跡（神谷原遺跡）
	笹森健一	「遺物の出土状態について」	『志久遺跡』埼玉県遺跡調査会31	
	前原 豊・川島雅人 山村貴輝他	「市道―長野県佐久市道遺跡の発掘調査」		弥生時代以降の集落における遺物出土への注意と図示
	山本暉久	「市立第五中学校遺跡」「住居跡内に投置された深鉢形土器について」	『神奈川考古』1	三鷹市立第五中学校遺跡調査会
1977年	末木 健 石井 寛 白石浩之 山田香代子	「縄文時代中期の土器廃棄の再検討」「当麻遺跡　上依知地区」「当麻社会における集団移動と地域組織」	『考古学ジャーナル』133『調査研究集録』2	集団の移住を強調した集団移動論山田「当麻遺跡第72号竪穴住居址について」
	鈴木克彦	「廃棄論の再構成と課題―亀ケ岡式パターンの認識から―」	『考古学ジャーナル』142	北日本における遺構外での遺物集中と土器廃棄論
1978年	秋山進午他 斉藤孝正他 安孫子昭二・芹澤廣一郎・大谷猛 小田静夫 伊藤富治夫 紀野自由他	『小金井市文化財調査報告書 5 貫井』	『文京区動坂貝塚』	調査自体は1975年
		「前原遺跡」		中期前半、未集の小規模集落の調査
		「二宮遺跡」		

調査史年表

年	著者	タイトル	掲載誌	備考
1979年	山本暉久	「縄文中期における住居跡内一括遺存土器群の性格」	『神奈川考古』3	「吹上パターン」＝「住居跡内土器一括遺存現象」。堅穴の第一次埋没を人為的理め戻しとする、住居の廃絶に際し「ひと入れ」を想定
	C.Kramer, ed	Ethno-archaeology C.Kramer.ed		
1980年	橋口尚武他	『吉祥山 武蔵村山市吉祥山遺跡2次調査報告』		土器の遺構間接合（他例を知らないと報告）
	広瀬昭弘・秋山道生・伊藤富治夫他	『東京都国分寺市 恋ヶ窪遺跡調査報告Ⅰ』		セクション図＋遺物出土状態図（ドット・個体別土器分布図）の確立
		『貫井南遺跡』		貫井南遺跡2次調査報告
	桐口尚武・高儀健樹他	『藤の台遺跡Ⅲ』		
	橋口尚武・神奈川考古同人会	『武蔵村山市吉祥山遺跡第3次調査詳報』		3棟の住居址間での炉体土器の接合関係確認
	守 茂和	神奈川シンポジウム	『神奈川考古』10	安孫子昭二・秋山道生・中西 充「東京・埼玉における縄文中期後半土器の編年試案」
	長崎元広	「縄文時代集落址の住居廃絶と遺物廃棄の性格」	『考古学研究』27-3	西日本研究誌で縄文廃棄論が初めて掲載か？
		「縄文集落研究の系譜と展望」	『駿台史学』50	1924～1980年までの研究史総括
	Binford, L.R.	Willow smoke and dog's tails	American Antiquity 45-1	＜東京都埋蔵文化財センターの設立＞
1981年	吉田 格・中西 充他 神奈川考古同人会	『柵田遺跡群1978年度調査概報』	『神奈川考古』11	中部初頭集落の調査、遺構外、集石土坑の礫の分析
	戸沢充則・井口直司・後藤祥夫他	シンポジウム縄文時代中期後半土器編年試案		中部高地・南関東の中期後半土器編年
	山崎文一・関秀一他	『新山遺跡』		遺構外（表土）合む遺物全点の記録（ドット図の作成）、「廃棄パターン論」とはなにか
	吉田格・関秀一他	『井の頭池遺跡群B地点発掘調査報告』		住居跡を中心とした個体別土器の分布、（住居間接合の積極的な試み）、一括出土器の認定
	C.T.キリー・洪江芳吉	『山根坂上遺跡（羽村町羽ヶ上・山根坂上遺跡Ⅲ）』		遺物整理に初めてコンピューター導入？
	後藤祥夫	『新山遺跡調査報告8 東久留米市埋蔵文化財調査報告』		＜多摩丘陵を中心とした大規模調査のはじまり、「環状集落」の完掘調査例の増加＞
	鈴木公雄他	『伊皿子貝塚遺跡』		定量的分析、サンプリング
1982年	新藤康一・中西 充他	『神谷原Ⅱ』		「完掘集落」での出土土器の個体別分布（破片接合）の検討、「予想以上に離れた住居址、グリッド間の接合が存在する」。「再廃棄」
	秋山道生・広瀬昭弘他	『恋ヶ窪遺跡発掘調査報告Ⅲ』		4号住居址に近接する土器の不要部分を隣接する14号住居址に廃棄
			『考古学ジャーナル』No.203	司見通宏「多摩ニュータウン地域の縄文集落」、佐藤 攻「多摩川中流域の縄文時代集落」
	石井 寛	「集落 継続と移動」	『縄文文化の研究』8	

1983年	赤城高志・紀野自由他	『調布市飛田給遺跡』		炉石の遺構間接合
	伊藤悟彦・成瀬晃司・菅沢みみよ岡本孝之・桜井準也小林謙一	『自由学園南』		住居出土土器の層位別セリエーションや型式組成の量的把握
	金井安子	「早川天神森遺跡 神奈川県埋蔵文化財センター調査報告2」「縄文時代における廃屋の一様相－竪穴住址埋没土中の集石遺構をめぐって－」	『長野県考古学会誌』47	居住出土土器の量的把握に関する私論
1984年	小林謙一・阿部朋代・小峯一夫・小島正祐	「遺跡出土土器の量的把握に関する私論」「縄文遺跡における『廃』の考古学的位置づけ－多摩丘陵出土の資料を中心として－」	『異貌』10『古代文化』36-12	出土土器に関する数量的な分析研究の予察 J地区の古代（奈良～平安）の報告において、土器接合状況から同一廃絶時期の堅穴の年代関係について検討
	土井義夫	『宇津木台遺跡群』IV		
	土井義夫・新藤康夫他	「日本考古学協会昭和59年度大会」	日本考古学協会	土井義夫・新藤康夫［東京都における縄文時代集落遺跡集成図集］昭和59年度大会シンポジウム縄文時代集落の変遷
	吉田貴輝他山村貴輝他	『三鷹市立第五中学校遺跡』	三鷹市遺跡調査会第8集	
1985年	中野修秀	「土器捨て場考(1)－特に縄文時代中・後期の関東及び中部高地を中心として－」「堅穴住居の廃用と燃料経済」	『日本考古学研究所集報VI』『北方文化研究』16	遺構外廃棄（『土器捨て場』）における廃棄行為の多様性を確認。（一時廃棄、二次廃棄、多次廃棄）
	渡辺 仁末木 健川口正幸他中野義夫・高倉英一他	「泉福寺洞穴の発掘記録」「町田市木曽中学校遺跡」『清水ヶ丘遺跡 府中都市計画道路2・1・4号線建設に伴う事前調査』	『土器研究』『論集日本原史』	
	土井義夫	「縄文時代集落の研究－野川流域の中期的問題二つのあり方について－」	『東京考古』3	縄文中期集落論の見なおしの契機となった論文
	広瀬昭弘・秋山道弘・砂田佳弘・山崎和己小杉 康	「住居出に関する問題－住まいの一生－」	『東京考古』3	野川流域での中期のセトルメント検討
1986年	村田文夫	「縄文集落」	『原町西貝塚発掘調査報告書考古学ライブラリー36ニューサイエンス社』	「住まいの一生」論
	上守秀明	「遺構内堆積貝塚のもつ意味について－有吉北貝塚の一時例の場合－」	『研究連絡誌』15・16	パターン論など解釈論が先行するが、遺物出土状況の厳密な分析例は意外と少ない点を指摘、遺構間の土器接合状況の検討により、同一型式期のE53に対する住居群の前後関係について推定する（加曽利E53について推定する）
	黒尾和久・石井浩己他	『天祖神社東遺跡』		
	宮腰 博植田真他	「土地と縄文人」『和田・百草遺跡群・落川南遺跡』	『物質文化』47	中期前半住居の多量の遺物

調査史年表

年	著者	タイトル	掲載誌	内容
1987年	小林謙一・西田正規	「D区埋没合合頭部」「完住革命―運動と完住の両性―縄文時代の家族構成とその性格」	『奈良地区遺跡群』I	埋没合利用の廃棄場での土器片分布パターン・出土状況の事例分析
	佐々木藤雄他	姥山貝塚B9号住居跡出土遺棄人骨資料の再評価を中心として	『異貌』12	姥山貝塚住居跡内出土状況について再検討
	伊藤富治夫・中山真治他金山喜昭・下津谷達男	「中山谷遺跡―第9次・11次調査（1981～1983）―」「千葉県野田市慎の内遺跡―第IV次発掘調査―」		住居跡内遺物出土状況の詳細な検討（接合、既調査の集成、野川流域のセットメントの検討）
	金子直行	「異なる遺構間での完形土器の接合」	北・八幡谷・相野谷埼玉県埋蔵文化財調査事業団66	
	渋江芳江・黒尾和久	「宇津木合遺跡群」VII		八王子市宇津木合B地区の報告にて、前期後半～末葉の生活痕跡の三つのあり方について検討
	山本暉久	「縄文時代社会と移動―「集団移動」論をめぐる研究の現状と問題点について―」	『神奈川考古』23	「宇津木合遺跡群」VIIの成果をうけて、堅穴住居の検出プロセスについて検証し、堅穴住居と土器分布との関係について注目、その一般性について示唆する
	渋江芳江・黒尾和久	「縄文前期末葉の居住形態〈予察〉」	『貝塚』39	堅穴住居の覆土出土遺物が居住時と無関係な第三者の廃棄行為による所産であることを再確認
	黒尾和久	「堅穴住居址出土遺物の居住形態」	『東京の遺跡』16	「宇津木合遺跡群」IVの成果をうけて、遺物の出土状態、遺構間の廃棄について、多摩丘陵地域の平安時代の居住景観について、その小規模性を加味しながら、移動性に富む居住形態を示唆
	土井義夫・渋江芳江	「平安時代の堅穴住居址」	『物質文化』49	堅穴住居を中心とした遺跡出土状態の分類について研究史の整理
	桐生直彦	「堅穴住居址を中心とした遺跡出土状態の分類について―研究史の整理―」	『東国史論』2	ほぼ完掘された中期集落
1988年	佐々木憲一・小林謙一緒美他	『南八王子地区遺跡調査報告』4 滑坂遺跡		小林達進「セトルメントパターン（環状集落跡）」論の形成のプロセスについて検証し、縄文集落景観の小規模住性について、遺構間合のあり方しつつ言及、移動性の高い居住形態について示唆
	土though義夫	「セトルメントパターンの再検討」	『史館』20	
	黒尾和久	「縄文時代中期の居住形態」	『歴史評論』454	
	黒尾和久	「堅穴住居出土遺物の一般的なあり方について―「吹上パターン」の資料的検討を中心に―」	『古代集落の諸問題』	「吹上パターン」現象の資料論的検討 完形土器のみが廃棄されているわけではなく、「吹上パターン」現象も日常的な廃棄行動のひとつとみなす
	金子直世・小林謙一他	「西多摩郡桧原村『峰遺跡』発掘調査の小さな成果―縄文時代集落研究の再検討に向けて―」	『東京考古』6	尾根上から住居軒を見出した小規模集落遺跡の具体的検討
	桐生直彦	「時間層のある土器を埋設した住居2例『新井三丁目遺跡』縄文時代の住居址内に遺棄された土器について（予察）」	『東京の遺跡』20	弥生時代集落における遺物出土状況の分析

17

年	著者	タイトル	掲載誌	備考
	小林謙一	「縄文時代中期勝坂式・阿玉台式期におけるセツルメントシステムの分析」	『考古』24 土器成立期における西相模川	
	小栗一大他	「縄文時代の生活領域を探る─広域調査の成果と課題─」	『縄文時代の生活領域を探る』シンポジウム 成果と課題―」	第1回多摩ニュータウン遺跡群を考えるシンポジウム
	藤野奈緒美	「遺物の出土状態」	東京都埋蔵文化財センター『清坂遺跡』南八王子地区調査報告4	
	御堂島正	「土器型式と集成」	『新戸遺跡』神奈川県埋蔵文化財センター17	
1989年	加納実	「縄文集落と掘立建物跡」	『千葉県文化財センター研究連絡誌』23	
	石井寛・藤野修一・黒尾和久・新里康他	「宇津木台遺跡群Ⅷ 1982～84年度D地区(4)発掘調査報告書」	『宇津木台遺跡群Ⅷ 1982～84年度D地区(4)発掘調査報告書』	八王子市宇津木台D地区における「環状集落跡」(「重層的な居住の場」)の全面発掘調査報告 遺物出土状況に関する情報管理と分布図の作図についてパーソナルコンピューターを導入する 調査面積16ヘクタール及び宇津木台地区の縄文時代の調査成果について
	土井義夫・黒尾和久	「縄文時代の土地利用変還―東京都八王子市宇津木台地区の調査から―」	『日本考古学協会第55回総会研究発表要旨』	「環状集落跡」(「重層的な居住の場」)を検出したD地区、広大な面積を発掘しながらC・I地区の全貌を対称しながらの検出にとどまったC・I地区のあり方を対称しながら概観
	桐生直彦	「住居址周辺土器接合の捉え方」	『土曜考古』13	「住居址周辺接合資料は停滞した集落遺跡研究にとって有効な分析手段となり得る」
	桐生直彦	「床面出土遺物の検討(Ⅰ)」	『物質文化』52	東京都における縄文時代住居跡の事例分析(「住居内で日常的に多量の土器を保有していたような形跡は窺えない」
	羽生淳子	「住居址間遺物接合資料の効用」	『東京の遺跡』22	
	新美倫子・西本豊弘	「住居址から見た数少ない遺跡の規模―縄文時代前期稲荷台式期の資料から―千葉県松戸市中峠遺跡第10次調査概報―竪穴住居址から見た家財道具の在り方」	『考古学の世界』	
1990年	桐生直彦	「火災住居址に見た家財道具の在り方―東京都における縄文時代住居址の事例分析―」	『下総考古学』10	火災住居に床面遺物が少ないことを指摘
	小林　謙	「住居址研究の指針―「住まいの一生」と遺跡化」	『東国史論』5	
	小林謙一	「縄文時代中期勝坂式・阿玉台式成立期における竪穴住居の分析―地域文化成立過程の考古学的研究―」	『薮塚遺跡台山地点発掘調査報告書』	東関東と西関東・中部地方の縄文中期住居の地域差
	羽生淳子	「縄文時代の集落研究と狩猟・採集民研究との接点」	『信濃』42-10	エスノアーケオロジー
1991年	正森正義	「住居址の堆積過程に関する覚書―過去の発掘に対する反省を込めて―」	『物質文化』53	1次・2次埋土の分層調査
	桐生直彦	「住居床面に遺された土器の認識について―小林達雄「縄文時代の居住空間」批判―」	『下総考古学』12	
	森田安彦	[精進バケ]	『東国史論』6	

調査史年表

年	著者	遺跡・論題	掲載誌	概要
1992年	小林謙一・他	「真光寺・広袴遺跡群Ⅵ 三矢田遺跡―遺構編―」	『貝塚』45	1992年刊行の遺物編とともに、ドットおよび数量把握と遺構開接合による分析
	土井義夫	「定住・移動と領域論」		南関東における縄文中期初頭の集落調査事例について集成し、その小規模性について改めて指摘。「環状集落群」の起点となるような事例においても、広場が当初から用意されているようなことは想定できないことを示唆
	金子直行	「縄文時代中期初頭の居住形態」	『物質文化』55	
	大村 裕	「埋没机能に関するーつの試み一端玉県飯能市・堂前遺跡第2次調査1号住居址出土土器の分析を中心に―」	『下総考古』12	
	麻柄一志	「夏の家と冬の家―縄文時代の季節的住み替えの可能性―」	『考古学と生活文化』 同志社V	
	小林謙一・他	「湘南藤沢キャンパス内遺跡」第3巻縄文時代Ⅱ		SFC遺跡群における小規模集落など各地点ごとドット・数量・出土状況の詳細な報告
	下総稔司他	「御殿山遺跡第8地点C地区 (仮) 吉祥寺ビル建設に伴う埋蔵文化財調査報告書―」		住居の個体別土器分布図（接合図）の作成提示、多摩丘陵後の小規模性の詳細な報告
	土井義夫・黒尾和久	「縄文時代中期前半の居住形態―多摩丘陵地域の事例を中心にして―」	『武蔵野の考古学 吉田格先生古希記念考古学論文集』	前期個体破葉（花積下層〜黒浜式期）における住居形態に言及注目、その住居形態に言及。出土器の円序列に注目、その住居形態列を記録と接合関係検証期後半の「環状集落」の調査
	山本典幸	「岩手県北上市 馬場野遺跡」		中期後半の「環状集落」の調査
1993年	吉田 格・他和田 哲	「向郷遺跡」		重層的住居住での場・における全地点ドット調査。徹底した遺物出土状況・状態の記録作業の実践さは、栗山遺跡 (1975) 以来の調査方法と問題意識の継承、埋設土器の遺構開接合による同一時期住居の時間差や「加曽利E3面」住居等に言及
	黒尾和久・宇佐美哲也他	「福生市長沢遺跡―第8次調査報告書―」		
		「はらやま一郡宮調布柴崎一丁目第2住宅建て替えに伴う発掘調査」		
中山真治	「多摩川中流域の縄文中期集落」	『府中市埋蔵文化財研究紀要』11	多摩川中流域の中期遺跡の調査現の概要
小林謙一	「多摩における勝坂式成立期の土器様相」	『東京考古』11	土器記号式での地域タイプ「真光寺タイプ」分布とセツルメントシステム
小栗一夫他	「No.471遺跡」	『多摩ニュータウン遺跡 平成3年度（第3分冊）』	「全面発掘」での遺構外の遺物出土状態の記録
	小林謙一	「縄文遺跡における廃案復元の試み―住居覆土中一括遺存遺物及び炉体土器の接合関係―」	『異貌』13	遺構開接合による住居構築関係の時間軸構築
	谷口康治	「セトルメント・システム論 縄文時代中部・関東地方の中期中心として―」	『季刊考古学』44	
	三上徹也	「縄文時代における竪穴住居の廃絶と流れ・漂流遺物の評価」	『駿台史学』88	
	山本暁久	「机局集落論と考古学的集会論」	『二十一世紀への考古学』	
	佐々木康庄	「竪穴住居の廃絶時形態〜SFC遺跡・大橋遺跡の縄文中期の事例から―」	『異貌』13	
1994年	小林謙一		『日本考古学協会第60回総会研究発表要旨』	住居跡ライフサイクル論、大橋遺跡調査を契機とした住居跡把握への再検討が続く

19

年	著者	タイトル	掲載誌	備考
1995年	野林厚志	「出小屋の遺跡化―台湾ヤミ族の民族考古学的調査」	『民族学研究』59-3	
	御堂島正	「踏みつけによる遺物の移動と損傷」	『旧石器考古学』48	
	両角まり	「住居跡の表講―目黒区大橋遺跡SJ6号遺構の事例より」	『東京の遺跡』43	
	河内公夫・山本典幸他	武蔵台遺跡Ⅱ		擦文系終末期と中期末葉の集落調査 中期初頭の集石と遺物分布・接合状況に関する研究史に注目
	阿部芳郎	「綾瀬市兵衛谷遺跡・新道遺跡」		縄文中期集落遺跡の具体的な検討方針について確認。「ドット調査」に好適な文様要素分類による時間軸設定を行い、その副産物として加曾利E式最上端の研究史に言及
	黒尾和久	「縄文中期集落遺跡の基礎的検討（Ⅰ）」	『論集 宇津木台』1	住居内の遺物微細図の図示、南蓑寺遺跡の最終調査
	和田哲他	「多摩の縄文時代を語る 座談会 華麗なる縄文世界」	『多摩のあゆみ』78	
	馬橋利行他	南蓑寺遺跡Ⅶ・Ⅸ		
	黒尾和久・中山真治・小栗一夫・土井義夫・渋江芳浩	「堅穴住居の覆土形成に関する一考察」	『東京考古』13	関曽俊明「（Ⅰ）一般失住居とされる目黒区大橋ISEKIS.I6号遺構の覆土最上層を中心に―」、建石徹「（Ⅱ）―目黒区大橋遺跡SJ91号住居跡例をもとに―」
1996年	小栗一夫・黒尾和久・渋江芳浩	「シンポジウム縄文中期集落の新地平」		新地平シンポジウムの第1回、前提として「多摩丘陵・武蔵野台地を中心とした縄文中期の時期区定」（新地平編年）：黒尾和久・小林謙一・中山真治、住居跡分類コード（小栗一夫）を用意し、土井義夫氏の講演「縄文中期集落の時期細分と土器の時期細分」、おさらい論「見なおし論」、「接合資料の検討からみた縄文中期の住居景観（中山）、「縄文中期のライフサイクルと一時的集落景観の復元」（小林）、「縄文中期の住居型式からみた集落変遷と頒跡（同会：渋江芳浩）、討論の後、集落景観（小栗）の後
	千葉敏郎他	東久留米市埋蔵文化財調査報告第21集 自由学園南遺跡		
	大野尚子	「堅穴住居の覆土形成に関する一考察（Ⅲ）―目黒区大橋遺跡SJ47号住居跡の最終段階および改修について」		
	山梨県考古学協会・黒尾和久・小林謙一・佐藤哲他・宇津木啓他	「研究集会"住まいの考古学―住居跡の廃絶をめぐって"」	『日本考古学協会第62回総会研究発表要旨』 『季刊考古学』55	桐生直彦「遺物出土状態及びみた堅穴住居の廃絶」小林謙一、堅穴住居のライフサイクルからみた住居廃絶時の状況」
1997年		「住居埋没過程と関係からみた廃棄行為の復元」	『縄文時代史』29 「住居（1）」	<中里貝塚（北区）の調査（全国最大規模の中期貝塚）> あさる野市綱代における中期（勝坂～加曾利E式期）の「重層的居住の場」の報告
	安孫子昭二	「綱代門No.東京都綱代母子寮改修工事にともなる発掘調査報告書」	『研究論集』XVI	
	安孫子昭二	「縄文中期集落の景観（二）―多摩ニュータウンNo446遺跡」	『多摩考古』27	中期前半の単期集落の分析
	江原英	「堅穴住の景観（二）―八王子市神谷原遺跡」		
	小林謙一	「堅穴住居調査における一視点一集落論の前に：住居論を含む」	『山梨県考古学協会誌』9	（この頃から遺物出土状態の記録方法、整理作業のデジタル化が進む）

調査史年表

年	著者	題名	掲載誌	内容
1998年	小林謙一・合田恵美子	遺構覆土堆積過程復元のための調査方法1「堅穴住居の覆土形成に関する一考察（Ⅳ）－覆土と周辺包含層の土器出土状況の比較から」	『民族考古』別冊	型式順と異なる炉の埋設順序や住居断面の硬度測定など
		「綾瀬市上土棚遺跡論の土器論第2次」	『東京考古』15	住居層位ごとの土器片の出土傾向分析
	阿部芳郎	「縄文時代土棚遺跡第2次」	綾瀬市文化財	土器の破損状況の復元など
	谷口康浩	『大橋遺跡』	國學院大學考古学資料館紀要 第14輯	1980年・90年代の縄文集落研究史を回顧し、重要な争点を整理し、問題の所在を確認
	両角まり 他	「シンポジウム縄文集落研究の新地平2」発表要旨		イクルによる集落の実態解明の実質
	小林謙一・黒尾和久	「坪井Ｂ・引蓮ヶ谷戸・達上・天王沢・秋川南部遺跡道路建設に伴う縄代・高尾地区遺跡発掘調査」		宇佐美芳也「加曽利E3（新）式期における居住痕跡の一様相－原山遺跡第一地点改称）「加曽利E3面」想定住居の検討」（原山遺跡における「加曽利E3面」の想定）
	佐藤祐司・滝瀬芳之・渋江芳浩・黒尾和久・平昌泰子・伊藤博司・木下裕雄他	「おうかわ日野市石川区画整理事業に伴う発掘調査報告書」	『しのぶ考古』11	全点ドット調査,ある野古戸・高尾地区における早期（田戸上層～子母口式期）、前期（ニッ木式期・諸磯b式）、中期（勝坂式）のいずれかの小規模集落遺跡、全点ドット調査古代以降の土地利用痕跡に関する全点ドット調査,古代の土地利用景観とその変遷（古代、中世における土地利用変遷（中世）他
	山本孝司	「多摩ニュータウンNo.245・341遺跡 東京都埋蔵文化財センター調査報告第57集1・2」	『月刊文化財』417・418	中期～後期の柱上採掘坑と土器製作集落の調査
	高田和徳 他	「環状集落形成論─縄文時代中期集落の分析を中心として」	『古代文化』50-4	
	谷口康浩	「形式学的方法の再検討（上）（下）」	『考古学研究』44-4、『古代文化』52-2・4	
	古城泰・羽生淳子	「縄文人の定住度」		
	佐藤啓	「集落研究における複数住居群の検討─「特集 国分寺と居住回数」を問いて」		
1999年	山本典幸	『駒木野遺跡発掘調査報告書』「武蔵国分寺跡西方地区 武蔵合東遺跡」	『縄文時代』10	燃糸文系終末期と中期後半～末葉の集落調査 住居床面出土土器群に対してマイナー・シヴァナーの形成過程研究を援用した解釈
	土井義夫・黒尾和久	「特集 縄文時代文化研究の100年」	国立歴史民俗博物館研究報告82	縄文サイクルモデルによる同時期機能住居の区別
	小林謙一	「縄文時代中期集落における一時的集落景観の復元」	『考古学ジャーナル』447	放浪による跡付け片付けによる放熱住居の把握
	小林謙一・大野尚子	「いわゆる〔火災住居〕跡の調査と解釈」「目黒区大橋遺跡中期集落遺跡の同時存在住居の把握」	セツルメント研究1	継続型中期集落遺跡の同時存在住居の把握
	大野尚子	「目野市遺跡第8次調査地区縄文集落景観の復元」		狭い調査範囲での全点ドット記録による縄文詳細な分析例
	山本直人	「考古資料の適応─縄文時代の炭化果類出土土坑の年代決定」	『いま、歴史資料を考える』名古屋大学	貯蔵穴への初めての年代測定研究の利用

年	著者	論文名	掲載誌	概要
2000年	寺畑滋夫大地 建石 徹	[下野谷遺跡] 「竪穴住居上形成論―縄文時代の事例を中心に―」	[Archeo-Clio] 第1号	石神井川流域の最大規模の中期集落の調査 覆土の土壌分析など自然化学的分析への関心、住居廃絶後も「微凹地」が残ること指摘
	小林謙一 小林謙一 谷口康浩他	「縄文中期集落の一時的復元―目黒区大橋遺跡の事例より―」 「大橋集落の一時的集落景観復元の検討」 「遺跡・遺物から何を読みとるか（IV）ムラ研究の方法」	[日本考古学協会第66回総会研究発表要旨] [異貌] 18 [セツルメント研究] 2	集落居住の時間的復原 谷口と石井寛・小林謙一による討論
	渋江芳浩 黒尾和久 平島妻子	「立川氏館跡―宗教法人武山普済寺による堅穴等建跡に伴う発掘調査報告書―」	山梨文化財研究所	中世方形館跡として近世寺院に関する全点ドット調査、推定土渕郷に関する考古学的情報―日野市域の調査結果からみる中世の土地利用状況―居館か単寺なか―、伝立川氏館の成立と廃絶―居館跡をめぐる諸状況―他
2001年	安保子昭二	「縄文中期集落の景観(3)稲城市多摩ニュータウンNo.3遺跡」	[稲城市文化財研究紀要] 4	全点ドット調査 八王子市館町地区における小規模集落遺跡の報告（前期・中期）
	渋江芳浩 黒尾和久 平島妻子 渋江芳浩 黒尾和久 武川夏樹 中村俊夫 辻誠一郎 縄文時代文化研究会	[館町遺跡] IV 「伊奈沢沼―都市計画道路秋3・5・2号伊奈谷金線新設事業に伴う埋蔵文化財調査（1）―」 「縄文時代の高精度編年：三内丸山遺跡の年代的検討」 「集落研究における『時』の問題―住居の重複・廃絶と同時存在性把握方法に関連させて」	[第四紀研究] 40-6 [縄文集落研究の現段階]	谷戸を全点ドット方式で発掘調査する 谷底から偶然に「クルミ貯蔵穴」を検出する 土井義夫・黒尾和久「東京都における縄文時代集落の諸様相」『列島における縄文時代集落の諸様相』（第1回研究会基礎資料集） 調査結果からみる、住居1回の存続期間に比して、細かい土器式の有する時間幅が相当に長いとと指摘されること改めて指摘
2002年	木村勝彦 村磨健一 谷口康夫 小林謙一 小林謙一 大野尚子	「青田遺跡の柱跡を用いた年輪年代学的研究」 [環状集落形成論―縄文中期集落の分析を中心として―] 「一時的集落景観と廃棄活動―関東中期縄紋中期大橋集落のライフサイクル―」 「土器と遺構のライフサイクル―縄文中期集落研究に伴う伴う（ために―」	[よみがえる青田遺跡] [古代文化] 50-4 [セツルメント研究] 3	年輪年代による青田遺跡建物集落の復原 環状集落の基本構造として「棉田IV型」「三の丸C型」を指摘、環状集落形成の初期過程を分析 集落内での廃棄と集落居住時間の復原
2003年	黒尾和久 松本直久 福田信夫 上野領久 中山貴治 黒尾和久	「菅生第三宗教法人栄地別院による礼拝他設等建設事業に伴う埋蔵文化財時間調査」 [武蔵国分寺跡発掘調査概報―多摩遺跡の調査―] 「縄文中期のムラを掘る―調布市原山遺跡第一地点の調査から―」	[民族考古] 6 [調査史談話] 32	調査区内の遺物出土状況の検討を踏まえ、平井川流域における古墳時代後期の土地利用再現概観に変遷、三吉野遺跡群検出の区画溝（古代牧の施設と推定される）の批判的再検討を行う 2009同成社論文の骨格

調査史年表

年	著者	論文・報告名	掲載誌	概要
2004年	渋江芳浩・黒尾和久・平岡素子	「南広間地遺跡 一般国道20号（日野バイパス日野地区 改築工事に伴う埋蔵文化財調査報告書）」		縄文晩期、古墳時代後期、主として中世前期、近世中～現代の生活痕跡を対象にした全点ドット上げ調査。原始・古代そして中世を対象に鍛えてきた調査方法が近世・近代にも通用することを実証。近代陶磁器（碗・坏）の時間幅設定も行う
	小林謙一	「縄紋集落のテクノロジー（予察）」	『メタ・アーケオロジー』4	
	小林謙一・今村峯雄・坂本稔・大野尚子	「南関東地方縄文集落の暦年較正年代―SFC・大橋・向郷遺跡出土試料の炭素年代測定」	『セツルメント研究』4	堅穴住居のAMS炭素14年代測定
	武川夏樹	「調布市南山遺跡の集落景観」	『セツルメント研究』4	
	山本典幸	「東京都郷田原遺跡の長方形大型住居のもつ社会的な意味」	『異貌』21	前期末・中期初頭の長方形大型住居の微細な形成過程を住居の拡張や出土遺物の型式差から再検討
	黒尾和久・松本直大地	「水草木・東京　都道165号線伊会生態神線みちづくり・まちづくりパートナー事業に伴う埋蔵文化財調査」		あきる野市・中期東原遺跡における古墳時代前期の集落遺跡の調査。全点ドット調査に加えて、炉の焼土、貯蔵穴の覆土を大量に検出、「異」をコレクションすることによって「異」を伴う畑作集落・雑穀利用の実態に迫ることになる（早弥呼の時代）
	小林謙一・黒尾和久・中山真治・土居義夫・黒尾和大地	「シンポジウム縄文集落研究の新地平3－勝坂から曽利へ－」		新地平シンポジウムの第3回
		「特集　縄文中期の集落と居住形態」	『多摩のあゆみ』116	多摩地域の縄文中期集落遺跡研究のあゆみ（過去）と現状（現在）おょび課題（未来）について概説
2005年	小林謙一	「縄紋社会研究の新視点―炭素14年代測定の利用―」	六一書房	AMS炭素14年代測定による堅穴住居の時間幅測定の試み
	谷口康浩・宇和田哲・佐美哲夫・黒尾和久	「セツ塚15-セツ塚遺跡発掘調査報告書―」	学生社	日野市東光寺上セツ塚遺跡の縄文時代の土地利用・集落変遷についてまとめる
	五十嵐彰	「痕跡連鎖構造―遺構・遺物概念の再構築を経由して―」	『山下秀樹先生追悼考古論集』	
	五十嵐彰	「東京湾岸の大型貝塚を支えた生産住様式」	『史叢』3	
	西野雅人		『地域と文化の考古学』	
2006年	小林謙一編	『縄文研究の新地平―勝坂から曽利へ―』	六一書房	第3回シンポジウムの記録集
	泉　拓良	「縄文時代集落研究の課題」	『考古学リーダー』6	
	小林謙一		『史料』89-1	谷口康浩・小林謙一の論と論評
	黒尾和久・駒形功・五十嵐彰・山木典幸	「2006年度研究集会資料集　縄文集落を分析する」	山梨県考古学協会	黒尾報告人「基調報告　縄文時代の生活・居住痕跡の様相―東京都多摩丘陵地域の調査事例から―」「遺構論」、そして「考古時間論」
	渋江芳浩・黒尾和久・永田史子	「長崎並木I　東京都豊島区―（関）SJ53工区）辺遺跡（山手通り地区―（関）SJ53工区）の発掘調査」		中世以降現代に至る生活痕跡の検討を主眼においた遺物出土状態の検討による調査記録が、全点ドット法による調査、整理作業段階での時間短縮をもたらすこと、記録保存の観点からも好適であることを確認。

23

年	著者	題名	掲載誌	概要
	鈴木保彦 村田文夫 セツルメント研究会	「縄文時代集落の研究」 「縄文のムラと住まい」 「セツルメント研究」第5号	雄山閣 慶友社 同成社	中山真治「縄文時代中期の小規模集落-矢川・野川上流域の中期初頭・前半集落を例に-」、宇佐美哲也「狛江市弁財天池遺跡のライフサイクルと時間」 小林謙一「縄文堅穴住居跡のライフサイクルと時間」
	工藤雄一郎・佐々木由香・坂本稔・小林謙一他	「ムラと地域の考古学」 「東京都下宅部遺跡から出土した縄文時代後半期の植物利用に関連する遺構・遺物の年代学的研究」	「植生史研究」15-1	炭素14年代測定による下宅部遺跡の時間的の復原
	セツルメント研究会	「シンポジウム縄文集落研究の新地平4-堅穴住居調査・集落調査のリサーチデザイン-」	「セツルメント研究」6	新地平シンポジウムの第4回発表要旨
2007年	小林謙一他 大野尚子	「堅穴住居貼床の井出上・原地点以出土鱗について」 「集落内における諸生活動の復元に向けて-自由学園南遺跡第52号住居跡の遺構間接合の検討から-」	「セツルメント研究」6 「セツルメント研究」6	
	奈良忠寿	「北海道における縄文時代中・後期の「平地居住期」」	「日本考古学協会第74回総会研究発表要旨」	
2008年	村木周三・小林謙一			
	宇津木台地区考古学研究会	シンポジウム「縄文中期集落研究の新地平」記録集	『論集 宇津木台』2	1995年に開催した第1回新地平シンポジウムの記録集。懇居説明「シンポジウム新地平」に至るまで」（波江芳治）、発表要旨・資料集作成のコンセプト（小林謙一）、資料集要旨・資料集作成のコンセプト「黒尾和久」、講演「縄文集落「現在）と見方（未果）文字化」などおよび発表要旨「研究の視点」（土井義夫）、計論」を初めて文字化
	土井義夫・黒尾和久他	「特集　縄文中期の集落と居住形態」	『多摩のあゆみ』116	多摩地域の縄文中期集落研究のあゆみ（未果）について概説
	丹野雅人他	『多摩ニュータウン遺跡-No72・795・796遺跡-』	東京都埋蔵文化財センター調査報告50	No.72遺跡は多摩ニュータウン地域最大規模の中期集落
	小林謙一・セツルメント研究会編	「縄文研究の新地平（続）〜竪穴住居・集落調査のリサーチデザイン〜」考古学リーダー15	六一書房	第4回新地平シンポジウムの記録集、縄文集落研究の近況や竪穴住居の調査の最新実践例について紹介
	上敷領久			
2009年	中山真治・黒尾和久他 山本孝司 伊藤健・小林博範	「恋ヶ窪遺跡調査報告V（本文編）」	『多摩ニュータウン遺跡No441・446遺跡』	国分寺市恋ヶ窪遺跡（昭和55〜61年度調査区）について、住居出土の重複、遺物の分布など中期集落（勝坂〜加曽利E式期）の変遷を整理
	丹野雅人他	『多摩ニュータウン遺跡-No72・795・796遺跡（14）」		加曽利E2式期（II期）の短期集落の検出 不均衡な「分節構造」による非居状集落を示出
	小坂井半修他	「中田遺跡-都立八王子中野町団地（4期）埋蔵文化財発掘調査委託-」		中期初頭から前半の集落
	小林謙一	「日本縄文時代集落遺跡における竪穴住居跡調査研究史と課題」	『集落研究』1	南関東を中心とした縄文集落竪穴住居跡調査研究史の概略と調査研究の流れを示した

調査史年表

年	著者	文献タイトル	掲載誌	内容
2010年	小林謙一	「14C年代測定を利用した縄文中期堅穴住居の実態の把握」	『研究報告』149 国立歴史民俗博物館	年代推定に則った実時間ベースでの住居数の変化の分析
	遠部慎・宮田佳樹・小林謙一	「堅穴住居覆土における混入の検討」	『古代』122	野田貝塚の前期住居覆土における試料混在の分析
	村木周三	「北海道における縄文時代中・後期の「平地住居跡」との年代学」	『考古学研究』56-2	米運遺跡などの分析
	工藤雄一郎、小林謙一、江原英	「栃木県小山市寺野東遺跡から出土した縄文時代後・晩期の木組遺構の高精度年代測定」	『植生史研究』17.1	炭素14年代測定による低湿地利用の時間的復原
	谷口康浩他編	『縄文時代の考古学8 生活空間 集落と遺跡群』	同成社	集落の分析法①　小林謙一「堅穴住居のライフサイクル」黒尾和久「集落の形成過程―環状集落跡」の形成プロセス―」
	山本典幸	「環状木柱列と祖霊（下）―分析と解釈―」	『史観』163	北陸地方の環状木柱列の機能を考察する上で、その遺構外にある人工・自然遺物の種類と分布に注目
	渋江芳浩、黒尾和久、大村格、学東美智也他	「前原・大上・北作奈一部新設画道路第3・5・2号用各線谷栗設事業に伴う埋蔵文化財調査（2）」	『横浜市歴史博物館紀要』14	「新地平跡年」のローカル版（秋川流域編）を整備、それを基軸にAMS炭素年代測定の研究成果を取り入れて、堅穴住居の存続期間について最長でも10年程度という結論を導き出す
	石井寛	「縄文時代の遺跡群と地域集団―港北ニュータウン地域の遺跡研究から―」	『季刊 考古学』114	「環状集落跡」などの「重層的な居住の場」の特殊性ではなく、時期・地域を問わず存在する小規模集落「単期的な居住の場」の普遍性に注目するという視点の重要性、堅穴住居一軒という資料の意義を存続期間）を展開
2011年	黒尾和久	「小規模集落の普遍性―集落と地域社会」	アム・プロモーション	多摩ニュータウン遺跡の回顧展の図録
	安孫子昭二・横浜市歴史博物館	『縄文中期集落の景観』	六一書房	三殿台調査の回顧展の図録
	大村格	「大昔のムラを視る―三殿台遺跡発掘50年」		山内清男層位論・井戸尻編年の再評価
	練馬区教育委員会	『縄文土器の型式と層位』		2012年2月記録集刊行（石井寛、山本曜久、鈴木保彦、小林謙一）
		シンポジウム「縄文集落研究の争点」		
2012年	小林謙一編	『東アジア定住化過程の研究』国立歴史俗博物館研究報告172集	国立歴史民俗博物館	中期集落論の共同研究。縄文時代中期集落
	山本孝司・小栗一夫・丹野雅人	「縄文時代中期のムラとその横相―三沢川流域・与田川流域・大栗川流域」八王地区」	『東京都埋蔵文化財センター研究論集』XXVI	多摩ニュータウン地区に反映る縄文中期の集落調査成果を既観
	黒尾和久		『東京考古』30	直近30年の東京都での中期集落論・領域論の動向
	安孫子昭二	「多摩丘陵の中期集落群と土器」	阿部芳郎編、雄山閣	中期後葉の多摩丘陵の土器と集落の関係

※各遺跡の発掘調査年ではなく報告書の刊行年を記載するが、文献を記載しないものは調査年である場合がある。太字は多摩・武蔵野地域の調査・研究。

25

1部　報告
「縄文集落研究の新地平の15年」

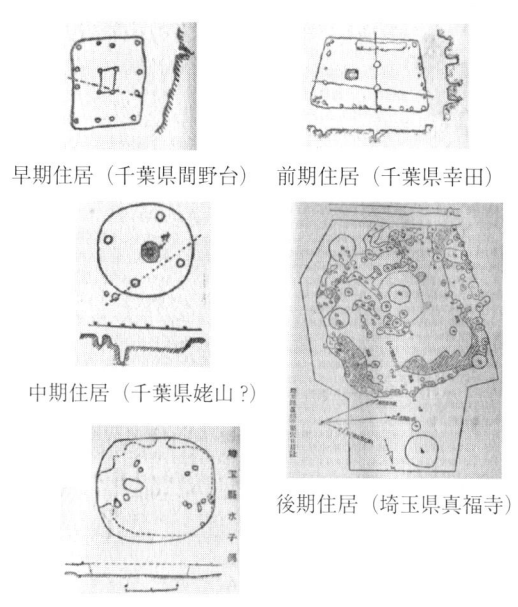

早期住居（千葉県間野台）　　前期住居（千葉県幸田）

中期住居（千葉県姥山？）

後期住居（埼玉県真福寺）

地表住居址（埼玉県水子）

酒詰仲男ほか編 1951『考古学事典』改造社

扉挿図：住居測量図
酒詰仲男は東京大学人類学教室の助手として和島誠一と関東地方の貝層をもつ縄文竪穴住居を、人骨収集を大きな目的に発掘し、図示した。多くの場合は人骨の出土位置との関係で住居床面と覆土内貝層との位置関係に注目した断面図が作図されている。
(酒詰治男編 2009『酒詰仲男調査日誌第2集』東京大学総合研究博物館標本報告』77号など)

縄文時代住居調査学史

小 林 謙 一

只今紹介いただきました小林謙一と申します。
（スライド1）最初に今日の集まりの目的といいますか、どんなことをやろうとしているかっていうことを話しまして、引き続き私のほうの発表として調査学史の話をしたいと思います。

今日の集まり、先ほど宇佐美さんのほうから簡単に言ってもらいましたけども、私たちは半分自称なのですけども新地平グループとよばれています。ある程度、南関東くらいなら通用する名前なのですけども、『セツルメント研究』という雑誌を作っていまして、調査方法、特に縄文集落を研究する同人会でありますが、1995年、今から15年前にそういった集まりをシンポジウム縄文中期集落の新地平として開きました。それ以来ずっと活動をしているということです。実は今回のシンポジウムはこの研究会の流れとしましては5回目になります。それともう一つセツルメント研究会という、私がオンリーワンで作っている研究会ですけれども、それが10年ちょっと活動しているということになります。そういったことも諸々含めて過去を振り返るという集会なんですね。もう一つ、歴博の共同研究が関係しています。何でそんなのがついているのですかと思われるかもしれませんが、私ちょっと前まで国立歴史民俗博物館研究部で縄文をやっておりました。それまでは新地平グループとかセルツメント研究会においては私的な立場としてやっておりまし

小林謙一

1部　報告「縄文集落研究の新地平の15年」

```
縄文集落研究の新地平の15年　討議内容
• 新地平グループ・セツルメント研究会
    ドット記録・遺構間接合情報を有効活用し、住居のライフサイクルと会わせ集落の
    一時的景観から集落動態を復元する。
新地平シンポ1(1995)～4→環状集落形成過程の解明を目指した新地平5を行う準備
セツルメント研究1号(1999)　大橋遺跡の再検討　～セツルメント研究6号
・歴博共同研究「定住化過程の復元」
    縄紋中期集落に関して、集落情報を集成し、集落のライフサイクルを解明しうるケ
    ーススタディを増やす。炭素14年代測定研究の応用。2006年度より3年間
東京都縄文集落データベース　nihuONE　などの成果。
    http://nihuone.nihu.jp/nihu/DBSearchResultCancelForm.do?type=logout　*1)
    →2011年度に歴博研究報告172集、縄文集落研究の現状を提示したい。

小林謙一(学史的整理)・中山真治(調査史)・黒尾和久(集落論の展望)と、
地域における実践と課題を事例報告とし、討議(宇佐美哲也)により、15年を総括する。

*1)　発表後、データベースは　http://mgr.nihu.jp/ndp_top.htm　に変更された。
                                                                    1
```

たが、欲をかいて少し国のお金を使って手を広げてやるのだというつもりで共同研究として「定住化過程の復元」という名前で、共同研究をしています。いわゆる仲間内だけでなくてもう少し人に来てもらって共同研究をするというようなことで、3年ほど研究をしております。そこでは特に縄文中期の集落データベースを作りたいなと思いまして、それをやったんですね。またその頃から年代測定に興味を持っておりましたので、歴博の年代測定研究を集落研究に役立つようにいろいろな形で協力いただいて、共同研究をやっておりました。その成果は来年度に歴博の『研究報告』第172集という本にまとめたいと思っているのですけども、その総まとめの一端を兼ねて本研究集会を開催させていただくという意味もあります。また先ほど申しました集落のデータベースに関しては、東京の分について作ったのをweb (http://mgr.nihu.jp/ndp_top.htm　縄文集落データベース) に公開していますので、もし興味ある方はご覧いただければと思います。今日は小林と中山と黒尾のほうで、基調報告で、学史的な、と言いますか個人史に近い南関東の縄文集落調査史

をまとめてみたいと思います。今日家を出るときに、一緒に研究してきた仲間でもある妻から、本人は今日は子供のことで来られないのですけども、あまり自分語りをするんじゃないよという風に言われてきました。ギターを持ってフォークソングを歌うみたいな気分になっておりますので、申し訳ないと思っております。自分たちの自己満足的なものではよくないので、我々新地平派のすでに老兵になっている面々の後に、各地域ではどうなっているのかという報告を若手からもらってまた現実に戻る、最後に討論をするという構成です。討論については、簡単に考えてきたのですけども、宇佐美さんが非常に詳細な討論内容の試案を作ってきていたので、そっちのほうが今日のメインになっちゃうかなと思っています。

　（スライド2）今回の目的というか、私がこれから喋る発表の目的ですね。私たちはドットを取る、全部の遺物の記録を取りますよ、それからそういったことを使って縄文集落をこのように研究しますよということをお話しします。集落を知るためにはある時期、一時期にどういう状態だったかを知ることが出発点だと思うんです。それは新地平派の専売特許というような決して特殊なものではなくて、皆が共有して持っている問題意識だという風に思っておりました。ちょっとそれは勘違いだったということが最近やっと分かってきたというところであります。それに気付かせてくれたのがいろいろな研究会への参加によってでした。最近は小林も縄文だけじゃなくて他の時代も少しやったらどうだ、ということで呼ばれることがあります。会場にいらっしゃいますけども藤尾慎一郎先生が、去年主催されていた弥生集落研究会にちょっと行って、縄文の立場からコメントをする機会がありました。この間も考古学研究会東京例会での旧石器時代の研究会に縄文の立場からコメントをするという機会がありました。さらについこの間も、ずっとくだる江戸遺跡研究会という、近世の研究会に呼ばれて、ちょっと話をする、そういうようなところで縄文の立場からコメントするみたいな機会がありまして、私は根が単純だから、時代が違っても基本的に同じ問題意識が共有できるものという前提で臨んだんですけども、結果的にいえばそうじゃなかった。弥生のほうでも、私、話が下手なのでそのせいかもしれないのですけれども、弥生

1部　報告「縄文集落研究の新地平の15年」

住居調査学史を学ぶ（今回の目的）

- なぜ、ドット記録や一時的集落景観把握は嫌われるのか？
- 学史的に位置づけよう
  遺跡調査法,住居認識,縄紋研究,集落研究

・今回は縄紋のセクション把握・ドット記録
と　縄紋集落研究の流れの接点を簡単に。
　　（水洗選別微細遺物回収,年代測定等自然科学分析は除外）
・全点ドット・ライフサイクルの新地平派（14Cは別）はどこからきてどこへいくのか？を考え、わかりやすくし、みなさんにお勧めできるようにする。

〇原点を確認し、環状集落形成過程にアプローチしていく経過点とする。

研究の大家からは「そんな瑣末なことはどうでもいい」というコメントなんです。考古学研究会でも「不見識だ」という言葉をいただいて、すごく失敗したなと反省しているところです。単に私の話のしかたが下手と言いますか、問題意識の説明が不十分であるということは否めないのですが、やっぱり縄文がこう思ってるから皆そう思っていると思っちゃいけない、当たり前といえば当たり前ですね。もちろん、縄文の中でも皆共有してるかというとそんなことない、ということですね。私は谷口康浩さんと仲が良いです、別に仲が悪いわけではないです。会えばちゃんとお話をする。決して呉越同舟ではありません。そういうときに、お互いに向いている方向は同じなんだよね、やってるアプローチの仕方は違うんだよね、そういう前提でお話ししてたのですけども、話をしていると、どんどんすれ違って行く。同じ言葉を使って違うことを言ってたんだな、同音異語というのでしょうか、そういったことにやっと気がついたということですね。その気がついたことを皆さんに知ってもらおうかなと思って、今日の会合に来たということですね。大変個人的

なトークで申し訳ございません。という意味で、学史的に位置づけよう、自分がやってきたこと、また新地平グループが考えてきたことを学史的に見たらどうなるかというのをやろう、それがないから、お前ら勝手なことをやっていると言われるわけですね、それをすごく反省してやってみようという気持ちです。今回は住居調査におけるセクションの把握、特にドットの記録、私たち新地平グループの一番嫌われている要因なんですけれども、点取り虫っていうところですね。ドットを取るっていうのを強調しすぎているというか、一つはお金もかかるし、というところでしょう。しかし、ドット記録の必要性というのは、決して私たちがいきなり言い出したことじゃなくて、古いと言いますか、日本の考古学の中で伝統的な調査として発達していった問題意識の必要性の中から生じてきたものだということを今日改めてお話ししたいと思います。特にその後、ドットを取ってそれをどう使ってきたか、特に遺物接合とか、遺構との関係をどのような意識の中で検討しようとしてきたかっていうことを整理したいと思います。ですから、他にも嫌われる要因としては炭素14年代測定とか、いろいろとやっていることは他にもあるんですが、それらのことはちょっと棚上げしておきたいと思います。全点ドット、ライフサイクルの新地平派、「派」という言葉はとりあえずあまり深く考えずに私がつけたんですけれども、決して同化するというか囲い込みをするというわけではありません。ここで言う新地平派とか新地平グループは狭く取ると小林と中山と黒尾だけです。いうまでもなく本来は派閥ではなく広く連携を求める方向性だったわけです。我々の行っている発掘調査、とりあえずは集落調査に限定させていただきますが、何処から来て何処へ行くのかってことを考える、やってることを分かりやすくして皆さんに心からお勧めできる調査・研究方法なのだということを確認する、いわば原点に帰ろう運動であります。そういったことを確認して、環状集落形成過程の復原へと進む布石を打とうと思っております。

　(スライド3)私の調査史から始めるのは恐縮なのですけども、年表にも示しましたように、だいたいこのように考古学の調査をしてきました。いろいろけっこう掘ってきたということですね。本格的な縄文集落の調査に主体

1部 報告「縄文集落研究の新地平の15年」

> ## 私の調査史
>
> - 細田遺跡・向原遺跡・九年橋遺跡・伊皿子貝塚など参加
> - **1981-早川天神森** 1983 ドット無し 層位別・数量把握 神奈川県
>   1981年学部2年調査 4年報告 岡本孝之、桜井準也
> - **1982-受け地だいやま** 1986 地区内全点ドット 調査団
>   1981学部時代調査・82-84(院生)整理 五十嵐彰、奈良貴史
> - **1987-新井三丁目遺跡**1989 遺構内ドット・弥生集落 調査団 佐々木藤雄
> - **町田市三矢田遺跡**1990-1991 加曽利E1式期の小規模集落
>   全点ドット・遺構間接合 調査団 重久淳一
> - 1989-SFC 1991・1992 全点ドット光波測定器 慶應 小規模集落群 岡本、桜井、大内
> (1994 考古学協会 ライフサイクル論)
> (1995 新地平シンポ)
> - **1992-大橋** 1997・1998 全点ドット 調査会主任 典型的中期集落 両角,大野,建石,大内
> - 1998-石川県角間 近世以外全点ドット 金沢大 縄文包含層・平安山岳寺院
> (1999セツルメント研究 大橋遺跡の研究 フェイズ設定)
> (2004 縄文社会研究の新視点 炭素14年代の利用)
> - 2006・2007**福島県井出上ノ原** 全点ドット・年代 歴博 主体的調査(学術) 大網
> (2008 新地平4・考古学リーダー 集落・住居調査のリサーチデザイン)
> - 2008〜**相模原市大日野原遺跡**全点ドット・年代 中央大 主体的調査(学術)
>
> 3

的に参加するようになった一箇所目の神奈川県早川天神森遺跡(スライド4)などの調査では、私もドットを取ってないんですね。二箇所目の81年くらいに調査が始まった神奈川県奈良地区遺跡群受け地だいやま遺跡(スライド5)が、私が全点ドットを取りだしたというところになります。もちろんその前からドットを取る調査には参加していまして、例えば慶應義塾大学鈴木公雄先生が主体的に調査された東京都港区伊皿子貝塚で全点ドットを取っていたのに参加したのは1979年で私は学部1年でした。

　ここで問題にしたいのは竪穴住居出土物の意味を考える上で全点ドットをどのように関係づけるかということになりますが、最初は伊皿子貝塚のような貝塚調査や、受け地だいやま遺跡の廃棄場の調査のように、私は住居調査ではないところからスタートしています。1987年頃に中野区新井三丁目遺跡という弥生末頃の集落遺跡の調査員になっていて、包含層がほとんど攪乱でやられていたということもあるのですが住居内の遺物だけは全点ドットを取っていたのですけど、その頃に黒尾和久さんや中山真治さんに会いました。

縄文時代住居調査学史

自分史から

神奈川県綾瀬市 早川天神森 1983

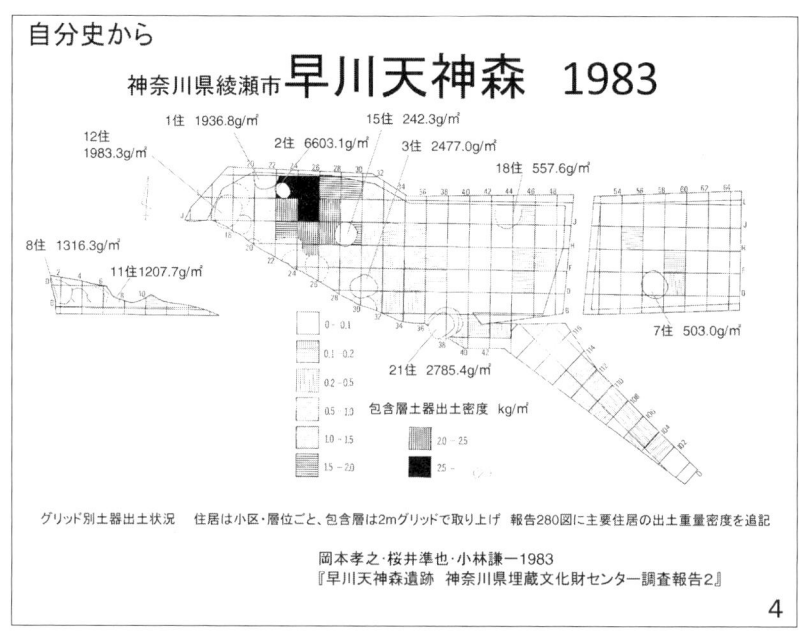

12住 1983.3g/㎡
1住 1936.8g/㎡
2住 6603.1g/㎡
15住 242.3g/㎡
3住 2477.0g/㎡
18住 557.6g/㎡
8住 1316.3g/㎡
11住 1207.7g/㎡
21住 2785.4g/㎡
7住 503.0g/㎡

包含層土器出土密度 kg/㎡

0 - 0.1
0.1 - 0.2
0.2 - 0.5
0.5 - 1.0
1.0 - 1.5
1.5 - 2.0
20 - 25
25 -

グリッド別土器出土状況　住居は小区・層位ごと、包含層は2mグリッドで取り上げ　報告280図に主要住居の出土重量密度を追記

岡本孝之・桜井準也・小林謙一 1983
『早川天神森遺跡　神奈川県埋蔵文化財センター調査報告2』

4

神奈川県横浜市 受け地だいやま 1986

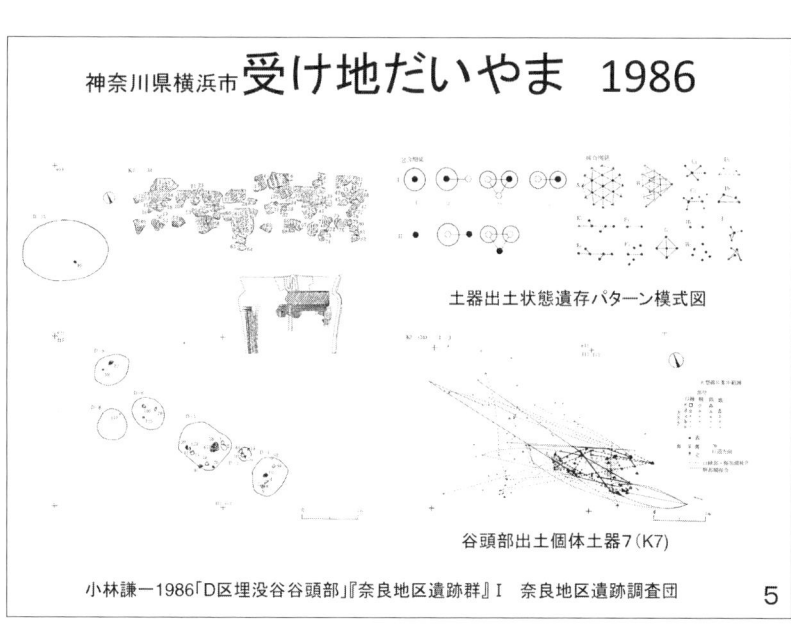

土器出土状態遺存パターン模式図

谷頭部出土個体土器7（K7）

小林謙一 1986「D区埋没谷谷頭部」『奈良地区遺跡群』I　奈良地区遺跡調査団

5

1部　報告「縄文集落研究の新地平の15年」

縄文住居にせよ、貝塚にせよ、廃棄場にせよ、弥生集落にせよ根っこは同じだと思います。要するに土器が出てくる、ただ出てくるのではなくて住居跡の中から出てくる。その意味をちゃんと考えましょうということですね。そうすると、住居跡の中に埋甕とか炉体土器とか、土器が埋設されている場合、ほとんどの場合は胴下半が打ち欠かれているなど完形土器ではないので、故意にせよ偶発的な破損にせよ打ち欠かれていた部分の不要な土器破片が、どこかに捨ててあるわけですね。それを見つけてきてくっつけると色々なことが分かりますよ、ということです。それによって例えば住居跡どうしの時間の関係が分かりますよ、ということですね。

1989年からの神奈川県湘南藤沢キャンパス内遺跡（SFCと略記）の調査（スライド6）、1990年頃に整理作業を手伝った真光寺広袴遺跡群三矢田遺跡（スライド7）の集落調査の中でだんだん考えてきたわけですけれども、ライフサイクルと言っているのですが住居の使われ方と用いられていた土器の遺構間接合から復原することができるということを、考えていきました。1994年の考古学協会で発表して「よくわからない」とさんざん言われたのですが、1995年の新地平シンポジウム前後から明確に主張してきました。その後、大橋遺跡の調査を手がけることができ、実践的に組み上げることができたのは非常に幸運だったと思います（スライド8）。

集落を土器で編年すると、どうしてもある程度幅を持った、例えば30年とか40年、50年、私の年代測定での推定結果ですけども、それでいうと、一つの型式が、20年から7、80年くらいの型式継続期間があると仮定しておきますと、1型式時期の中で重複住居跡例がいくつもあります。要するに加曽利E3式期の集落と言ったって、その土器が出ている住居跡を集めたら、明らかに一緒に建ってない住居跡が同じ土器型式時期の住居グループにあるのですね。これまでの集落研究は極端に言うとそれでよしとする、それ以上分からないからそれでやるという前提だったと思うのですよ。だけども、分かれる住居群は分かれると言った方がいいでしょう、と。さっきの重複住居跡でいったら古い家、新しい家が分かりますし、直接切り合いじゃなくても、土器の接合関係、どこの土器がどことくっついているかをみていくと、前後

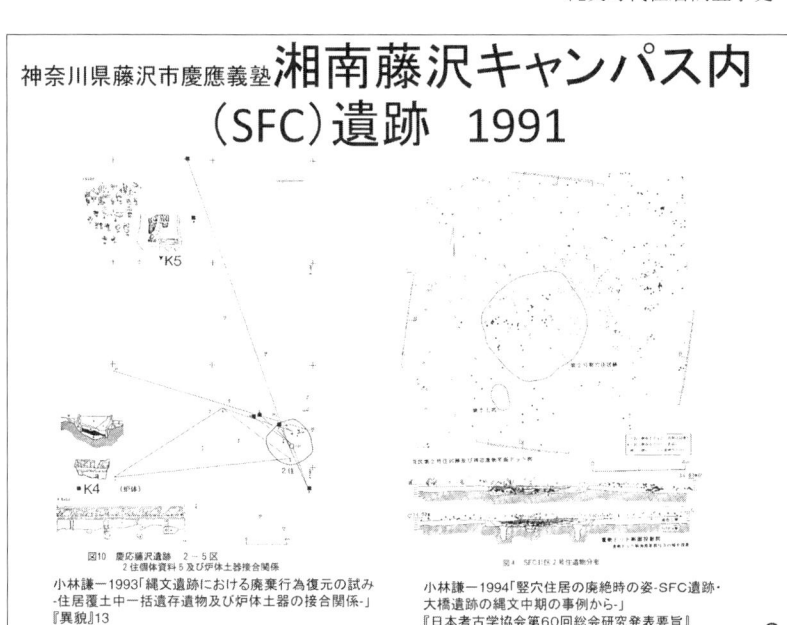

縄文時代住居調査学史

神奈川県藤沢市慶應義塾 湘南藤沢キャンパス内 (SFC)遺跡 1991

図10 慶応藤沢遺跡 2-5区
2住個体資料5及び炉体土器接合関係

小林謙一1993「縄文遺跡における廃棄行為復元の試み
-住居覆土中一括遺存遺物及び炉体土器の接合関係-」
『異貌』13

図4 SFC1区2号住遺物分布

小林謙一1994「竪穴住居の廃絶時の姿-SFC遺跡・
大橋遺跡の縄文中期の事例から-」
『日本考古学協会第60回総会研究発表要旨』

6

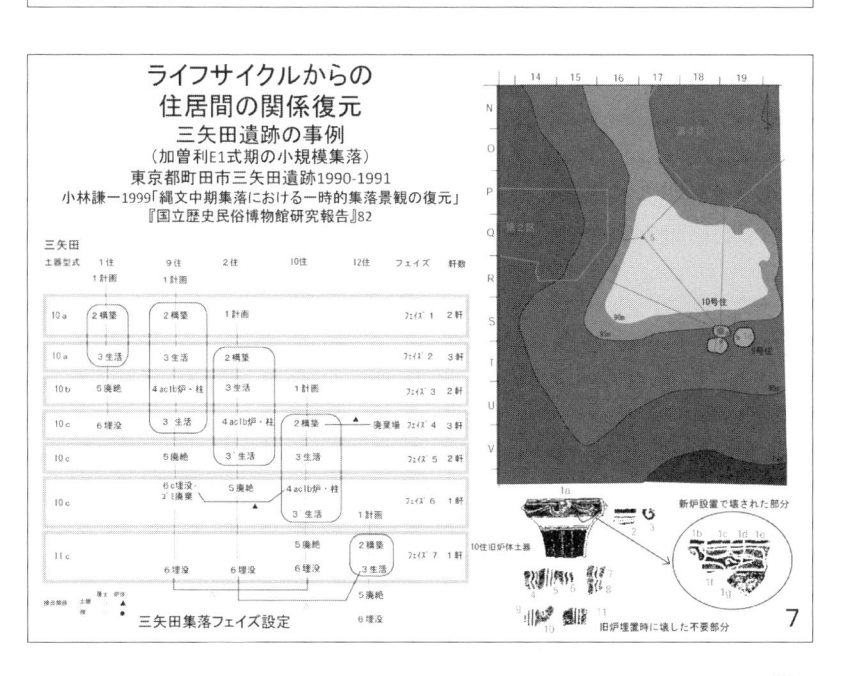

ライフサイクルからの住居間の関係復元
三矢田遺跡の事例
(加曽利E1式期の小規模集落)
東京都町田市三矢田遺跡1990-1991
小林謙一1999「縄文中期集落における一時的集落景観の復元」
『国立歴史民俗博物館研究報告』82

三矢田集落フェイズ設定

7

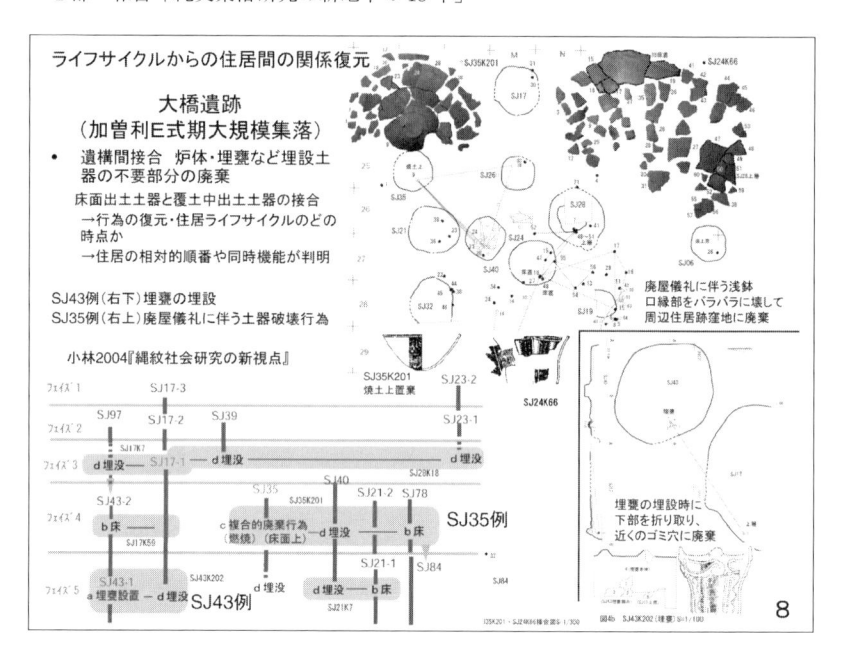

1部　報告「縄文集落研究の新地平の15年」

関係が分かりますよ、ということですね。そういうやり方で、集落のフェイズ設定とよんでいるのですが、土器型式による区分よりも細かい集落編年をしていくというのが私の一つの持ち味であります。

（スライド9）弥生文化研究の講座本として藤尾慎一郎先生たちが主筆されている、『弥生時代の考古学』の中で縄文の立場からの弥生集落論を書いた時に作った縄紋集落研究者の分類図（小林2009a）ですけども、縄文集落研究は細分化されているということを模式的に示しました。あまりこうやって類型化しちゃいけないのですけど、一応立場を分けていくと谷口康浩さんとか、私が敬愛する山本暉久さんとかですね、そういった方と一線が引かれるところに私とか黒尾さんとか石井さんとかの立ち位置が置かれるわけです。何で一線が引かれているのかというとですね、一番基本的な立場の違いとして「横切り」、「縦切り」としましたが時間軸を区切っていくことを重視するか、集落の継続性なり空間区分の連続性を重視するかの違いと思います。

（スライド10）話を戻しまして、縄文の住居がどんなふうに調査されてき

縄文時代住居調査学史

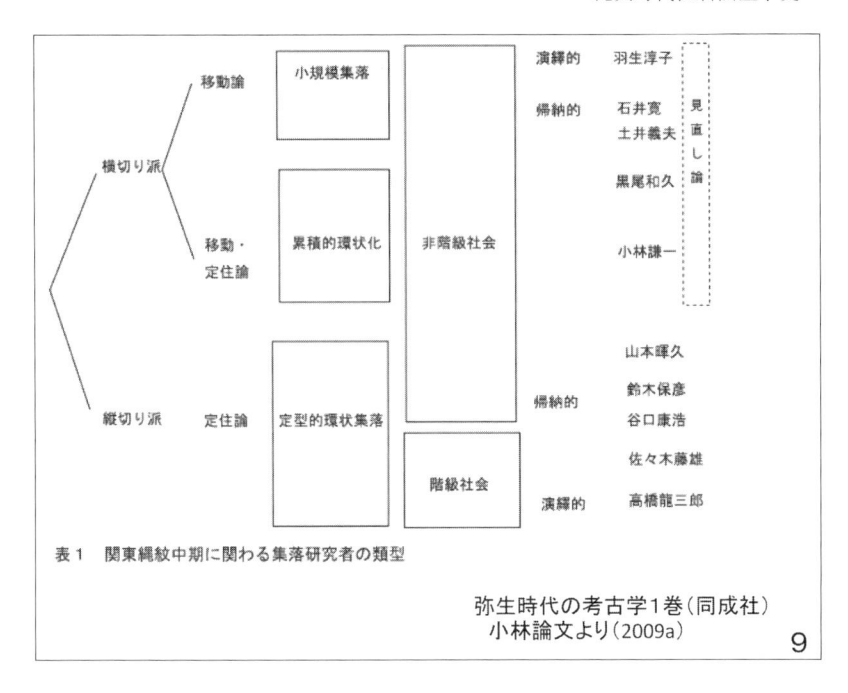

表1 関東縄紋中期に関わる集落研究者の類型

弥生時代の考古学1巻（同成社）
小林論文より（2009a）

縄文住居調査方法史

- 貝塚調査から断面→トレンチからベルトへ（1960年頃）
- 上下層の区分（山内清男1936）
- 廃棄論（1960年代末）　層位との関係
- 原位置論（1960年代末）　ドット　旧石器の調査から
  1970年代はじめ　十字ベルト一般化・ドット記録
- 1980年代　大規模発掘増加。
  セクションは定着。ドットは無理化。
  パターン論は精算され吹上パターンのみ廃棄論へ
- 1990年代　集落研究の二極分化（→景観の考古学）。
  機器の発達。発掘の効率化が喧伝される。
- 2000年代　新地平派は隔離されちゃいました。

1部　報告「縄文集落研究の新地平の15年」

たかということをもう一回考えてみましょう、という話ですね。私は住居跡が基本的に好きなので、ただ掘るだけじゃなくて、研究史的なことに興味がありますので、まとめておきたいと思います。もちろん東京大学総合博物館で整理されている酒詰仲男の調査日誌や和島誠一の仕事（スライド11右）などをみても貝塚の調査からだんだんと遺構調査方法の中に断面観察の必要性が導入されていくようです。また山内清男博士の武蔵高校裏遺跡での住居内覆土中の土器出土状態への注意（スライド11左）も興味深いのですが、その辺は私が前に書いた下総考古学17号の拙文（小林2003）を読んでください。

（スライド12）大事なのはですね、一つは廃棄論ですね。小林達雄さんが廃棄パターン論を提唱したことは大きなインパクトを呼んだと思います。このスライド(12)は汚い字で恐縮ですが私の学部2年生の時の勉強会でのノートですが、こうやって学生が一生懸命勉強したことの例として示しておきます。吹上パターンの契機となった米島貝塚の調査（スライド13）では層位との関係を見ようというのが出てくるのですね。ほぼ同時に、麻生優さんがたてた原位置論、遺物は旧石器と同じような全点ドットで取り上げることが主張されます。ニュアンスとしてはですね、出てきたものの位置は、ピュアな状態でいろいろな情報を持っているからそれを余さず生かさなくてはならない、というのが原位置論の原理主義的な部分ということになります。遺物が出土した位置にある状態が過去からずっと不変で変わらずにきている状態だということを前提にしていたので、うまく説明がつかないものがあるけれども、調査方法論としては先鋭的ですばらしい点が含まれるわけです。

このあと事例をお見せしますが、年代を追っていくと、70年代、80年代くらいには住居を掘る際に十字型にベルトを残して掘って、十字ベルトのところでセクションを取るというのがほぼ一般化します。逆に言うと70年以前はトレンチ壁はあってもベルトセクションはないです。セクションベルトを十字で取るのは実はドットとほぼ同じくらいに始まるんですね。

60年代までは住居自体の検出とその部分の坪掘が目的なのでトレンチを掘って住居が出たところを広げていたのですが、三殿台遺跡調査のように台

縄文時代住居調査学史

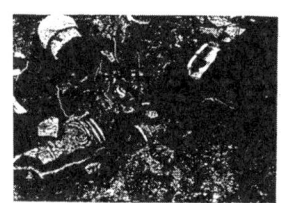

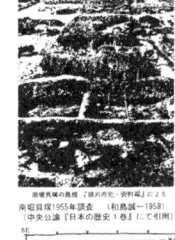

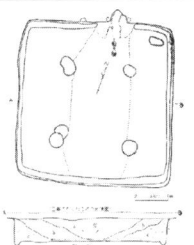

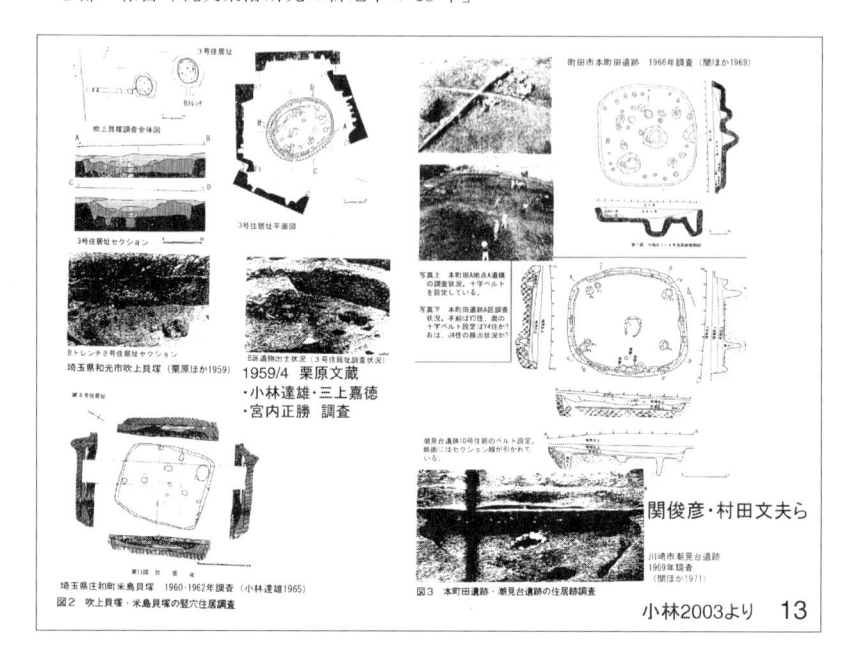

1部　報告「縄文集落研究の新地平の15年」

地全体を対象とするようになるとトレンチ調査で壁にかかっている住居断面の状態のセクションを取るようになるということのようですね（註1）。1955年に和島誠一さんが志村小豆沢16号竪穴など貝塚のある断面などで、ちょっと違ったやりかたをしているのですけれども（スライド11右上）、他のラインは全部エレベーションですから、基本的にはトレンチを掘っていって住居に当たったときにそのセクションを取るということが最初のやり方です（スライド11右下）。貝塚のある住居では貝層との絡みで住居自体の調査に断面観察が重視されていく流れもあると思います。下総考古学研究会の中峠貝塚の調査は、非常に先鋭的だと思います（スライド14）。

　遺構の埋没状態と遺物の出土状態に対して大きな注意を払うようになったのが小林達雄さんの廃棄パターンからですね。廃棄パターン論は1969年の考古学協会発表を通して世の中に一般化するわけですけども、それを受けて遺物のドットを取ることが注目されます。最初から、ドットを取るわけじゃないんです。あくまで遺物がどう出てきたかな、と見ていく。絵で描いたり

縄文時代住居調査学史

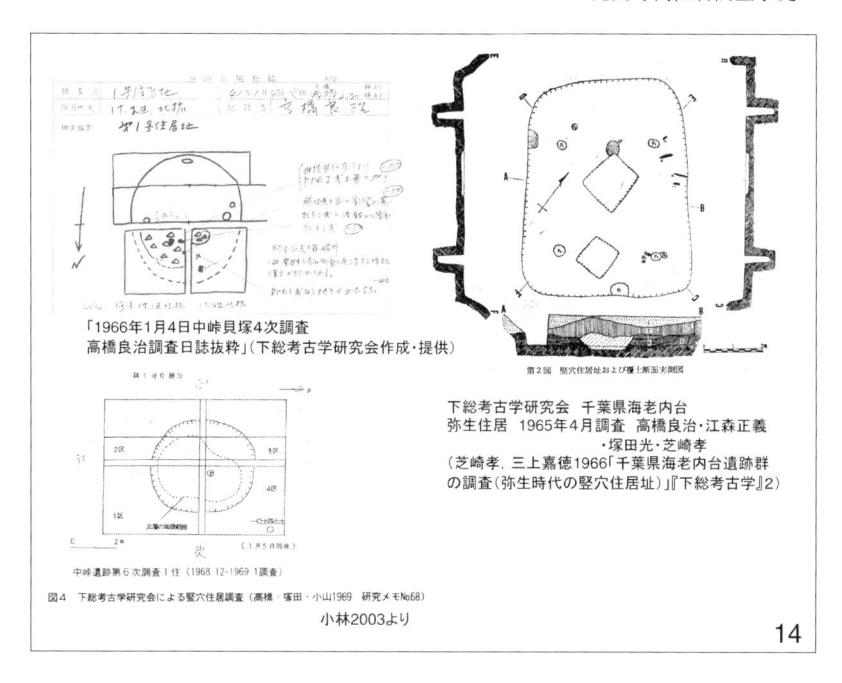

「1966年1月4日中峠貝塚4次調査
高橋良治調査日誌抜粋」(下総考古学研究会作成・提供)

下総考古学研究会 千葉県海老内台
弥生住居 1965年4月調査 高橋良治・江森正義
・塚田光・芝崎孝
(芝崎孝,三上嘉徳1966「千葉県海老内台遺跡群
の調査(弥生時代の竪穴住居址)」『下総考古学』2)

図4 下総考古学研究会による竪穴住居調査(高橋・塚田・小山1969 研究メモNo.68)
小林2003より

写真撮ったりしているんです。廃棄パターン論を実証する目的で分析された高く評価される可児通宏さんの多摩ニュータウンNo. 46 (スライド15)の報告にドットが出てきます。そんな風にして、だんだん廃棄論と住居の埋没過程が結びついてきた。

　1970年代の武蔵野台地での調査なのですけども、これはこのあとの黒尾さん中山さんの発表にもいっぱい出てくると思いますけども、土井義夫さんとかの学芸大グループ (スライド16左・17左) と、安孫子昭二さんのグループ (スライド17右)、小田静夫さんの一連の調査 (スライド17右・18) など、非常に優れた調査が続いていきます。その中でパターン論自体が清算、それと同時にドットの方も清算されちゃったんですね。あと和島誠一の共同体集落論、水野正好の二項対立型の空間分割の集落論も事実関係としては清算されたのですけれども、そのあとまた新しい流れとして、新しい流れといいますか、もう一度事実関係の把握から始めようという立場と、モデルだけ作り直してみようという立場とで二極分化するんですけども、清算しちゃったま

43

1部　報告「縄文集落研究の新地平の15年」

多摩ニュータウンⅦ No.46遺跡　可児通宏1969
住居サイクル(H)、土器廃棄サイクル(P)
(可児通宏1969「住居の廃絶と土器の廃棄」
『多摩ニュータウン遺跡調査会報告Ⅶ』)

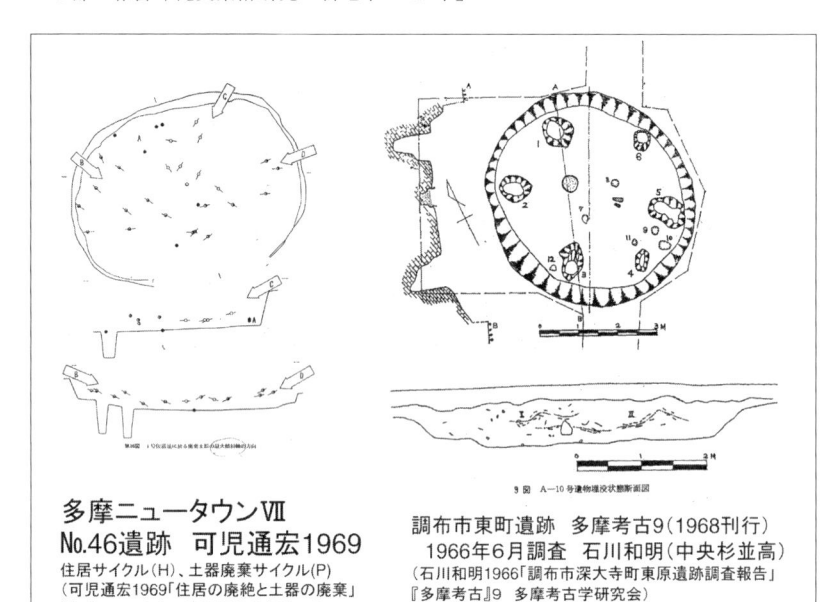

調布市東町遺跡　多摩考古9(1968刊行)
1966年6月調査　石川和明(中央杉並高)
(石川和明1966「調布市深大寺町東原遺跡調査報告」
『多摩考古』9　多摩考古学研究会)

15

住居断面の調査の変遷
(小林2003,2009bより)

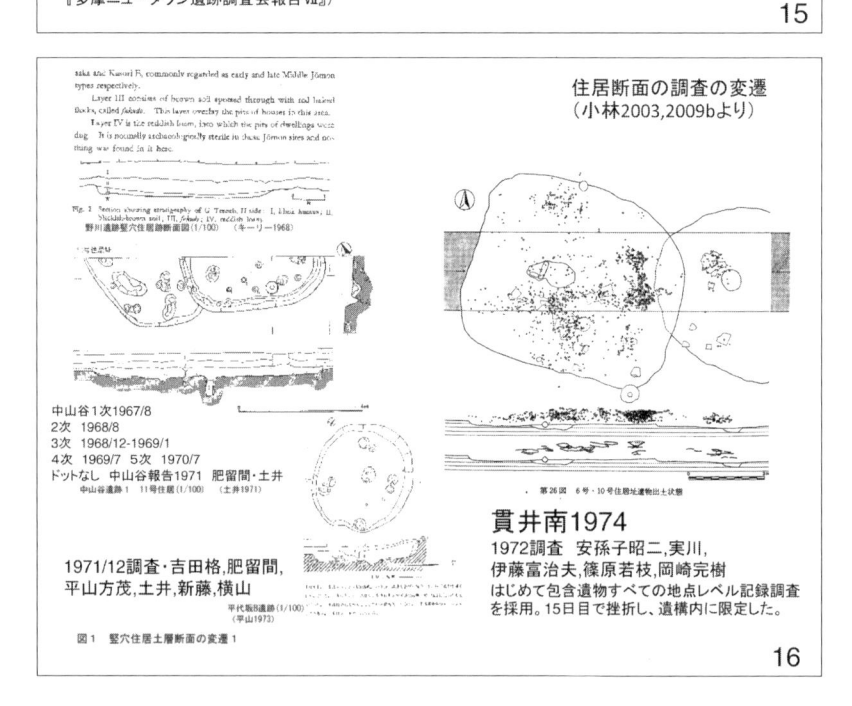

中山谷1次1967/8
2次　1968/8
3次　1968/12-1969/1
4次　1969/7　5次　1970/7
ドットなし　中山谷報告1971　肥留間・土井

1971/12調査・吉田格,肥留間,
平山方茂,土井,新藤,横山

貫井南1974
1972調査　安孫子昭二,実川,
伊藤富治夫,篠原若枝,岡崎完樹
はじめて包含遺物すべての地点レベル記録調査
を採用。15日目で挫折し、遺構内に限定した。

16

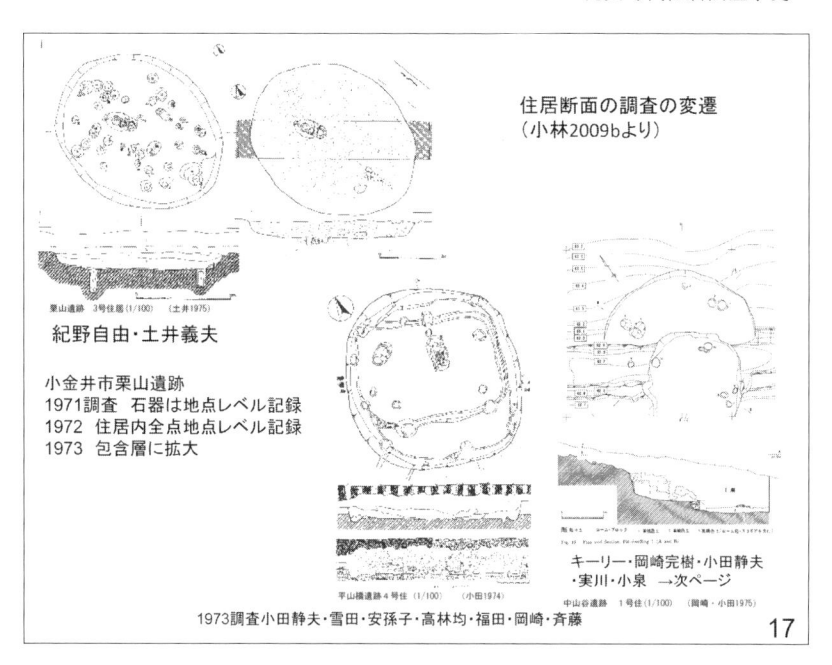

縄文時代住居調査学史

住居断面の調査の変遷
（小林2009bより）

紀野自由・土井義夫

小金井市栗山遺跡
1971調査　石器は地点レベル記録
1972　住居内全点地点レベル記録
1973　包含層に拡大

キーリー・岡崎完樹・小田静夫
・実川・小泉　→次ページ

1973調査小田静夫・雪田・安孫子・高林均・福田・岡崎・斉藤

17

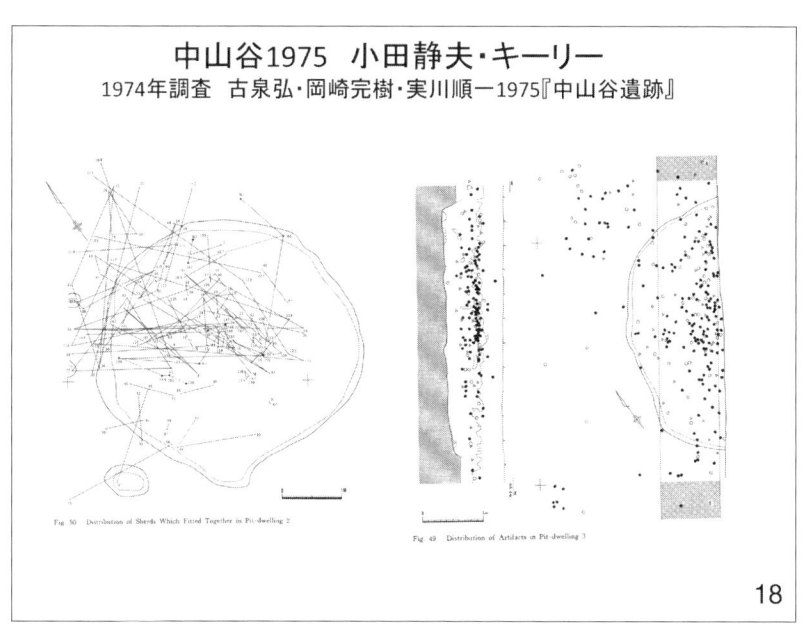

中山谷1975　小田静夫・キーリー
1974年調査　古泉弘・岡崎完樹・実川順一1975『中山谷遺跡』

18

45

1部　報告「縄文集落研究の新地平の15年」

ま違う方向にどんどん拡大されていくことになります。

　例えば谷口康浩さんの二棟一単位二組の集落論ですね、『縄文時代の考古学』の総論には、いまや時代は集落研究から「景観考古学」になった、と謳ってあります。私がよく書いているのは「一時的集落景観」。同じ景観が入っているので、同じかなって。もちろん違いますけど。

　谷口康浩さん自体は群盲とならずに縄文社会全体像を広くつかもうとしている立場なのだと自覚していると思います。小林ら新地平派のように枝葉末節にこだわって流れを見失うことを避けて、多少見切り発車でも現在分かる範囲で復原しようという現実的な体系化をある程度優先する立場もあるわけですね。そういったかたちで、色々な考え方がもちろん必要なことは否定できません。で、2000年代、まあ現在ですね、新地平派というのは隔離されちゃいましたとスライド10には書きましたけど、それぞれ無視しているわけではないし、むしろ協業は積極的に考えているんですね。例えば私とか黒尾とかにもですね、『縄文時代の考古学』の編集に当たって、谷口さんから電話かかってきて、書いてくれと誘ってもらえました。それは要するに、君たちの言ってることも少しはわかるよ、君たちがやってる動機はいいよ、僕たちはドット調査とか面倒なことはようやらないけど君たちはがんばってやれと、そういったかたちで、ドットを取って調査すること自体は意味があるけども、別に一般化する必要はありません、と言われているわけですね。集落構造を明確にしていく目標は共有するが、方法論は共有しないということです。

　現代考古学に生きるもう一つのファントムとしては、パターン論があります。パターン論は小林達雄さんのパターン論、これはセツルメントパターンのほうにもいくわけですけども、とりあえず廃棄パターン論でいうと、生き残ったのは吹上パターンだけですよね。井戸尻パターンとか他のパターンはみんな考古学的な出土状況としては認めがたいということで結論づけられたので清算されたっていうふうに言うし、吹上パターンは事象として確かに繰り返し確認されるということで認められたんだけども、1つしかないからパターンではなく「住居内一括遺存遺物群」または山本暉久さんが呼んだように「住居内一括遺存土器群」ですね。

縄文時代住居調査学史

吹上パターンの検証自体は黒尾さんとかいろいろな人がやっていて、そもそも完形土器だけが捨ててあるということはないよ、ということとかが分かってきたのですね。ちゃんとものを見て廃棄行為の復原を進めようよっていう方向へ進んできています。そういった調査史はこれまでの拙文（小林2003など）のところで書いたつもりですのでそれを見ていただきたいと思います。他にも遺物出土状態や遺構間接合について結構大事な提示が折々にされているのですけども、それはこのあと中山真治さんが紹介してくれますので、簡単にお見せするだけ。

スライド19は新山遺跡や東寺方遺跡などドット調査を用いた1980年代前半を代表する調査事例です。あと南関東以外でも注目される調査が行われています。スライド20は佐久市の市道遺跡、これは国学院大などの東京で調査をした学生らが調査に参加しているのですね。それから、スライド21は茨城県のおんだし遺跡例です。スライド22に近年での新地平派の縄文以外の時代での分析（スライド22左）や東海地方への黒尾さんのところで学んでいた纐纈君という気鋭の調査者による新地平派の輸出（スライド22右）

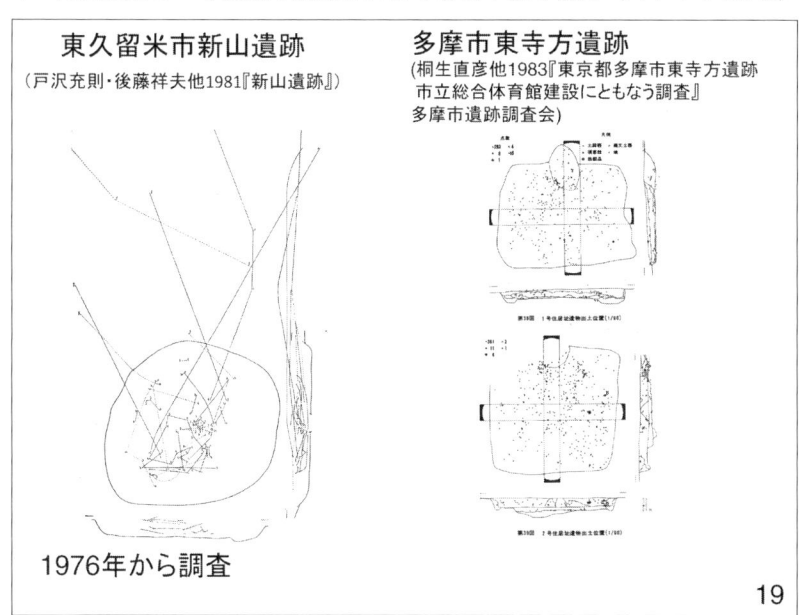

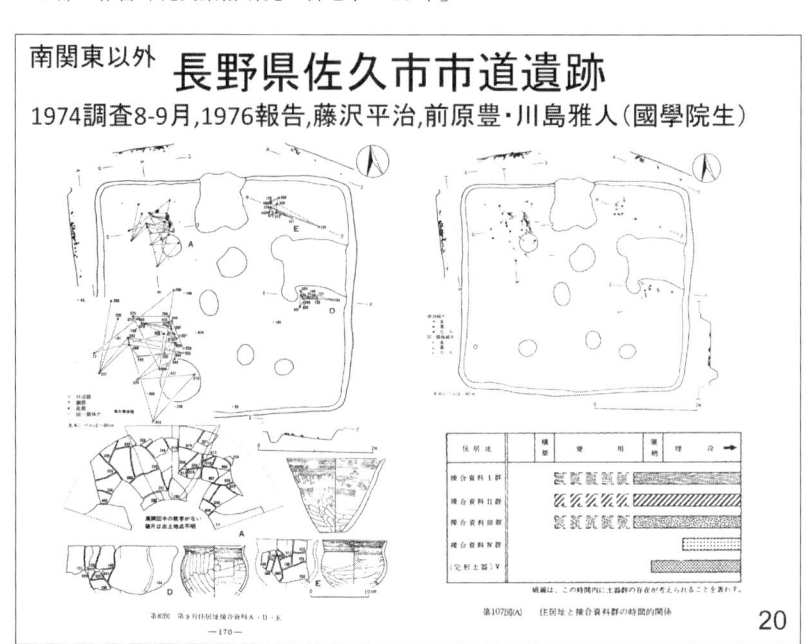

1部　報告「縄文集落研究の新地平の15年」

南関東以外　長野県佐久市市道遺跡
1974調査8-9月,1976報告,藤沢平治,前原豊・川島雅人（國學院生）

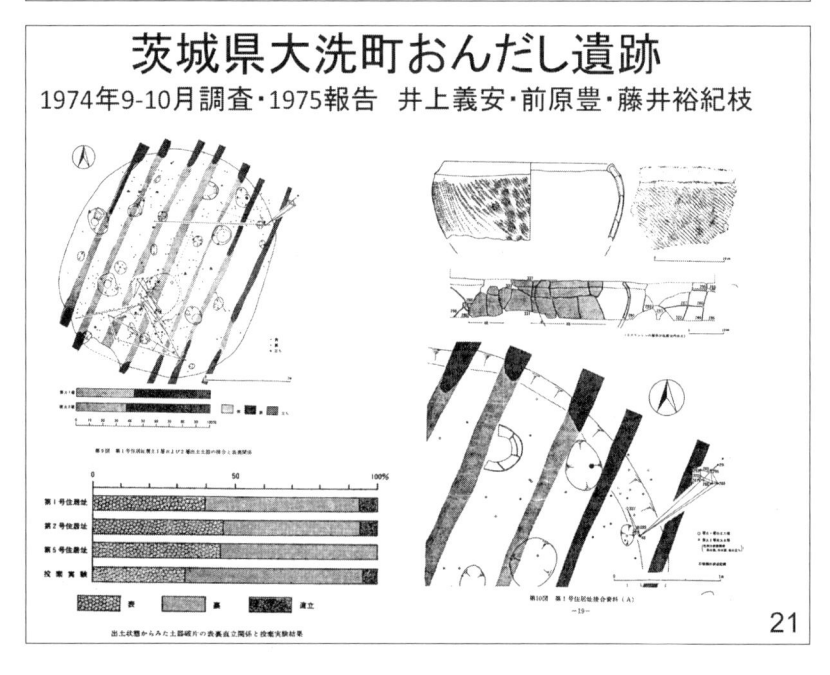

茨城県大洗町おんだし遺跡
1974年9-10月調査・1975報告　井上義安・前原豊・藤井裕紀枝

縄文時代住居調査学史

縄紋以外・関東地方以外のドット・接合
新地平2 1998・新地平4 2006

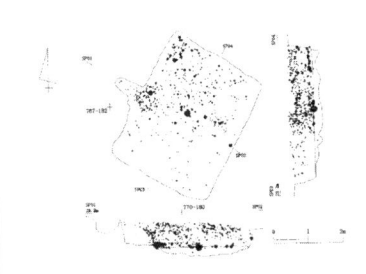

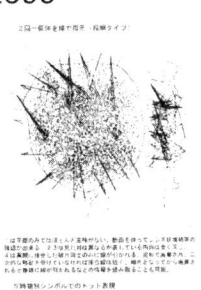

古墳時代住居遺物分布・接合
藤沢市南鍛冶山遺跡
（望月芳1998「古代集落での接合について」
『縄文集落研究の新地平2発表要旨』
および2006「古代の竪穴住居に見る礫の分布について」
『セツルメント研究』5）

東海の縄文集落例
（纐纈茂 2007「縄文時代集落研究の新地平（東海版）」
『セツルメント研究』6
および2008「東海地方の集落研究事例を紹介して」
『縄文集落研究の新地平（続）』考古学リーダー15 六一書房）

22

　など、広がりという視点でいくつか用意したのですけども、ちょっと時間が足りないので省略します、申し訳ないです。まあいろんな広がりがある、ということです。ドット調査も一時期までは広がりがあった。
　スライド23は、遺構間接合、これは黒尾さんの有名な居住形態の論文（黒尾1988）ですね、この論文によって大きく遺構間接合が注目されたんですね。これはもちろん私も追随していったのですけど、私たち以外の人もけっこう遺構間接合への努力をやったんですね。スライド24左は1975年の栗山遺跡例で、住居跡出土土器の遺構間接合の最も古い報告例と思います。ただしドット調査ではなく小グリッドでの遺物取り上げです。スライド24右は3軒の住居間で遺構間の土器接合がある。1980年報告の橋口尚武さんたちがやった武蔵村山市の吉祥山遺跡の報告です。この報告書を読むと面白いです。遺構間接合が見つかったと書いてあって、これは「他にない」とか書いてある。こんな例は他にないと。要するに、こういう例があるのに知らずにいたってことです。同じくらいの時にそれぞれ別々に発見してきているということが

49

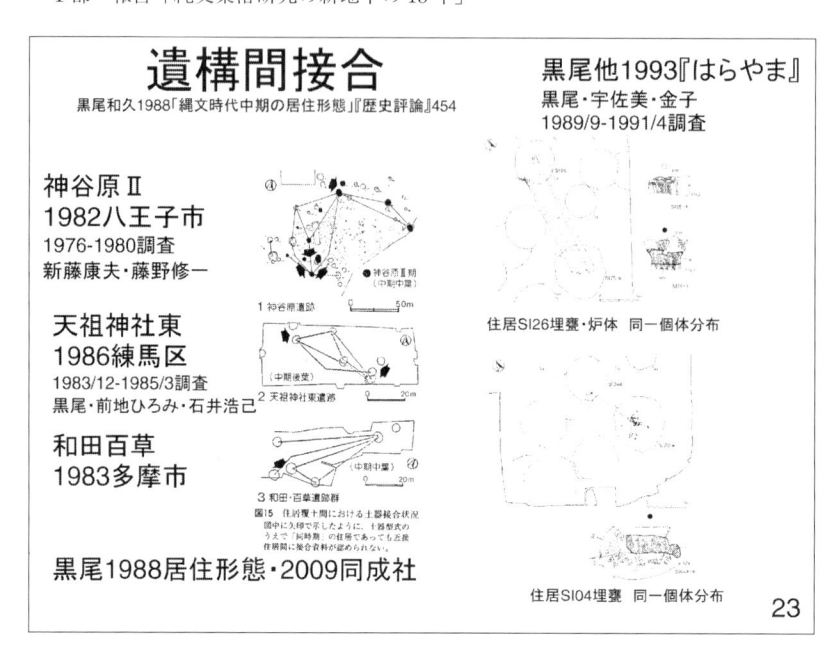

1部　報告「縄文集落研究の新地平の15年」

遺構間接合
黒尾和久1988「縄文時代中期の居住形態」『歴史評論』454

神谷原Ⅱ
1982八王子市
1976-1980調査
新藤康夫・藤野修一

天祖神社東
1986練馬区
1983/12-1985/3調査
黒尾・前地ひろみ・石井浩己

和田百草
1983多摩市

黒尾1988居住形態・2009同成社

黒尾他1993『はらやま』
黒尾・宇佐美・金子
1989/9-1991/4調査

住居SI26埋甕・炉体　同一個体分布

住居SI04埋甕　同一個体分布

23

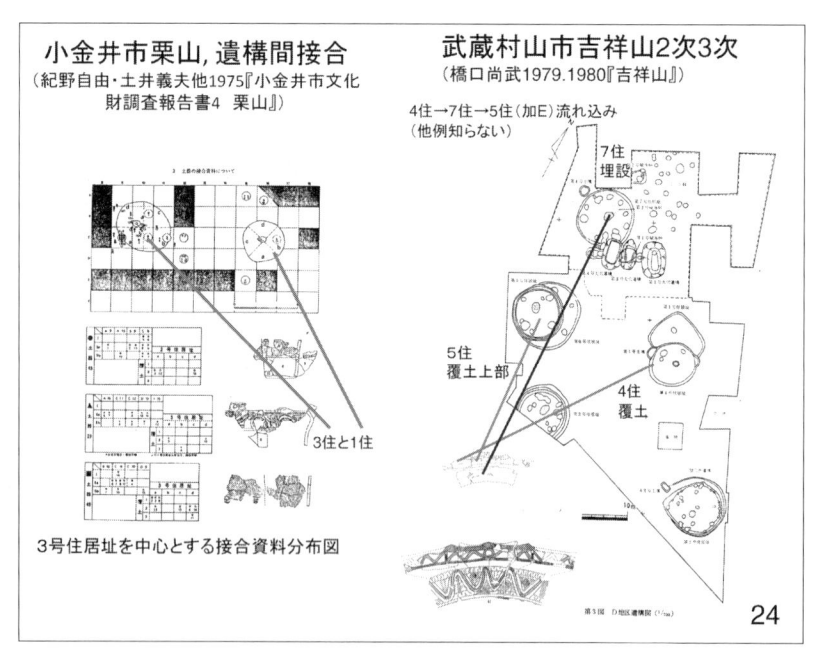

小金井市栗山, 遺構間接合
（紀野自由・土井義夫他1975『小金井市文化財調査報告書4　栗山』）

3住と1住

3号住居址を中心とする接合資料分布図

武蔵村山市吉祥山2次3次
（橋口尚武1979.1980『吉祥山』）

4住→7住→5住(加E)流れ込み
（他例知らない）

7住埋設

5住覆土上部

4住覆土

24

縄文時代住居調査学史

わかる。セクション取ったりドット取ったりして、注意が向いていった。そんな中でそれぞれが見つけていったということになると思うのですね。

　スライド25は、1983年報告の自由学園南遺跡の事例、これは石皿の接合なのですけれども片方は炉石に利用していて片方は覆土中出土です。だいたいはこういった接合関係を見つけると、遺構の順番があるということを報告書の中で分析しています。だいたいそういう解釈までは踏み込んでいますね。

　新地平派以外でも、最近でもやっているんですね。スライド26左は埼玉県の金子直行さんたちが1981年に調査した北遺跡です。これは有名ですね。それから自由学園南遺跡、さっき（スライド25）と同じ遺跡ですけれども、奈良忠寿さんが、土器の遺構間接合を整理して考察している。あとスライド27ですけれども、塚本師也さんによる貯蔵穴出土土器の遺構間接合とか、山本孝司さんによる多摩ニュータウンNo.245・248遺跡例、これは有名な遺跡間接合の事例ですね。けっこう最近では、これは宮添遺跡という川崎市の黒川遺跡群の中の中期集落で、いくつか遺構間接合を見つけて、そこから住

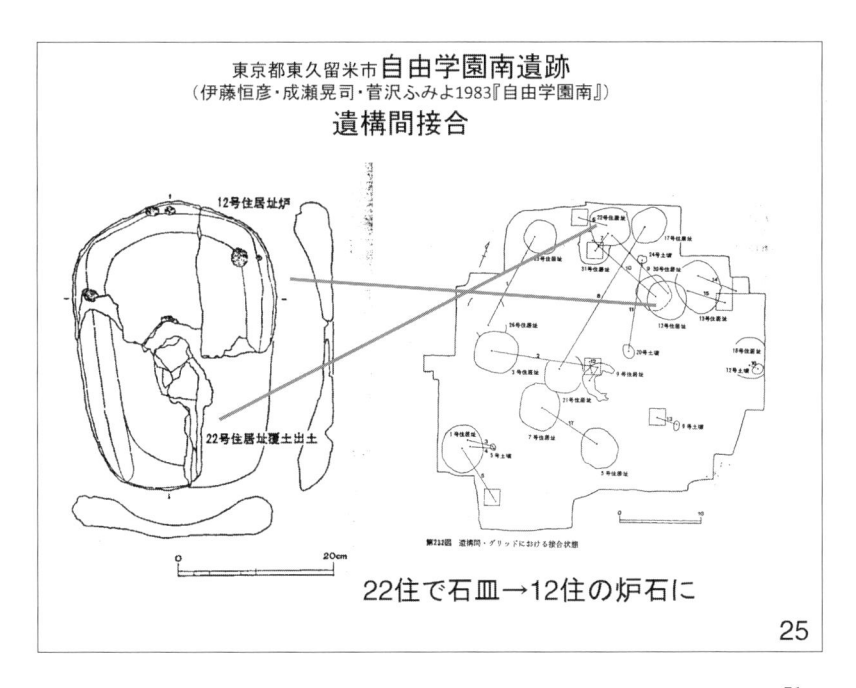

東京都東久留米市 自由学園南遺跡
（伊藤恒彦・成瀬晃司・菅沢ふみよ1983『自由学園南』）
遺構間接合

22住で石皿→12住の炉石に

25

51

1部　報告「縄文集落研究の新地平の15年」

新地平派以外の検討

埼玉県北遺跡
（金子直行1987『北・八幡谷・相野谷』埼玉県埋蔵文化財事業団66）

12住

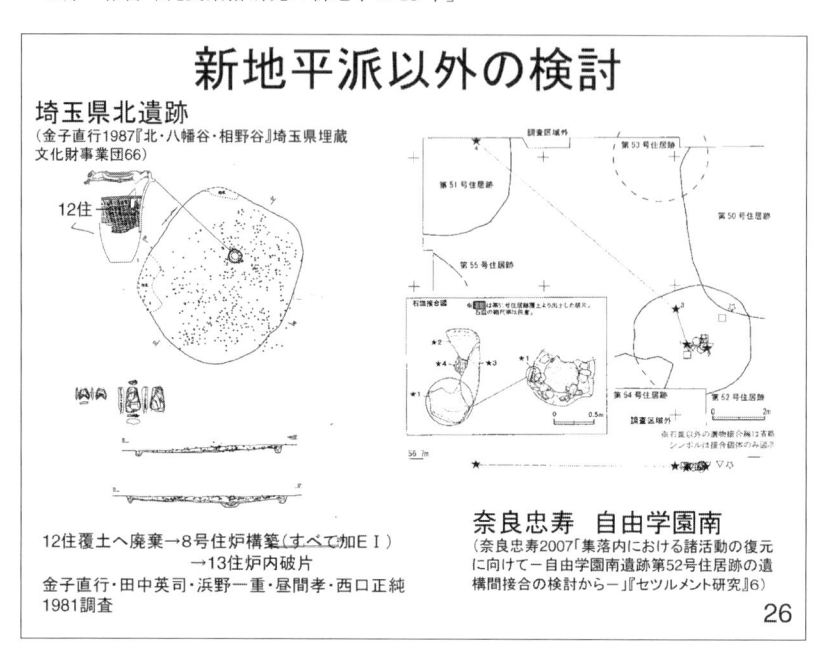

12住覆土へ廃棄→8号住炉構築（すべて加ＥⅠ）
　　　　　　→13住炉内破片
金子直行・田中英司・浜野一重・昼間孝・西口正純
1981調査

奈良忠寿　自由学園南
（奈良忠寿2007「集落内における諸活動の復元に向けて－自由学園南遺跡第52号住居跡の遺構間接合の検討から－」『セツルメント研究』6）

26

遺構間接合例認識の広がり・遺跡間接合

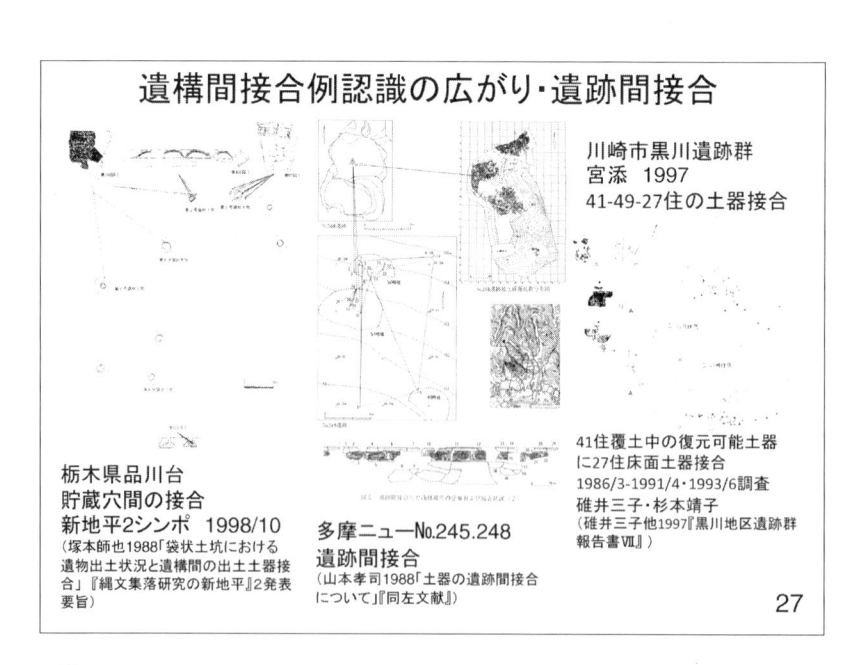

川崎市黒川遺跡群
宮添　1997
41-49-27住の土器接合

41住覆土中の復元可能土器に27住床面土器接合
1986/3-1991/4・1993/6調査
碓井三子・杉本靖子
（碓井三子他1997『黒川地区遺跡群報告書Ⅶ』）

栃木県品川台
貯蔵穴間の接合
新地平2シンポ　1998/10
（塚本師也1988「袋状土坑における遺物出土状況と遺構間の出土土器接合」『縄文集落研究の新地平』2発表要旨）

多摩ニューNo.245.248
遺跡間接合
（山本孝司1988「土器の遺跡間接合について」『同左文献』）

27

縄文時代住居調査学史

居の関係等を導いていく分析をしている事例です。

　以上にも見てきたように、いろいろとがんばってきた調査はあるんですけど、なかなか成果としてまとめられてこなかった嫌いはあります。今ごく簡単に言ってきたことをまとめると、年表（スライド 28）としていえば世の中の流れに沿っていろいろな興味関心が生じそれに応じた調査方法が出てきました、ということ。それと和島誠一さんが主導した三殿台遺跡に参加した國學院大学や立正大学（スライド 13 の関俊彦など）の学生らが各地の遺跡調査にセクション観察用ベルトを設定した調査を持ち込んでいったり、廃棄論や原位置論というような当時の最新の調査理論を検討する形で細かな調査を意識した人たちが、よい意味でごちゃごちゃになっていって、1970 年代前半にドット調査を行っている、といった流れになってますね。

　調査史に関わる年表を作ってみました。年表自体は中山さんのと別に作ったんですけどほぼ同じものだと思うんですが、そちら見てもらえたら良いん

表　竪穴住居の調査史略年報（関東地方縄紋時代中心）

住居断面調査・認識	住居自体に関わる調査・研究	調査論
1902 蒔田鎗次郎	1908 マンロー　三沢貝塚	
	1924 朝日貝塚住居調査	
1927 八幡ほか　姥山貝塚		
1929 伊東・山内　上本郷貝塚		
1937 酒詰・芹沢　荒立台上	1938 関野克　福岡村前期住居	
1938 和島誠一　志村		
1939 酒詰・和島　水子	1948 和島誠一　原始聚落の構成	
1955 和島誠一　南堀	1955 塚田光　南堀遺跡の調査	
1960 和島誠一　清水天王山		
1961 和島誠一　三殿台	1965 藤森栄一　井戸尻	
1966 関俊彦他　本町田	1965 小林達雄　米島貝塚	
1966 江森正義他　中峠4次		←小林達雄1968協会発表
1968 江森正義他　中峠6次		
1968 キーリー　ICU構内		
1969 可児通宏　多摩ニュ	1969 麻生優　原位置論	←麻生優1969原位置論序説
	1969 塚田光　下総方式	←水野正好1969水野集落論
		←麻生優1971十三菩提遺跡
1971 関俊彦他　潮見台		←小林達雄1973セトルメント
1971 土井義夫　中山谷		
1974 小田静夫　平山橋		
1974 安孫子昭二　貫井南		←小林達雄1974国史学93
1975 小田静夫　中山谷		←麻生優1975原位置論意義
1975 土井義夫　栗山		

註：報告書・概報・論考の刊行年を基準とするが、中峠遺跡など報告の刊行が隔たっているものなど一部は調査年。

小林2003より

28

1部　報告「縄文集落研究の新地平の15年」

ですけども（本誌巻頭の調査史年表に統合）、年度ごとに住居調査に関わる論文がどのくらいあったかというのを集計してみました（スライド29）。そうすると結構おもしろいです。3つ大きな山があるんですね。前半の方、これが先ほど言った70年代前半に、最初にピークがくるっていうですね。いろいろなおもしろい住居調査を皆が競うように報告します。それで一回その後、ちょっと高度経済成長に伴う大規模開発の事前調査が席巻した段階で調査の合理化とかと関連していることが分かるんですけども、ちょっとドットを取るなどの細かい調査や問題意識のある論文は低調になります。その後80年代後半くらいと90年代とにまた増えます。最後の1990年代のピークは私たちが論文を書いていることによって多いのだけどね。その前の1980年代後半はですね、その私たちも含めてオリジナルでものを考えていたというよりは、小林達雄さんとか私たちの前の世代がやっていた仕事を見て1970年代の様々な人たちの成果を勉強したり、それをもう一回やってみたりということもありましたし、機会を見つけてドット調査をやろうとしたのがこの段階になる。ですがちょっとこれまた時間や予算の制約や簡単に成果が出ないことがネックになったのか低調になってしまって、1995年以降、この辺から先は増えているのは、私や黒尾さんら新地平派が文献を量産したというのに近い。

　もう一回、全体の流れで言いますと、調査史で見るといくつかの流れがある（スライド30）、一つは住居に関する画期的な調査が増えてきた1970年代ごろの段階で、廃棄論の影響で住居内遺物のドット調査や十字ベルトによるセクション観察が一般化する。そのあと、バブル期に重なりますが1980年代後半および1990年代半ばの段階でも増えてくる。

　学史的な流れの中で、私たちがやったことも、当然ですけども、先学に学んで行ってきたわけです。今日あんまり話さなかったのですが、住居のライフサイクル論も、その前に小林達雄さんの米島貝塚の調査や廃棄パターン論があって、石井寛さんの移動論に始まる一次埋土二次埋土の解釈、それから山本暉久さんの住居一括遺存土器群や小杉康さんの「住居の一生」という考えがあって、一方でシファーの遺跡形成論などがあり、その中で竪穴住居跡

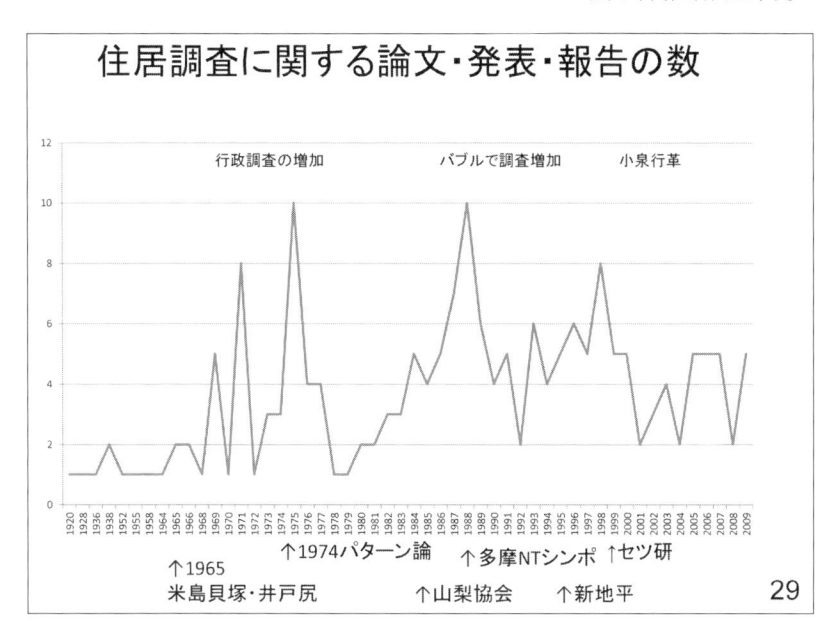

縄文時代住居調査学史

住居調査に関する論文・発表・報告の数

行政調査の増加　　バブルで調査増加　　小泉行革

↑1965　↑1974パターン論　↑多摩NTシンポ　↑セツ研
米島貝塚・井戸尻　　↑山梨協会　　↑新地平

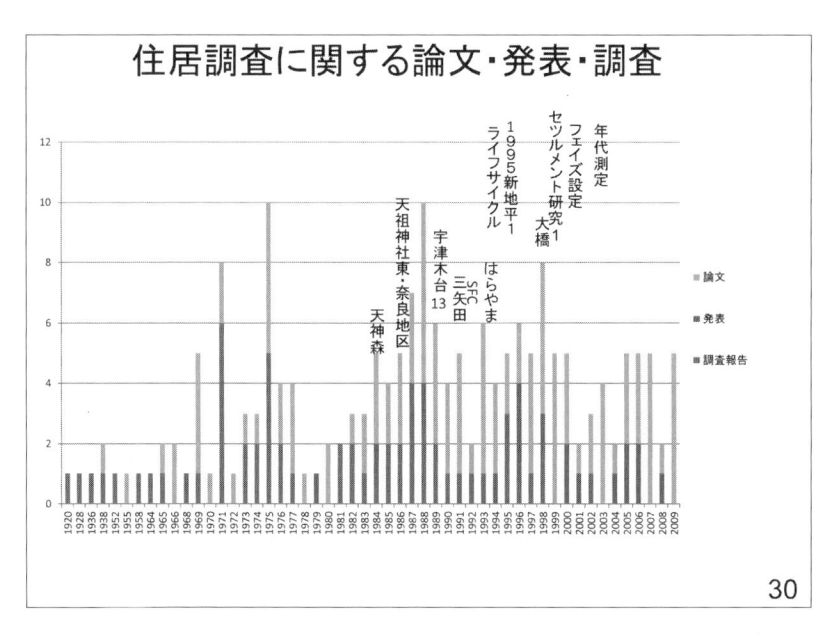

住居調査に関する論文・発表・調査

年代測定
フェイズ設定
セツルメント研究1
大橋

1995新地平1
ライフサイクル

天祖神社東・奈良地区

宇津木台

はらやま
SFC
三矢田

天神森

■論文
■発表
■調査報告

1部　報告「縄文集落研究の新地平の15年」

のライフサイクルモデルも浮かんできたわけです。

　ドット調査というのも、基本的には麻生さんが原位置論を提唱し実践して小田静夫さんが旧石器的な調査を縄文住居でやって、小林達雄さんの廃棄論を下敷きにして可児さんがPパターンをやって、安孫子さんの貫井南とかとか土井さんの栗山とかの調査がやっていった、私たち後進もそれをお手本にしてやっていった、そういった流れですから、基本的には住居調査の意識の深化と一緒に歩んだ方法だということが確認できました。しかし、ドット調査は一時途切れてしまった。改めて言うまでもありませんが、十字ベルトで住居のセクションを取るという調査方法は、これは生き残ったのですけども、本来はドット調査とあわせて最低限の記録を取ることによって、さらに整理段階に遺構間接合を含めドット記録を生かしてデータを作ることが必要です。それが集落研究のベースとなることは改めて言うこともない、ということになりますね。

　私が言いたかったことはですね、ドットを取ったものをどう使っていくか、どう分析していくかっていうのが重要だということです。ではどのようにつかったら何が明らかになっていくのかというような意味では、そういうふうに今日お話ししなかったので分かりにくいと思うのですが、それももちろん喋りたいのですけども、それは置いといてですね、いきなりドットを取って、それが凄いだろうということではない。本来は、縄文集落論は明確に廃棄論を取り込んで構築されてきていることが、他の時代の集落論に抜けているという点で、最もアドバンテージを持っている点なので、ドット調査を生かした廃棄論とそれを行かした集落論の話をしないといけないのですが、別の機会にさせてください。

　ドットを取ること自体は、もちろん方法にすぎないのですが、その取り方にもいろいろありますから現在の光波測定器やGPSといった最新技術も含めてより合理的にドット調査の方法を模索していくというテクニカルな部分の工夫も必要です。これまでに皆が工夫してやってきたことを生かしてさらに止揚していくのが私たちの責務である。最近、行政機関とかでドットいらないと言っているだいたい偉い人が、むしろ昔やっていたのにその成果を

ちゃんと示してやってないのがいけないと私は思うのです。ドット調査した成果を使ってどう縄紋集落論をやっていくかってことも大事なのですけども、それ以前に遺跡に対して調査を行うときに何をするかっていうことは、それ以前の調査の流れに即して考えていけば、新地平派も新しい考えではなく、伝統的考古学の正統的な継承であるということがわかります。縄文集落の復原には帰納的アプローチと演繹的アプローチともに必要ですが、環状集落論は、モデルを提示しただけで演繹的なアプローチに偏りすぎていると思います。当然住居セクション・全点ドット記録は最低限の記録保存であり、集落研究のベーシックであるということを確認したいと思います。以上です。

註

1) 2011年4月より横浜市歴史博物館主催で三殿台遺跡調査史の企画展（横浜市歴史博物館 2011『大昔のムラを掘る　三殿台遺跡発掘50年』）が開催された。企画展後に、横浜市歴史博物館高橋健氏や三殿台考古館鈴木重信氏らのご厚意により、三殿台遺跡調査参加者の調査日誌を閲覧させていただいた。日誌には詳細な住居調査の経過記録とともに多くの日誌に和島誠一による書き込みが認められ、当時の調査方法が詳細に確認できる。現在その内容を検討中であるが、本発表に関わる住居確認における層位的所見についてなど一部についてみると、三殿台遺跡ではまず一定の間隔でトレンチを掘り進め、住居床面や壁を見つけるとトレンチを直交させて範囲を把握し、住居を掘るというやり方が基本となっている。重複住居や住居全体の把握もセクションによる把握ではなく平面的に調査して重複関係の新旧も含めて把握していく方法を原則としている。ただし、國學院大學班や一部の参加者には、切り合い住居の把握に関してセクション観察を重視する見方や、遺物出土状態に関する注意があり、きわめて興味深い。

文献（図出典は調査史年表などを参照）

小林謙一　2003　「縄紋竪穴住居調査史の一断面」『下総考古学』17号

小林謙一　2009a　「炭素14年代を使った弥生集団論」『弥生時代の考古学　弥生文化の輪郭』1巻　同成社

小林謙一　2009b　「日本縄文集落遺跡における竪穴住居跡調査研究史と課題」『聚落研究』1　취락연구회

1部 報告「縄文集落研究の新地平の15年」

武蔵野台地における
縄文中期集落調査の事例から

中 山 真 治

　私が報告させていただく内容は、今ほど小林さんのほうでお話されたことの延長みたいになりますけれど、あるいは重複する部分もあるかと思いますが、武蔵野台地・多摩丘陵を中心とした縄文中期集落遺跡の調査研究史ということでお話させていただきます。今の小林さんの方の発表とかなりかぶってしまうんですが、東京を中心とした地域ではどういう風に縄文中期集落遺跡が調査されてきたかというのを前半で簡単に時系列的にまとめてきたのでそれをお話させていただきまして、後半は具体的な1970年代前半に行われた調査の写真をお借りしてきましたので、そちらの映像を見ながら説明していきたいと思いますのでよろしくお願いします。資料のほうは年表（武蔵野台地・多摩丘陵を中心とした縄文時代中期遺跡の研究史）をNo.1とNo.2の2枚お配りしています。かなり細かくて、ちょっと見づらいと思いますが、ここではいちいち年表の個々の説明はいたしませんので、後でゆっくり見ていただけば研究の流れをみるための参考になると思います。こちらは一応時代順に並べていますので、これを見ていただいて最近までの主な報告書とか調査研究が一番左側にありまして、右側に遺物の出土状態における研究史みたいなものの概要を付してありますのでご参考ください。

　まず東京、多摩地域の中では、戦前1945年以前から1960年代にかけても縄文時代中期の遺跡調査自体は武蔵野台地では早くも行われています。この辺だと小金井の貫井遺跡なども戦前から調査されておりますが、そういった遺跡では覆土とか竪穴の中の遺物の出土状態というものの観察とか記録ということについてはあまり注意が払われていないようです。それで先ほど黒尾さんからも話があったんですけど、まず層位的発掘という点では貝塚遺跡の

武蔵野台地における縄文中期集落調査の事例から

調査というのが発端になっているようで、そちらでまず貝層の竪穴に対する、中に入っている貝層の堆積にやはり関心が向いていたということになると思います。この竪穴の調査ということでは。最初に山内清男さんが有名な武蔵高校の中の竪穴の遺物の出土状態に注意されました。そこでは竪

中山真治

穴が窪地になってそこに土器が捨てられたというのは、これはかなり早い段階で注目された事例かと思います。その後はあまり記述というか、竪穴の中の遺物の出土状態についての記述というのはほとんどないですね。

1960年代になりますとちょうどこの多摩丘陵、このあたりの地域でニュータウンなんかの開発が始まりまして、そこで調査、緊急調査が多くなります。今につながる事前調査の開始時期ということになると思うんですが、先ほどもお話に出たような多摩ニュータウン遺跡群の中のNo.46遺跡というのが中期の前半くらいの時期の遺跡ですが、多摩ニュータウン地域では早い段階の調査です。この中で先ほど小林さんの方でも紹介されていたと思うんですけど、当事、東京都の可児通宏さんや安孫子昭二さんなんかが実際に竪穴の中の遺物の出土状態に非常に関心をもたれて、記録をするという方向にいくわけですね。この段階ではまだ今みたいに精緻な図面を作る、あるいは報告書に掲載するとかというのは、あまりなかったんだろうと思うのですけど、まず小林達雄さんの米島貝塚あたりから始まった廃棄パターン論というのを1960年代くらいに提唱されたことを受けて遺跡の中で実際にそれを確認しようという動きが出てくるわけです。でそういう流れで、まず遺物の出土状態のとくに竪穴を中心とした遺物の出土状態というものと、そこにどうも竪穴が構築されている時と廃棄されている時間差というのがあるということで、最近では小林謙一さんが言っているライフサイクルとかそういった竪穴の時間差ですか、竪穴が形成されてから居住され埋没するまでの時間差というのを非常に意識した調査というかそういう研究が開始される時期だと思います。で70年代にはいりますと、多くの遺跡でそれをさらに発展させ実践的に行

1部　報告「縄文集落研究の新地平の15年」

われていくということです。多摩ニュータウンの後には東京都の関係の野川流域で非常に継続的な調査というか、緊急調査が多くなる時期がありまして、この中ではじめて遺物の出土状態を記録するということが具体的に報告書の中に現れてくるのはこの時期です。基本的には1980年以降の報告書の作り方、記録の方法の基礎がこの時期に確立してきます。具体的には中山谷遺跡とか栗山遺跡とか貫井南遺跡、前原遺跡とか野川流域の一連の遺跡がこのころはじめて調査されてくるわけです。これらの遺跡では旧石器の調査も同時に行われることから遺物の出土状況（ドット図）の記録に関心が向けられたのです。これは先ほどの多摩ニュータウンなんかで最初に始まった出土状態の記録ですね。そちらのほうの記録について、だれもが徹底的に記録をとるという時代に入るわけですね。こちらはおそらく原位置論（旧石器時代の調査方法が契機となった）というのが、このころの時代に出てくるんですが、その影響で点をとるようになったと伺っています。当時70年代の学生さんだった方に聞くとやはり原位置論の影響で、とりあえず現場ではとにかく遺物の点—ドットを取ろうということが徹底されたという話でした。でそのときに先ほど出たセクション図も同時にとると、断面の観察もしながら、遺物も一部ドット図（はじめは全点ドットではない）を作るという作業がこの頃に実践的に始められたということです。それと注目されるのはドットを取るということを実践してきて、まあ点をとればとにかく何かわかるんじゃないかということで、とりあえずできるかぎり情報を集めて記録しようという、そういう意欲自体がもう非常に盛んなわけですね。当時としては大変なことだったと思うのですが、その同じ頃に土井義夫さんらがやられた同じ小金井市の栗山遺跡の例（1975年頃）ですけど、点は取ってみたところ、その遺物の出土状態というのが、土器の破片や個体別の資料を接合して見ていってもかなり複雑な動きをしているといいますか、事は単純な廃棄パターン論ではすまされないんではないかということに気づかれ、地味な研究ではありますが、この頃にすでにそういう話をされて非常に大きい問題提起をしていると思います。逆にその後になりますと、非常にパターン論ということで本当に清算しないパターンがバンバン出てきてしまうんですけど、それを戒めるというかです

ね、そういうふうに野川流域においてそういったことが認識されたのは研究史的にも今思うと非常に大きいかなと思うわけです。

その後1980年代になって緊急調査自体が増えてきまして、そのころに中期後半の加曽利E式、曽利式土器の細分というのが神奈川考古のグループを中心として始まるわけです。私なんかはこのころはちょうど学生でして、加曽利E式の時代、中期の土器がこんなにたくさん時代が分かれるんだっていうことに非常に驚くととともに関心を持ちまして認識を深めた時期です。でその前は加曾利E式というのは本当に3細分とか、4細分とか大雑把にしか分けられていなかった。その時に7段階とか8段階ぐらいに分けられてしまうということで非常に衝撃的な事だったと思います。当時は南関東の中期前半の勝坂式の細分も中部の「井戸尻編年」よりまだまだ粗いものでようやく細分されはじめた頃です。このころ多摩地域でも環状集落の全面的調査が実施されるようになり、あるいは継続的な調査で、細かい調査なんかでも全点ドットをとるというのが、もう当然のことみたいになっている時期かと思います。でこのころは報告書の数も一番多い。先ほどの小林さんの作られた資料を見てもそうなんですけど、報告書の数はたぶんこの時期に非常にたくさん刊行されています。その中にあって1985年の考古学協会の時に土井さんが集落遺跡の調査についていろいろ発言されたり、黒尾さんがその後1985年、88年にわたって問題提起しているように、集落遺跡の見直しということで、居住痕跡のこともももっと細かく見ていこうということで始まるわけです。大規模遺跡と小規模遺跡の差異や、遺跡のセツルメントパターン＝遺跡がパターン化できるというのは実はおかしいんじゃないかと。パターンがあるのではなくて、おそらく先の栗山遺跡の調査などの経験から、実際に個々の遺跡の遺構についてみていく中で、居住の累積度合いの違いのあることに気づかれるわけです。もうその頃私たちも一緒に共同研究をしていきたいという意識が高まってくるわけですね。でもう一回縄文集落を見直そうということで資料集成などいろいろ始めたわけです。まあこの頃がそういう意味では「新地平」のスタートというかそういうふうに考えております。1990年代はそういう意味ではずっと80年代の調査の延長ということで行われて

1部　報告「縄文集落研究の新地平の15年」

いきます。研究論文が低迷しているような時期、非常に問題意識をもって計画的に原山遺跡の調査を黒尾さんなんかが始めるわけです。その後に新地平シンポジウム（第1回）がこの後、1995年に開催されるわけです。その頃は一時的集落の景観、遺跡の集落の景観を復元しようということで、もうとにかく一時的な集落の景観をみるということで横切り集落論とも言われてきました。その当時、集落論の時期決定のため、中期全般の土器をとにかく細分しようということで分けたんですが、神奈川考古シンポジウムの編年を受けてさらに土器を細分するということではじめたのですが、時期を細分していく限界というのをこの時期にまた再確認するわけですね。というのは、原山遺跡なんかで黒尾さんのやられた仕事では、土器片の遺構間接合関係を見ていくと同じ型式の中であっても、時間差があるものが意外に多いということ、これは同じく小林さんの住居のライフサイクル、先ほどの話でもそうなんですけど、住居のライフサイクルなんかの考え方から見ても、やっぱり同じ時期と考えていたものが多少ともズレているなど実際には違うということを非常に強く認識するわけですね。でこの頃から声を大にしてそういう発言をみんなで宣伝するんですが、同じものは同じ時期（幅をもたせた同時期に括られるもの）だっていう人がやはり多くて、そういうふうに住居が継続しているというかですね、構築されて廃絶される時間の流れというものを、一緒に考えちゃうのか、それ自体がズレていても同時期と見ていいのかいうそういうところの話にいきついたわけです。それが大体1990年代ですね。

　現在は調査成果に懐疑的になる傾向がみられ（これ以上の成果はいくら細かくやっても望めないという）、出土状態の記録というのは、本当に今、逆に後退しているように感じます。調査自体の精度が後退していまして、調査費用とか調査期間の問題なんかもあるんですが、現在では非常に逆にそういうことには懐疑的な空気があると。で集落論自体が先ほどの話にもあったんですが、発掘調査の成果に基づいていないという、発掘調査の様子をいろいろ分析とか検討があまり生かされない。まあ逆に古い依然として、古い集落観というものが戻ってきてしまう（結論が決まっていれば最初から発掘調査をする必要もないのではないか）。依然として全然変わらない集落観がまた

そこで描き出されているのかなということですから、先ほどの話ではないですが、どんどんどん離れてしまうっていうかですね、新地平側がまた別の方向にいってしまう。こういうことを認識しているわけです。ただ最近また小林さんはいろいろAMSとかの年代測定など新しい手法を取り入れたりして、それで住居のフェイズの設定とか新しい切り口を求めた。そういうところからですね、そういう年代測定と絡めて総合的な対比をしようとかというだれもやったことのない、そういう研究なんかも進んできていますので、新たな方向性なんかも見つかる可能性があるわけです。

　一方、地域史的な意味からは、個々の集落遺跡を掘った記録というのは、残すということが非常に大切で、まあ簡単に集落論と言う形で縄文集落を一般化するべきでないという考えを持っています。ですから多摩なら多摩のこの地域の同じようには見えますが遺跡の個性ともいうべき実際に掘って分析してわかったこと（遺物の出土状態などの記録も含めて）をそこに記述しておくこそ、個々の集落の変遷史を語るものとして歴史史料としても重要ではないかと考えているわけです。またもうひとつは、発掘調査の終了した（報告書が刊行された）後でも、今までの調査を見直したり資料（調査の記録）を再検討することにも非常に意味があろう、そういったものを今度見直しというか再検討というか、まあそういうことも必要ではないかと。今の時代はひところの様な大規模調査が減ってますので、その辺も落ち着いてやっていく必要があるんではないかと、そういうことに明るい見通しというか、そういうのも考えています。

　次に具体的に1970年代の調査の事例をパワーポイントの写真で追って見ていきたいと思います。この写真は小金井市の貫井南遺跡という、今から40年近くも前、1972年の調査なんですが、これは学史的にも画期的な点を取る最初の調査ということで、ちょっと紹介させていただきたいと思います（実は私も当時現場を目撃、写真撮影をしている）。これは写真をお借りしてきたものなんですが（註）、先ほどから話に出ている点取り調査の最初ですね。1970年、多摩地域ではこれ以前にはほとんど点を取ったり、セクションベルトを切ったりする調査というのがなくて、そういう方法の画期的な調査の

1部　報告「縄文集落研究の新地平の15年」

写真1-1　貫井南遺跡遺構確認状況
グリッド方（10m）による表土除去と遺物検出・遺構確認

写真1-2　貫井南遺跡12号住居址
十字ベルトの設定と掘下げ状況

写真1-3　貫井南遺跡3号住居址
遺物の出土状況（新旧の住居址の重複状況）

図1　写真にみる1970年代の発掘調査
　　　小金井市貫井南遺跡第1次調査（1972年）

武蔵野台地における縄文中期集落調査の事例から

写真 2-1　貫井南遺跡 6 号住居址
いわゆる「吹上パターン」の遺物出土状況

写真 2-2　貫井南遺跡 13 号住居址
セクションベルトを残した土層堆積状況の確認

図 2　写真にみる 1970 年代の発掘調査
　　　小金井市貫井南遺跡第 1 次調査（1972 年）

65

1部　報告「縄文集落研究の新地平の15年」

スタートになるかと思うんですね。これはこの矢印のところが小金井市の貫井南遺跡という、これは野川流域の遺跡なんですが、矢印のところが湧水点で遺跡はその南西に広がります。今南北の道路ができていまして、その道路の建設工事のためにそこが調査されたという経緯があります。この周りには先ほど言ったような有名な中山谷遺跡とか貫井遺跡なんかがこの野川に沿った国分寺崖線沿いに連綿と分布しています。これが最初の遺構を確認する時の写真ですね。これは南のほうから見ているものでちょうど道路の幅の調査で、この当時は今だとわりと重機で全面を剥いでしまうということがよくあるんですけど、きちんと表土から手で掘り下げているんですね。ベルトを部分的に残して、四角いグリッドでそこに遺構が出てきたところを広げるという調査なんで、今とはかなり違う。また逆に言うと今のほうが荒っぽい調査ということ、表土からベルトを残さずに全部の範囲を機械で剥いじゃいますので、この当時は手掘りで剥いでいたっていうことなので、逆に学術調査のような非常に丁寧な発掘をしているのかなと思います。ただ遺構の検出されなかったところや遺物の少ないところは拡張せず未掘になっています。

これなど遺物の出土状態がわかりますが、こちらはベルトの形になっていますね。住居址にあたりをつけてそこに十字ベルトを設定してそれをはずした後の状態のようです。これは3号住居址と言われているものです。これは下に勝坂3式の住居があって、上に加曾利E1式の住居があって、2軒の住居が重なっているというのが後からわかったという事例です。これがベルトが設定されて、ここにサブトレンチっていうか、ベルトに段があって確認している苦労の様子がここで窺われるなと思います。でこれが3号住居、上の加曽利E式の炉体土器と呼ばれているものです。これがその下の勝坂の3式の炉体土器と呼ばれているものです。でこれが掘りあがりの写真ですね。これが何号住だったですか。これが6号住です。これはベルトの位置がちょっとずれてしまっているんですけど、おそらく最初に確認したときに黒いところで大体範囲を設定したところ、ずれてしまっているのかなと。でここに浅鉢型の土器が出てたりとかして、またこういうところに大型の土器がばらばらと出ているという状況です。これがそれのアップですね。こういうのが当

時は、こういうのが出るとおそらく当時の調査担当者は「吹上げパターン」が出たなんて言っていたのではないかと思います。これが同じく6号住居祉の掘り上がりですか。で床面と炉石がここに見えていて、柱穴が掘りあがった状態です。これは私がその時に撮った写真で、これは本当に非常に感動的で、全部の遺物をビニール袋に入れて立てています。今だと竹串を使うことが多いんですけど、この遺跡では最初の頃はなぜか割り箸ですね。割り箸を割って色を塗っているんですね。石器とか礫とか土器の種別を色分けして刺したということで、この調査あたりからどうも広まったらしいということです。この地点を落として、レベルを取って、これで遺物の記録を取るという作業をしているところです。こちらのほうも私自身で撮った写真なんですけど、ベルトがあって、4分割して、細かいのはもう大変だから一括で上げてしまうということで、この水切り籠にまとめてあげちゃうというやり方です。これが12号住居址ですね。次はその掘りあがった状況です。これが全体を掘りあがって、遺物が全部取り払われて、一部ここに遺物が、ベルトの中の遺物が残っているという状態です。これが同じ遺跡なんですがもうひとつ北側の別の集落、連弧文とか加曽利E式の中期後半その時期を主体とした、ちょっと場所が北にずれるんですね。そこで遺物が出ている状態です。これは13号住居ですが、ここにちょうど壁があるにもかかわらず、面白いのは壁があるのに、一気に掘り下げずあえてここに意識的に十字ベルトをいれているというところが、やはりこの当時としては画期的ではないかなと思います。それで細かい遺物も全部残している様子が見えますね。これが大方遺物を上げて、ベルトのところだけを残してしっかりよく見ると線引きをしているんですね。セクションを分層している状態です。この報告書のなかでは今みたいに土層の注記があまり細かくなされていませんで、線だけは入っている、とりあえず入っているなと、層理面などに土器が載っているような図が載るわけですね。おそらくこういうのもこのあたり、報告書は1974年に出るんですが、このころになっておそらくこういう記述というか、遺物の出方を意識した記録がされてきているんではないかということです。でこれがそのベルトのところだけが、周りの遺物を取って、ベルトのところに遺物が残っ

1部　報告「縄文集落研究の新地平の15年」

た。今でもこういう調査はしているんでしょうけど。面白いのはこの当時はとくに個体別の番号を付けて識別していないということです。意識していなくて、あまり番号をつけないで上げちゃったりとりあえず点を取ろうっていうことを考えてまして、そこまでであったとしても当時としてはかなり画期的なのかなと思います。これも同じ住居の13号住居ですね。加曽利E式の住居が掘りあがった状態です。これを見てもらえばわかりますけど、この住居は連弧文の時期だったのですが、覆土のほうにはかなり大型の破片がいっぱい入っている住居だったんですけど、床面はやはり何にも遺物が無いという、典型的な「吹上パターン」といわれていた住居ということですね。当時は、また住居址などの主要遺構の遺物分布図はとるが遺構外も含めたドットはまだ完全に記録化していない時期です。

　これはまた同じ貫井南遺跡で2006年の調査です。1972年の第一調査地区の東側のいわゆる「中央広場」を挟んで50m位離れたところで、緊急に住居一軒発見された場所での事例ですね。これは勝坂式の土器が竪穴の中なんですけど、やはり覆土の中にぐしゃっと土器が入れられて、入ってる、詰まっているという状態ですね。破片が割れているという状態ですね。それでこれが28号住居址ということで、だいたいこの遺跡ではこれまでに30軒ほど、これまで住居址が見つかっている。現在は周りがマンションになってしまったり、ほとんど都市的な風景になってしまって、もうほとんど遺跡は壊滅的だということです。貫井南遺跡の調査はいろいろ斬新な試みがなされていて今日の調査の基本となっていることがわかります。この後発掘調査が開始される国分寺市恋ヶ窪遺跡などにこの調査が継承されていきます。この後の調査では個体別資料の提示や接合図（線）の記載がみられるようになります。

　報告はこれで終わりです。今ご紹介した1970年代の調査方法が、これが今の私たちが当たり前にやっている遺跡を掘って記録を取るということの原点になっています。記録をして残すという作業、その基本となっているのはこの辺から1970年代ぐらいの調査の先輩たちのやっていることを継承してきたということを再確認しているところです。そういう意味では私たちはその流れの中に調査研究してきているので、そういう意味ではその中に位置づ

けられると。オーソドックスな方法で、非常に特殊なことをやっているんじゃないということですね。地道にそういう点を取って、なんかわかるだろうというその中でやってきたということなので、とりあえず集落についての大胆な解釈はおいといてでもとりあえず記録だけは残そうというそういう方向性の中でやってきたと、そのことを言いたかったということです。まあそんなところです。最後はちょっと昔の調査の紹介ということになってしまったんですけど、そういうことで終わらせていただきたいと思います。ありがとうございました。

註 貫井南遺跡調査の写真は報告者が自分で撮影したものと、伊藤富治夫さん提供のものを使用しました。

1部　報告「縄文集落研究の新地平の15年」

多摩における縄文中期集落調査の展望

黒尾和久

　こんにちは、黒尾です。
　「多摩における縄文中期集落研究の展望」というお題をもらっています。「展望」ですから、研究のあゆみを踏まえて、これから我々は何をするのか、というお話にすべきだとは思います。しかし、あまり新しいことを言えるわけではありません。というのも、この15年間、検討課題をずっと棚

黒尾和久

上げにしてきたような印象もありますし、逆に、ずっと課題に即した検討を継続してきたとも言えるかもしれません。ですから、ここでも検討すべき原則的な課題について、もう一度、確認するとことに終始してしまうと思います。でも、それが今、必要だとも感じています。
　本日「縄文中期集落研究の新地平の15年」という土俵をセツルメント研究会が用意してくれたのですけれども、15年前に行った新地平シンポジウムの記録集を2年ほど前に刊行したところです（宇津木台地区考古学研究会2008『論集　宇津木台』第2集）。
　その記録集には、おまけの「CD-R」が付いていまして、永らく絶版になっていた1995年シンポで刊行した資料集もPDFで見られます。当時、私たちがどのようなことを考えて、シンポジウムを開催したかが全てわかるようになっています。興味のある方、とくに1995年シンポを知らない若い方には、読んでもらいますと、15年という節目の年に開催する本日のシンポジウムの意義なども、あわせて理解してもらえるのではないかと思います。

小林さんは、先ほどの発表の中で、「我々、新地平グループは「隔離」された」という表現を使っていました。私は今、東村山市にある国立ハンセン病資料館に勤めておりまして、「隔離」という言葉には敏感に反応してしまいます（笑）。昨年が、我が国がハンセン病患者を療養所に「隔離」する政策を実施して100年の節目でした。それでは、新地平グループの我々が縄文集落の研究シーンから「隔離」されたのだとすると、それでは、いったい何年ぐらいになるのだ、と考えますと、そうですね、すでに10年ぐらいですかね、そのように感じます。

本日、中山さんと小林さんは、それぞれ集落研究や竪穴住居調査の研究動向を顧みる話題を提供しました。本題にはいるまえに、それらを聴いて思いついたことを、私もどうしても話しておきたい。とくに小林さんが、縄文集落研究の動向について折れ線グラフと棒グラフを提示して、研究の「底」が二ヶ所、1980年ぐらいと1990年ぐらいにあると述べていたことに、私なりの感想を述べておきたいのです。

このグラフでみてみると、ちょうど私たちは、中山さんが貫井南遺跡の事例をだして紹介したような70年代における竪穴調査・研究のピークが過ぎて、研究の「底」の時代を迎える1980年前後に大学に入ったということになります。この事実は意外に大事かもしれません。

1970年代の最初の研究ピークの背景には、いわゆる「廃棄パターン論」ないし「原位置論」の流行がありました。要するに、これらのムーブメントの背景には、遺物出土状況について精緻なデータを採ること、それには出土遺物の出土位置を三次元的に記録する「点を取る」調査が欠かせないことになるのですが……、それを行うことによって、縄文人の行動パターンが復元できるという期待があったと思います（「点取り調査」の第一世代）。

ところが、そう都合良くは資料が残ってはいないことが次第に判っていくわけです。それで、「やーめた」と、行動パターンの追究だけでなくて、「点取り調査」自体を、やめてしまう人はやめてしまう、そのような反動が1980年代に起きたのでしょう。もとから「点取り調査」に消極的・批判的だった人たちは、「それみたことか」と思ったのではないでしょうか。

1部　報告「縄文集落研究の新地平の15年」

　我々は、ちょうどその頃から、考古学調査を始めましたことになります(「点取り調査」の第二世代)。ですから、駆け出しの頃（1980年代中頃）、いくつかの研究会に顔を出しますと、懇親会の席で一世代上の先輩方から「ドット取ったって、面倒なだけで何も判らないぞ」だとか「意味ないからやめろ」と言われたこともあったと記憶します。

　でも私は、今から思えば幸運だったのですが、「パターン論」や「原位置論」の流行中でも、小金井市栗山遺跡の調査報告に象徴されるような独自の視点をもっていた東京学芸大の考古学研究部で考古学調査を始めることができました。「門前の小坊主……」ではありませんが、調査方法や考古資料の性格はどう考えられるべきか、参考にすべき姿勢、お手本が身近にあったんですね。それでも「点なんか取ったって無駄だ」と言われると、「そうなのかなあ」と思いましたし、逆に意地でも成果を出そうとも思いました。

　それでは、なぜ集落調査において「点取り調査」をやり続けてきたのか……。私の立場で言えば、結局のところ、「ドット調査」というのは……、これは縄文集落遺跡の調査に限ったことではないのですが……、その方法で得られるような状況的な情報、それを媒介にすることでしか、集落研究に必要になる遺構と遺構、遺構と遺物、遺物と遺物という考古資料相互の時間関係の理解はできないし、なおかつ、そのような理解に達した根拠を第三者に資料提示することはできないからだと思います。至極簡単なことです。

　たとえば、竪穴における土器の出土位置に関する情報から、住居の構築、機能や廃絶、そして埋没過程にあるといったような時間認識の整理ができますし、「ドット調査」をベースにした遺物の接合関係を吟味していくと、同一時期に分類されてしまう遺構間での時間差を確認できる事例などが見いだせる、というわけです。

　もちろん、その前提的作業として、土器の編年細分研究も併行されることが必要にもなります。日本考古学が得意とし、厚い研究史を有する土器の編年細分の成果を踏まえ、発展させつつ、資料同士の相対的な時間関係を見出す手段としての「点取り調査」で得られるデータを活用することを志向してきたと言えます。

多摩における縄文中期集落調査の展望

　ですから、べつに「点取り調査」は特殊な方法でもなんでもなくて、きわめてオーソドックスな考古学的な集落研究のプロセスに必要不可欠のものとして組み込まれていると考えるべきだと思います。
　「パターン論」「原位置論」世代（「点取り調査」第一世代）の人とは、同じ方法を用いてはいますが、判りたいことの具体性なり次元なりが完全に異なっていたのではないかと感じます。「点取り調査」で判ることは何かを、ちゃんと考えず、遺物分布のデータを一足飛びに縄文人の行動パターンに短絡しようとしたことが、そもそもの誤りだったと思います。私たちの前の世代は、その結果、挫折したのです。ですから「点取り調査」が悪かったわけではない。言うなれば、目的にみあった手段ではなかったのだと思います。
　その意味において 15 年前の新地平シンポは、「点取り調査」で何が判るのかを、個別の集落研究、とくに景観復元にむけて、どのように活用すべきなのかを、きわめて具体的に、実証的に示したということで、学史的にも大きな意味があり、画期的であったと自己評価したい。そこを起点にして本日の「新地平の 15 年」があるというわけです。
　シンポ資料集そして記録集をみても、当時の私たちの意気込みと自負がよく現れています。「我々はそれなりに成果を収めた。よしこれからだ」という具合にです。そして「次世代（「点取り調査」の第三世代）よ、我らに続け」と考えていました。つまり、「新地平の方法を検証してほしい、そして、その手法の有効性を了解するならば、それを踏まえて、さらに新しい研究の地平を切り拓いてほしい」と確かに思っていました。当時は、本気で「これで私たちが縄文集落研究の主流になる」とすら考えていました。
　しかし、気がついてみたら、期待のバブルははじけてしまい、振り返れば誰もついてこない（笑）。そんなこんなで、再び、実証的な集落研究は停滞して、「あとは我々だけがやっている」。そして「「隔離」された」と小林さんが言っている、そんな状態になってしまった。改めて、なんでなんだと言いたいですね。
　シンポの資料集を読んで下さいと言いました。それは、もう一度、「新地平の手法で、縄文集落研究を一緒にやりませんか」と、若い人、べつに若く

1部　報告「縄文集落研究の新地平の 15 年」

なくてもいいのですが、色々な人に呼びかけたいからでした。

　記録集には、「シンポジウム「新地平」に至るまで」という渋江芳浩さんの「趣旨説明」を初めて掲載しました。渋江さんは大学の先輩で、15 年前のシンポ主催者の一人として、司会を務めてくれたのですが、シンポジウム当時の多摩における縄文集落調査の状況や、あるいは母体となった私的な研究会（遅れてきた考古学徒の会）の紹介などもおりまぜつつ、そこに至る経緯を「説明」しています。個人的にも非常に面白い記録なのですが、現時点からみると集落研究史の情報としても貴重だと思います。

　また、ご意見番として登壇していただいた、これまた主催者の一人で、先輩でもある土井義夫さんの講演記録「縄文集落見直し論の視点」も収載されました。これも貴重ですね。「パターン論」「原位置論」以降、1984 年の日本考古学協会の山梨集落シンポを経て、縄文集落「見直し論」や「横切りの集落研究」のベースになった『東京考古 3』掲載の論文（「縄文時代集落論の原則的課題」1985 年）の提出、そして 1995 年シンポにいたるまで、四半世紀の土井さんの研究観なり資料観なりを後学が知ることのできる内容となっています。それを読んでいただきたいなと思います。

　そして、パネラーを代表して私の「発表要旨・資料集作成のコンセプト」も記録集に収載しました。

　そこで述べたことは、まず、シンポジウムを特長づける成果として、個別集落遺跡の検討前提としての時間軸の構築をしたことがあります。その時間軸は、「新地平編年」として、一部で定着しつつありますが、小林さん、中山さんと一緒に整備したものです。土器編年研究と集落研究を一台の車の両輪のように機能させるという意図があったわけです。

　つぎに地形図に発掘区を入れた住居分布図を示すことを行いました。これは、1970 年代後半以降の大規模開発に伴う事前調査の成果が蓄積されつつありましたので、それをうけて、地形全体のどの部分がどの様な範囲で発掘調査されていて、各調査区同士の位置的関係がどうなっているのか、明確にしようと思ったからです。領域研究や遺跡群研究が提唱されて久しいですが、案外にそのように研究のベースマップとして共有できるような資料提示は行

われていないのです。

　第三に、検討する個別の集落遺跡において調査した各住居で見いだせる時間情報を表形式で整備しました。まず通常1軒と把握する竪穴の上屋構築の回数についておさえることを徹底しました。そして時間情報は土器の時間軸におきかえて表現されるのですが、同じ時期の土器でも、例えば、床面と覆土上層から出土したケースでは、住居の廃絶から埋没にいたる時間経過を考えますと、廃棄されるタイミングが違うわけです。同様に炉体土器や埋甕などの住居施設に転用されたタイミングについても住居回数との関わりでおさえることにしました。要するに、住居を単位にして、集落研究を進めていくうえでの必要な時間情報に関するデータベースを整備したというわけです。これも地味ですが重要な成果だと思います。

　そして最後に個別集落の住居変遷を細別時期ごとに示すことを行いました。いわゆる「横切りの集落研究」の徹底です。

　じつはここまでが示せて、私たちは個別集落研究の出発点と考えていました。上記のような資料提示の共通のコンセプトを整備したうえで、さらに可能ならば、土器による細別時間軸よりも細かな集落の一時的景観の抽出方法について、各報告において、個別に検討し、発表しようと考えたわけです。

　記録集を刊行した際に、シンポジウムを振り返っての感想として、巻頭に「記録集刊行にあたって」を書きました。しかし、私の文章よりも、「編集後記」に渋江さんの、ちょっと刺激的な文章が載っているので、それをここで紹介したいと思います。

　渋江さんは、「「点取り調査」や遺構覆土のウォーターフローテーションを実施したり、科学分析を多用したり、また報告書にドットマップや接合図、土器の重量表等を掲載すると、ときに精密な、あるいは細かい調査と言われるし、その成果を研究に活用すれば、実証的な研究と評されもする。不思議なことである。精密でない調査にもとづく非実証的な考古学研究が一方にあるということだろうか」と述べています。

　少し前に私は、自分たちの集落研究方針を「新地平スタイル」（黒尾 2008「縄文時代集落研究の近況」『縄文研究の新地平（続）』）と呼んだことがあります。し

1部　報告「縄文集落研究の新地平の15年」

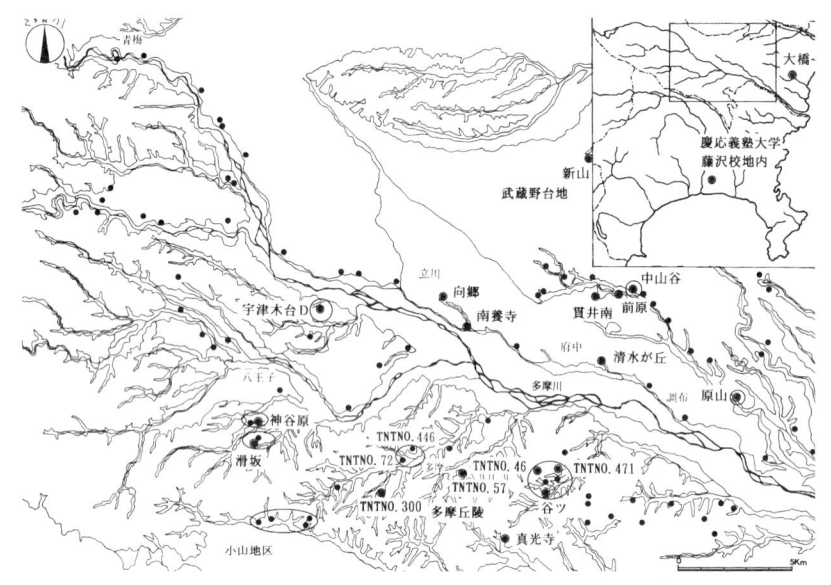

図1　多摩地域を中心とした縄文中期の主たる遺跡分布

かし、私たちの実証を重んじる研究スタイルは、どうも現状の縄文集落研究シーンにおいて主流にはなっていないように思います。もしも、渋江さんが言うように「精密でない調査にもとづく非実証的な考古学研究」が主流になっていて、小林さんの言うように「私たちは「隔離」されている」のだとしたら、果たしてそれでいいのか。みなさんはどのように思われますか？

　さて、前振りが長くなりました。本題にはいらなければなりません。けれども、検討すべき課題はじつは明確です。多摩における縄文中期集落研究の足場は、15年前のシンポ時点で確立していると考えます。

　先ほど、先のシンポでは地形図に発掘区を入れた住居分布図を示す試みをしたと述べました。

　これは東京の縄文中期の遺跡分布状況です。多摩ニュータウン地域に遺跡が多いというのは開発がそれだけ進んだという現れでしょうが、別の図にします。丸で囲んだ場所が、宇津木台D地区、多摩ニュータウンNo.72やNo.446、八王子市内の神谷原遺跡や滑坂など南八王子地区の遺跡群、さらには町田市と八王子市の境にある小山地区など、著名な中期の集落遺跡の所在位

図2 宇津木台地区の縄文住居分布

置となります（図1）。この遺跡分布図は、単なるドットで所在位置が示されていますが、集落研究の足場を確認するには、それぞれの集落遺跡が、具体的にどのように調査されているのかを知らなければなりません。

たとえば宇津木台地区ですと77haの開発区の中に16haの発掘区があります（図2）。その中のD地区に環状集落跡がありますが、その他の地区でも発掘は行われていて、たとえばC・I地区では、D地区と同じ程度の面積を掘っていますが、そこには、ぽつんぽつんと縄文時代の竪穴住居が分布する程度だという結果を得ています。

この図のように、どのような地形のどの範囲を発掘調査していて、さらに具体的に住居がどのように分布しているのか、判るような図版を用意するこ

1部 報告「縄文集落研究の新地平の15年」

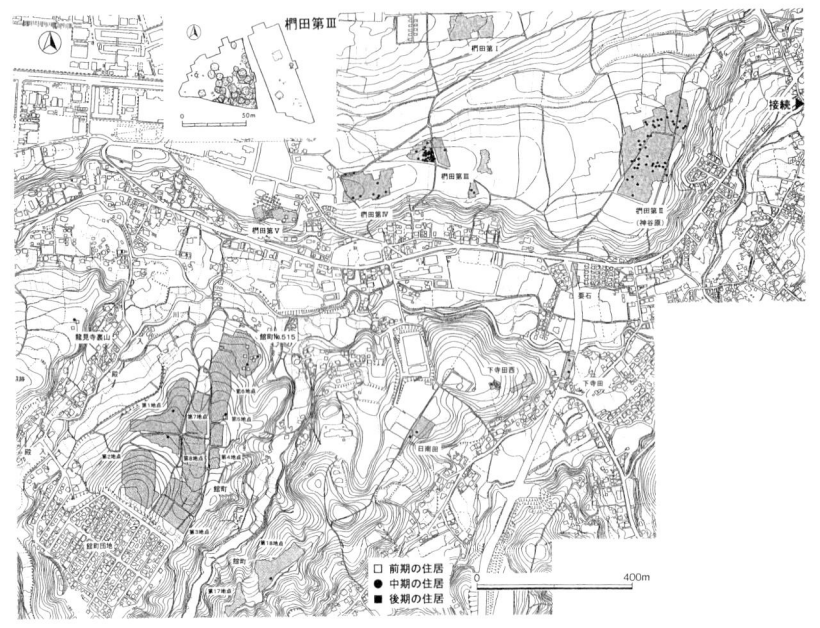

図3 椚田・館町地区を中心とする住居分布

とによって、住居が集中する場所では、それらがどのように変遷するのかを徹底的に検討するという研究方針がたてられるでしょう。また周囲のぽつんぽつんとある住居と、集中する住居群とは、どのような時間的関係があるのかを検討するという方針もたてられるでしょう。集落研究を進めていく出発点、つまり足場として、まずは、このような分布図の提示が有効になると思うのです。

　でも、この図はあくまでも出発点です。それを見て、たとえば、住居の集中する場所を「パターンA」だとか「拠点集落」だとか、1軒のみ検出されている場所を「パターンC」だとか「衛星的・派生的集落」などと言って、それで縄文集落が分かったことにしてはいないか、それではおかしいよ、と言いたいわけです。そうしたプリミティブな、雑な議論を乗り越えて、集落研究の地平を新たに切り拓く……、そういうものを15年前から我々は志向してきたというわけです。

多摩における縄文中期集落調査の展望

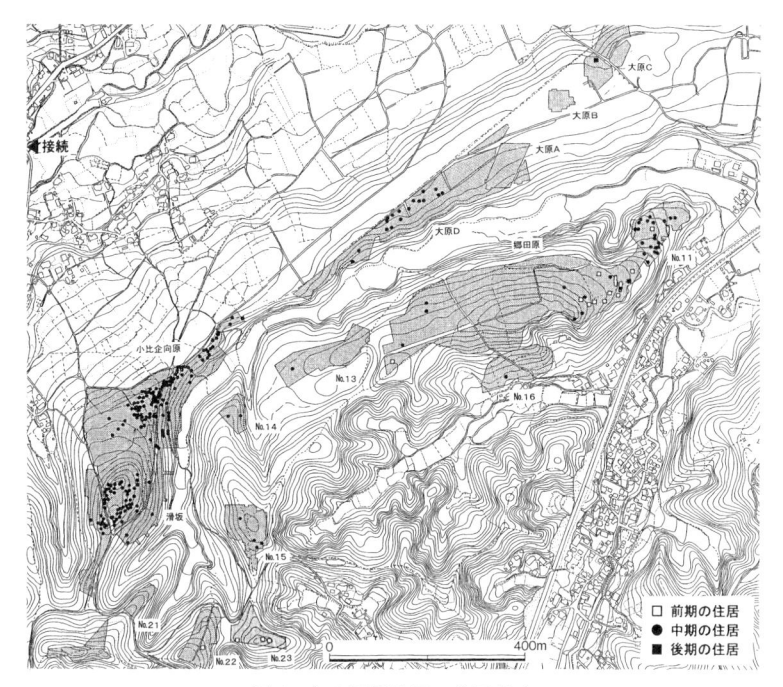

図4　南八王子地区の住居分布

　もちろん、背景には発掘調査の進展があります。多摩地域だけでも、1970年代以降に、相当の面積を発掘調査してきました。その過程でいったい何軒の加曽利E式の住居が調査されたのでしょう。もしかしたら誰も正確な数字を把握できてないかもしれません。それは別の意味で問題だと思いますが、でも、そのような発掘調査の進展が多摩地域における集落研究の足場を提供するのです。数え切れない程の居住痕跡を発掘してきた、そんな調査の進展にみあった集落研究を具体的に進めていく責任が、私たち調査者にはあると考えます。

　八王子市の椚田遺跡群とその周辺の調査状況はこうです（図3）。ここに神谷原遺跡があって、ここに椚田第Ⅲがあって、第Ⅳ、第Ⅴ、ここに館町遺跡の調査区もあります。下寺田遺跡もこの中にありますね。この範囲を、どの程度発掘しているか一目瞭然です。発掘区には、中期の竪穴住居の分布をドッ

79

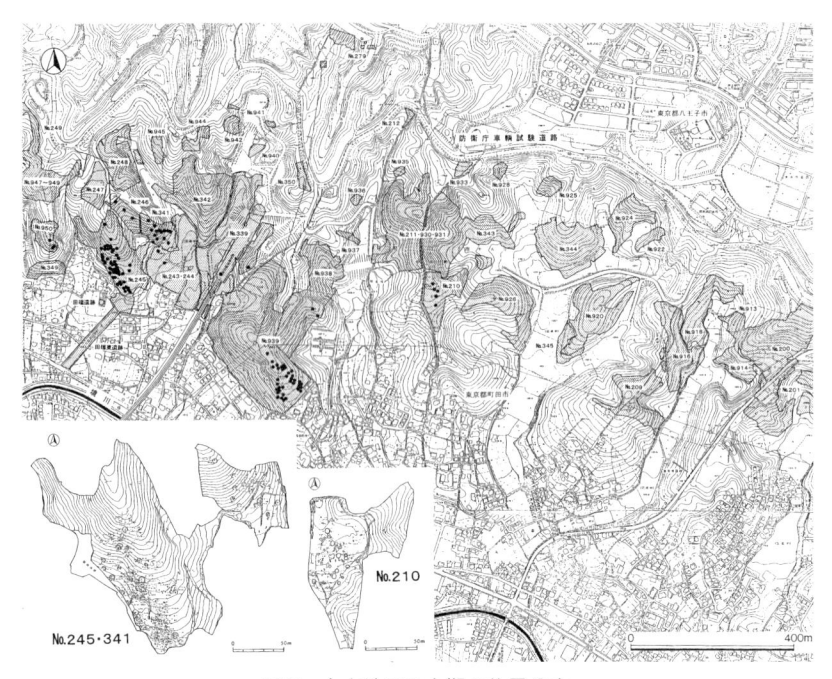

1部 報告「縄文集落研究の新地平の15年」

図5 小山地区の中期の住居分布

トで示してみましたが、それらはいったいどのような関係を有し、変遷し、結果としてこの状況になったのかが本当に気になります。

実は、図3の右手に「接続」とありますけれども、それは東側に、滑坂遺跡であるとか小比企向原遺跡であるとか、南八王子地区が連続していることを表しています（図4）。本当にたくさん調査しましたねえ。

こちらは、多摩境にある多摩ニュータウン遺跡小山地区の発掘状況です（図5）。会場にみえている山本孝司さんも関係した調査区も含まれています。多摩ニュータウン遺跡の調査も開発終末期になると、それこそ隣の周知遺跡と発掘区が接してしまうような状況が生じています。かつて調査区が狭い時期には、「パターンA」と「パターンC」なんて分類された遺跡が、調査区ひろげて一緒になっちゃったら、いったいそれは何パターンになるのだろう、なんて疑問も湧いてくるわけです。粘土採掘坑跡も近くにあり、それと居住痕跡群の関わりはどうなのでしょうか、やはり気になります。

多摩における縄文中期集落調査の展望

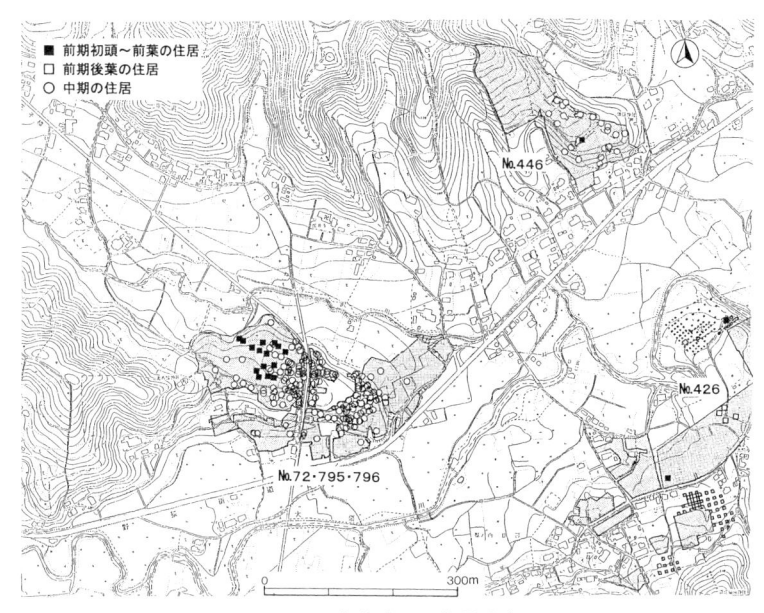

図6　堀之内地区の住居分布

　次も多摩ニュータウン地区内ですが、有名なNo.72遺跡やNo.446遺跡が分布しています（図6）。ほかにもNo.426遺跡など調査面積が広い地区も入っていますが、ここにみられる縄文中期の住居群が、どのような関係性をもって、変遷したのか、明らかにしたいですね。現在はこの図にNo.446-B地区の調査成果も加えられることになりました。
　まだあります。15年前のシンポでパネラーであった小薬さんと一緒に作成したものですけれども、多摩ニュータウンNo.46がこのへん、そしてNo.471、またNo.9ですね、川崎市域黒川地区になりますが、宮添遺跡や谷ツ遺跡もみえます（図7）。
　これらはそれぞれ結構、面白い分布図であると思うのですが、いかがでしょう。このような分布図を15年前のシンポジウムや2001年の縄文時代文化研究会のシンポジウムで作成してきました。
　ところが、研究の足場として、このような図が作成できる、つまり調査成果が蓄積・公開されているのに、それ以上の分析がなかなか進まない、とい

81

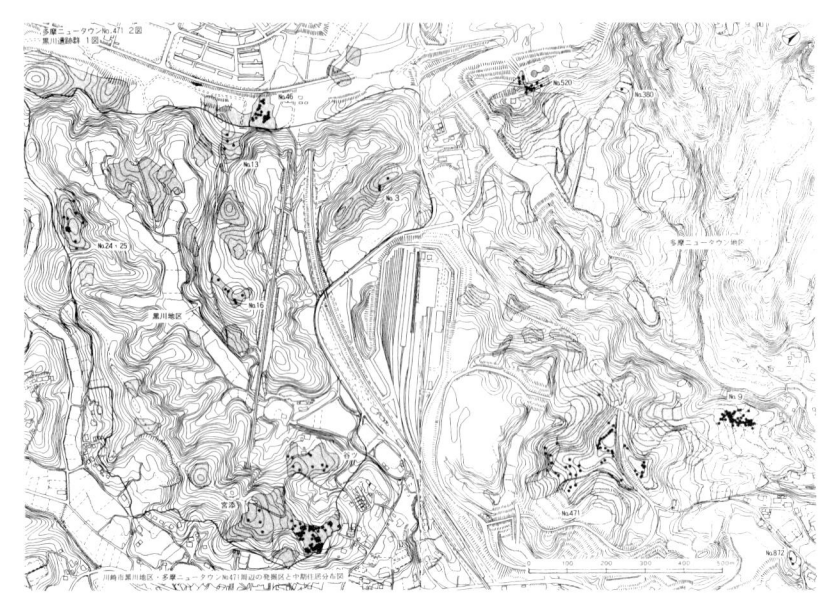

1部　報告「縄文集落研究の新地平の15年」

図7　黒川地区と多摩ニュータウン№471遺跡を中心とした住居分布

う研究状況が続いているのだと思います。

　こうした分布図をみていくと、それこそたくさん中期の住居が確認されているので、当時の人口密度も相当に高かったように錯覚しがちですし、また住居が集中するところが拠点で、多くの住居が軒を連ねているような景観を想定したくなりますが、果たしてそうでしょうか。

　ざっくりとした話しをするならば、一枚の縄文中期の住居分布図として示されている場合、ある住居集中が加曽利E式期であって、別の集中が勝坂式期の所産であった場合には、両者は基本的に無関係なはずです。集落研究を進めていくには、まずは、土地利用景観の実態に近い分布図を作成していく必要があります。

　「新地平編年」では、中期を31細別しました。研究の足場として示した分布図のそれぞれに対して、31枚の時期別の分布図を用意することが可能です。たとえば、31細分した中の12細分目の集落景観はどうなっているか。研究の足場として提示された分布図とはかなり印象がちがってみえるはずです。

でも、それが完全ではないにせよ、より集落景観の実態に近いあり方であることは疑いないはずです。1995年シンポにおける検討を顧みるまでもなく、きっと予想以上に実際のムラの一時的景観は小規模になると推定されます。

　繰り返しになりますけれど、多摩地域は全国的にも、いや世界的にみても発掘調査が進んでいる地域です。発掘が進んでいて、多くの結果がでて、研究の足場ができている。せっかくの調査成果ですから、多摩地域で調査研究してきた皆で、それこそ総掛かりで、同時多発的に具体的な検討を進めたら良いと考えるわけです。

　で、話は脱線しますが、もう一度、自分がどこから来てどこへ行くのかを考えるために……、小林さんは「自分語りをするな」と奥さんにたしなめられてきたそうですが、申し訳ないのですが、今回、私は自分語りをするレジュメを作ってきてしまいました。

　カラーコピーとパワーポイントの抜粋の図版が表裏にあって、真中を開くと、左側に私が出した調査報告書、右側に自分の書き散らかした拙文が時系列状に並んでいることになっています。中山さんの「多摩の調査史」に対照して頂いても、だいたい自分がどこで何をやっていたのかがわかるようになっています。

　改めて見ていきますと、東京学芸大学に入学した1980年秋に神奈川考古の「加曽利E式・曽利式」シンポの洗礼を受け、81年の早春に中山谷23号住（加曽利E2式期）という竪穴を調査する機会に恵まれ、考古学研究部では檜原村の一軒の加曽利E3式期の住居を足かけ3年をかけて掘りました。その後、1980年代後半以降、練馬区天祖神社東遺跡や八王子市宇津木台D地区、調布市原山遺跡などで縄文中期の集落遺跡の調査や報告に携わり、1995年のシンポに至るわけです。

　じつは、縄文中期の竪穴住居を自分なりに掘っていた時期というのは、ほぼ1980年代から90年代前半まででありまして、それ以降は、一緒に仕事を行ってきた渋江さんの意向もあって、私はあきる野市（当初は西多摩郡五日市町）の前原遺跡調査会をホームベースにしながら、市域の調査報告をてがけつつ、古代・中世以降の遺跡の調査報告、例えば日野市の落川遺跡あるいは

1部　報告「縄文集落研究の新地平の15年」

南広間地遺跡、立川市の立川氏館跡などの報告をメインに仕事をしてきたように思います。

　ですから、研究者の端くれとして縄文中期の集落研究を少しずつでも進めたいと考えながらも、やっていることは横道にそれがちで、1995年のシンポ以降の研究進度は、まさにばく進していく小林さんに比べてみると、じつに牛歩であったと思います。

　でも多摩でやってきた古代以降の調査報告も決して悪くはなかった。時代にかかわらず「点取り調査」をやって、その報告を行ってきました。古代・中世以降、それこそ近現代までが報告対象にはいります。原始のみならず、中世以降の時代にまで「点取り調査」の成果を報告するのは、何かお金に恵まれた調査をやっているというような、よく誤解を受けるわけですが、あくまでも東京都の埋蔵文化財行政のルールの枠中でやってきたわけです。お金を余計によこせと無心したことはありませんし、そもそも調査予算の積算自体は各自治体の埋文行政担当者が別途に行っていて、その指導と調整に従っているわけですからね。

　まあ、試行錯誤の過程で、「点取り調査」は、どの時代にも通用する調査方法であること、とくに遺構・遺物の時間関係の整理に関しては威力を発揮することについては、確実な成果を挙げてきたと思います。現場での「点取り調査」のデータを充分に報告書に反映できるかは、まずは調査者のやる気次第だとやっぱり思います。

　改めて15年前の新地平シンポを節目に、その前後に分けて、「点取り調査」も含めて、自分がやってきたことをみていくと、やはり新地平シンポにいたる過程で、集落研究に必要なものの見方や考え方の基礎を作ってきたと感じます。その頃に、ちょうど中山さんや小林さんと出会って、「遅れてきた考古学徒の会」なんていう集まりをもてたことも幸運であったと思います。

　調布市原山遺跡の調査報告を行って以降、中期の重層的な居住の場、つまり環状集落の調査機会はないのですけれども、土井義夫さんと一緒に2001年に行われた縄文時代文化研究会のシンポジウムに参加する機会を得て、「集落研究における「時」の問題」（『縄文時代集落研究の現段階』2001年）につい

て整理をしました。

　そこで集落研究にどうしても必要だと思った単位時間に関する自分なりの考えを明らかにしたわけです。土器の編年細分の時間幅というのは、先ほど小林さんも言っていましたけれども、どんなに編年細分を進めても、竪穴住居の上屋の一回という単位時間に比べると、相当に「長い」というのが実態です。これは動かせません。そうした検討の単位となる時間認識を集落研究の基礎に置くべきだと考えます。当たり前のことが軽んじられています。

　そのほか、小規模な居住痕跡に対しての注視もしてきました（黒尾2006「縄文時代の生活痕跡の諸相」『縄文集落を分析する』山梨県考古学協会）。「環状集落跡」が地域・時代の限定的存在であることに対して、小規模な集落痕跡は、時代・地域を問わず列島に普遍的に、一般的に存在するという資料認識について確認しておくという意味があります。今後の縄文集落研究は、こちらのあり方を基礎にした方が良いのでは、と思うのです。

　このように1995年のシンポ後に、そうした時間認識、資料認識を整備しながら、少しずつ、環状集落形成のプロセス論、形成過程論について考えてきたというわけです（黒尾2009「集落遺跡の形成過程－環状集落形成のプロセス－」『縄文時代の考古学8』同成社）。これは、小林さんや中山さんと、いつかはやりたいと思ってきた環状集落に関するシンポジウムにむけての基礎的研究なのですが、それを少しずつ自分なりにまとめてきたということです。

　さて残りの時間は、もう一度、課題に即して自分の考えてきたことを述べて、「展望」の話に近づきたいと思います。

　また、この図かと思われる方もいるかもしれませんね。1988年の『歴史評論』の論文に載せた図です（黒尾1988「縄文時代中期の居住形態」）。群馬県三原田遺跡と千葉県姥山貝塚の全体図です（図8）。三原田は住居分布、姥山は貝層分布ですが、規模もよく似ている。おそらく姥山の貝層下に住居も分布して、貝層をどかせば、三原田と同じような環状集落が姿を現すだろうというわけです。

　しかし、そのあり方は人の居住という視点でみればちょっと変です。人が住む居住の空間にゴミも同時に集中している。ゴミと言うと誤解を受けるこ

1部 報告「縄文集落研究の新地平の15年」

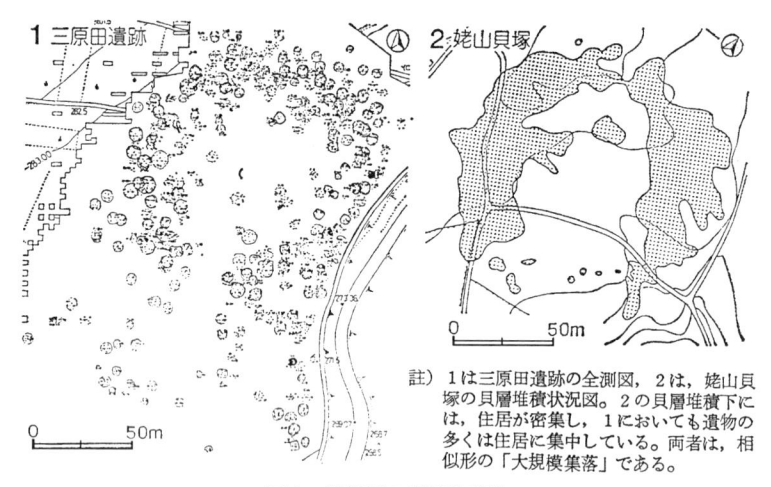

註）1は三原田遺跡の全測図，2は，姥山貝塚の貝層堆積状況図。2の貝層直下には，住居が密集し，1においても遺物の多くは住居に集中している。両者は，相似形の「大規模集落」である。

図8　相似形の環状集落跡

とが多いのですが、要するに廃棄物も集まっている。

　同様のあり方が、環状集落の宇津木台D地区でも確認できます（図9）。竪穴住居分布と遺物分布を対比してみます。右側の濃く見えるところが遺物集中域となります。宇津木台遺跡の調査は遺構覆土については「点取り調査」を実施したのですが、遺構確認に至るまではグリッド単位に取り上げていて、ドッドで取り上げた遺物までをグリッドに還元して示すと右の図のようになります。住居分布域と遺物分布域はやはり重複するわけです。

　宇津木台D地区の中期は、当たり前のことですが、1000年の時間的累積の結果として、このような住居分布、遺物分布を作っている。なぜこのように資料は残り、現れるのか。このような遺存状況を可能とする居住形態、住まい方があるということになります。逆に言えば、このような残り方となる事実に、居住形態について理解するための糸口が見えていると考えるべきでしょう。

　仮に、宇津木台D地区に1000年間ずっと軒を接するような景観、それこそ文字通りの環状集落が営まれ続けていたのであれば、ムラの廃棄場（ゴミ捨て場・廃棄帯？）は、環状に巡る居住空間とは離れて、別に発見されてしかるべきだとそんなふうに思います。ですから、実際の調査資料の残り方は、

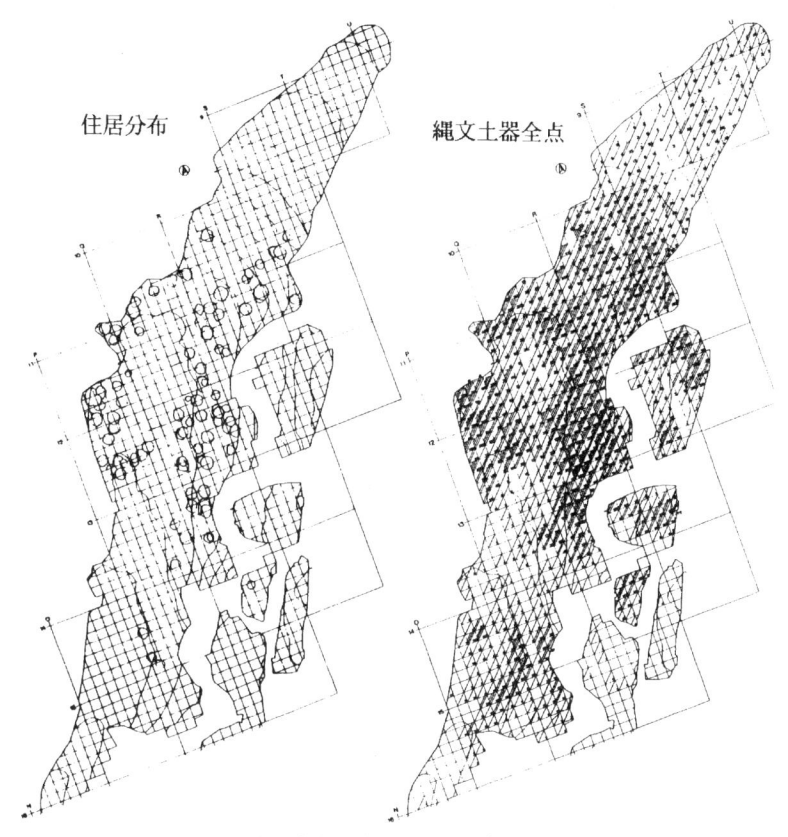

多摩における縄文中期集落調査の展望

図9 宇津木台Ｄ地区の住居分布・土器分布

私たちに環状集落跡イコール継続的恒常的定住地という先入観から、一旦離れたほうがよいのだよと、＜もの＞語っていると直観します。

　原山遺跡です。環状集落の一部にのぞき窓を開けたような調査区です。北から南へ帯状に住居が集中していますが、これに遺物分布図を重ねると、やっぱり竪穴の分布域に、たくさんの縄文土器が廃棄されています（図10）。

　居住遺構と生活廃棄物分布の空間的重複……なぜこのようになるのか、その理由を考えなければなりません。原山の調査区の一部をクローズアップします（図11）。住居プランと遺物分布を示すたくさんのドットがおちています。ドットの一点一点が土器の破片ですが、これを断面分布でみると、竪穴床面

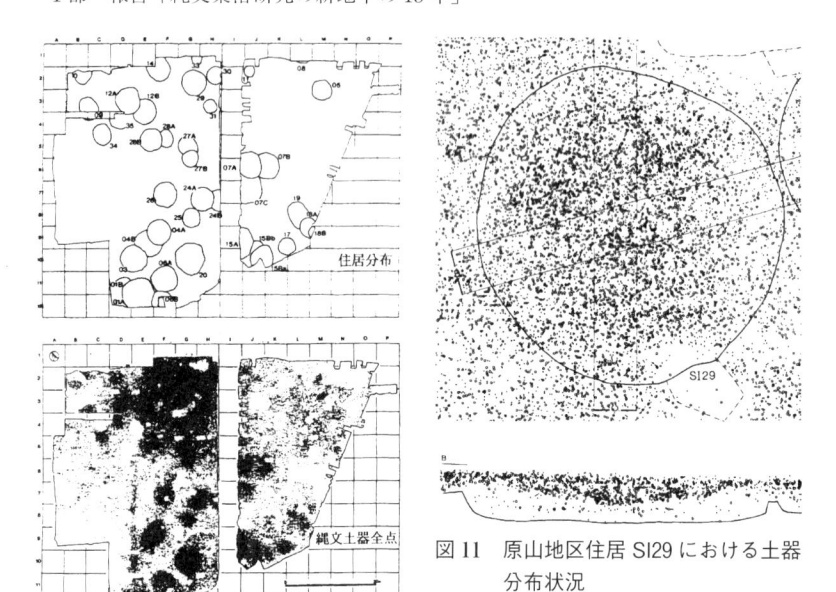

1部　報告「縄文集落研究の新地平の15年」

図10　原山地区の住居分布と土器分布

図11　原山地区住居 SI29 における土器分布状況

に遺存する置き去り遺物はほとんどないことが判る。この事実は、すでに桐生直彦さんが論文にまとめて指摘していますが、平面分布でみると、それこそたくさん住居内に土器が分布するように見えるのですが、断面分布をみると床面から離れたレベルから集中がはじまる。要するに、このような遺物の出方となるのは、住居を廃絶、家に住んでいた人が何処かに去って、竪穴に土砂による埋没がはじまり凹地になった時点に、おそらく至近に住居を建てた誰かが廃絶竪穴の窪地をゴミ捨て場などに利用した結果だからです。そんなことが幾度となく繰り返されて、住居群と遺物分布が平面的には重複してみえるようになったのだと思います。

　先ほど中山さんのスライドにもありましたけれども、遺物は床面から離れて出土している。覆土を柱状に残してその上に遺物があるという光景を中期の竪穴を調査するとよく見かけます。その様な土器群の出土状態を説明する「吹上パターン」という用語があることを、僕は大学1年生の時に、中山谷遺跡の調査に参加した際に知りました。「吹上」（ふきあげ）という言い方に

多摩における縄文中期集落調査の展望

最初は、床面から土器が吹き上げているのかと思いましたけれども（笑）、そのくらいに何も知らないところから発掘を始めたのです。

でも発掘初心者であった当時から不思議だったのは、竪穴を埋没させた土砂を挟んで、床面から離れたレベルから出土した土器も、その住居から出土した遺物と説明をしていることでした。もちろん方便として、私も今でもそのように報告していますけれど、床面から離れた出土状況の土器は、そもそも、その住居の住民が使ったものじゃないだろう、と考えたのです。それで良かったのだと思います。

その後、大学3年生から学芸大の考古学研究部で、西多摩郡檜原村の峰遺跡で発掘調査をしました。大雨による洪水で遭難しかけたこともありましたが、足かけ3年間、のべ6週間かけて、1軒の竪穴住居を調査しました。

中期の竪穴が調査できると単純に喜んだのですが、中山谷遺跡などと異なって、竪穴覆土を掘っても遺物がろくすっぽ出土しない。見学に来てくれた先輩たちに、「遺物が何も出ない、こんな住居の調査はつまらなくないか」と言われたりもしたのですが、最後の年に、床面からコロンとかわいい加曽利E3式土器が出土しました。まあご褒美とばかりに出土して、「あーよかった。住居の廃絶時期がわかった」と思いました。

だけど覆土からは、遺物が出土しない理由がなかなかわかりませんでした。床面に置き去りにされた1個体、さらには大きな石皿も置いてあり、炉はとにかく立派……、住居として申し分ない。

この住居の石囲炉は、この土地を無料で提供してくれた地主の山本一二三さんが畑にゴミ穴を掘る時に偶然に発見したものでした。表面採集などを行ってもほとんど遺物が拾えない峰遺跡で、「石囲炉が発見された」という連絡をもらって、半信半疑で真冬に現地確認をしてびっくり、確かに中期の炉に間違いないと思いました。

檜原村で自分たちの力で竪穴住居が掘れる、と喜んで、手続きをして、アルバイトで費用を貯めたりして、3年間かけて調査をしたのに、それまでの中期の竪穴住居の調査のイメージとは異なって、出土する遺物の点数は礫片なんかをいれても100点にも満たない。

1部　報告「縄文集落研究の新地平の15年」

「僕らが掘った竪穴住居は集落研究にどのように位置づけられるのだろうか」と考えました。「やっぱりたいしたことないのかなあ」とも思いましたが、案外にそうでもないようです。

峰遺跡の調査成果については東京考古誌上に学芸大の考古学研究部を代表して掲載させていただきましたが（黒尾1988「西多摩郡檜原村「峰遺跡」発掘の小さな成果」『東京考古6』）、峰遺跡と同じような竪穴住居が、例えば宇津木台地区にもあります。B地区の事例です。この加曽利E式期の住居の覆土からは、ほとんど遺物が出土しませんでした。

要するに、こうしたあり方は、住居廃絶後の窪地にゴミを捨てる人がいなかった事例だと考えればよいのです。環状集落跡、重層的居住の場における住居は、床面上に遺物は少ないけれども、覆土中に遺物は多い。一方の小規模、単期的居住の場では、床面上に遺物はやはり少なく、覆土中にも少ない、と整理できます。つまり、一般的に住居に置き去りされる遺物は少ないわけで、覆土における遺物の多寡は、後続の居住者の有無、廃絶竪穴の窪地にゴミを廃棄するかしないか、その差が反映されていると考えられます。

続いて「竪穴住居が発見されました、そこから何がわかるのか」という問いをたててみたいと思います。

そうすると、子供だけでなく大人からも、「そこで人が家を建てて暮らしていた」という答えが返ってきます。その通りだと思いますけれども、居住形態について考えていくという集落研究の視座から言うと、家が建つということは、まずどこからか人がやって来て、そして家を建て、一定期間暮らして、やがてどこかに引っ越していったと考えられるべきです。

もちろん、環状集落跡の場合には、移動してくる前、移動後の居住地が目と鼻の先にあるのか、それとも結構遠いところなのかということが当然、問題になってくるわけです。でも、どちらかはなかなか判らない。

その意味において、広い発掘区なのに竪穴住居を一軒しか検出できなかった、という事例が大事になるのです。先ほどのB地区みたいなところ、あるいは峰遺跡もそうだと思います。

なぜ大事かというと、このタイプの事例は、どこからか人がその場所にやっ

て来て、初めて家を建て一定期間暮らしていたけど、やがてどこかに引っ越して行っちゃって二度と誰も戻ってきませんでした……、そういう場所である蓋然性が高いからです。宇津木台B地区や峰遺跡に住居を構築した縄文中期の人は、どこから来て、どこへ行ったのでしょうか。

また宇津木台地区の住居分布図をだしました（前掲図2）。広域調査の進展の成果として、規模の小さな集落遺跡が普遍的にあることが判ってきています。環状集落跡と小規模な集落跡……、両者には果たしてどのような具体的な関係があったのでしょうか。

縄文中期の集落の一般的あり方として環状集落がイメージされることが多かったように思います。でも、環状集落跡として確認される宇津木台D地区みたいな痕跡とB地区やC・I地区にみられるような規模の小さい生活痕跡のどちらを地表面から見つけやすいかといえば、当然、廃棄物がたくさん分布するD地区の方が見つかりやすいわけです。広く掘ってもぽつんぽつんと住居が分布しないような痕跡は、それ自体を地表面から見つけることは難しい。

じつは、こういう小さな規模の居住痕跡を確認できたこと自体が、とにかく広く発掘区を設定する70年代以降の大規模調査の成果といえ、それによって、研究の足場として、このような分布図ができるようになったというわけです。

ですから、「多摩の先住者」のセツルメントパターンには、AからE・Fパターンまでかありました。住居の検出されるA・B・Cパターンの中で、小規模なCパターンの存在が予見され、そういうタイプの項目立てがされていることに先見の明を感じます。

ただし、Cパターンみたいな小規模な居住痕跡をどう意味づけていくのか、もう一度、しっかりと考える必要があるように思います。

そして環状集落跡ですが、中期には1000年の時間幅がある。したがって、中期の遺構全体図は、まずは1000年の土地利用の時間的累積の結果です。だから、遺構全体図のあり方、すなわち累積の結果を、直ちに縄文ムラの景観とはできないことは当然で、だからこそ、集落研究にはその基礎的検討と

1部　報告「縄文集落研究の新地平の15年」

して、ムラの一時的景観に実証的に帰納法的に接近する手続きが欠かせないことになります。

　一時的景観を把握することは、研究史を繙いても研究課題だとずっと言われてきたはずです。この課題をクリアしなければ、その先の展望できないと、少なくとも私たちは思ってきたわけですが、それには考古学的な時間軸や検討する資料のもつ「時間」についての認識の整備をしなければならないわけです。

　この図は、小林さんのAMS年代研究の成果と「新地平編年」の成果を並べたものです（図12）。だいたい「新地平編年」の細別時期に、これくらいの時間幅が想定されるということ示されていて、大事だと思います。長短はありますが、「新地平編年」として細別された一単位の時間幅が結構長いことが判りますよね。

　ですから、基礎研究には二つの方向性があると整理できるわけです。繰り返しになりますが、時間軸としての土器編年をさらに細分するという方向性をもつこと、もう一つは、同一細分時期の中での時間関係を明らかにする方法を開発することです。そして、ともに「ドット調査」の成果をいかにだすかに大きく関係すると思います。

縄文時代中期の細別時期と暦年代

型式		新地平編年	calBC（暦年代）：紀元前		推定時間幅	
前葉	五領ヶ台1式	1a・1b	3520〜3490	3520〜3430	30年	90年
	五領ヶ台2式	2	3490〜3470		20年	
		3a・3b	3470〜3450		20年	
		4a・4b	3450〜3430		20年	
中葉	勝坂1式	5a	3430〜3410	3430〜3330	30年	100年
		5b	3410〜3390		20年	
		5c	3390〜3370		20年	
		6a	3370〜3350		20年	
		6b	3350〜3330		20年	
	勝坂2式	7a	3330〜3300	3330〜3130	30年	200年
		7b	3300〜3270		30年	
		8a	3270〜3200		70年	
		8b	3200〜3130		70年	
	勝坂3式	9a	3130〜3050	3130〜2950	80年	180年
		9b	3050〜2970		80年	
		9c	2970〜2950		20年	
後葉	加曽利E1式	10a	2950〜2920	2950〜2860	30年	90年
		10b	2920〜2890		30年	
		10c	2890〜2860		30年	
	加曽利E2式	11a	2860〜2830	2860〜2760	30年	100年
		11b	2830〜2800		30年	
		11c1	2800〜2780		20年	
		11c2	2780〜1760		20年	
	加曽利E3式	12a	2760〜2720	2760〜2570	40年	190年
		12b	2720〜2640		80年	
		12c	2640〜2570		70年	
	加曽利E4式	13a	2570〜2520	2570〜2470	50年	100年
		13b	2520〜2470		50年	

小林謙一2004『縄文社会研究の新視点　炭素14年年代の利用』より

図12　新地平編年と細分時期の存続期間

僕の経験を話します。まずは、一つめですが、「新地平編年」では、加曽利E式期を担当しました。加曽利E式については中山谷遺跡での経験が私にとってはエポックになったと思います。住居が密集するように見える中山谷遺跡ですが、中山さんが中山谷遺跡第9～11次調査の報告書（中山 1987『中山谷遺跡』小金井市教育委員会）で作成した編年案に合わせると、だいたい一時期、2軒から5軒くらい程度の分布となるのです。

中山報告の時点で全体図では集中するように見える住居群も、一時期の数は思ったより少ないという話になるのですが、その中において加曽利E1～2式、神奈川シンポにおける「東京2・3段階」になりますが、中山編年に即しても住居が密集する状況がうかがえました。

その中でも22住、23住、24住が非常に近接しています。これらは同時に機能する住居ではないと直観しましたし、既成の編年では同一時期になっているけれども、住居の機能から廃絶や埋没時期がずれているのであれば、それぞれの出土土器について、よく観察すれば、時間差が見いだせるのではないだろうか、と考えました。

先週、東京考古談話会で古代集落に関するシンポジウムがありまして、桐生直彦さんが竪穴住居には周堤の存在を考えるべきだと述べていました。近接住居も周堤の切り合いを考えると絶対に時間差があるだろうと話をしていましたが、縄文集落研究にも改めてそういう認識が必要だと思います。

じつは、この中山谷の23号が、私が大学1年生の時にはじめて調査した縄文中期の竪穴でした。だから周辺の住居も含めて、遺物の出土状況などよく覚えていました。23号住の覆土から曽利Ⅱ式がでてきたことも印象深かったですね。この住居の調査で「吹上パターン」という言葉を覚えたわけですが、調査の最後で、床下から逆位の埋甕が2基出てきたわけです。本当にびっくりしました。この埋甕に利用された加曽利E2式土器を「新地平編年」の「11a期」の基準資料にしたのですが、当然、23号住の居住者によって埋められた埋甕と竪穴の埋没過程となる覆土に廃棄された土器群には当然、遺棄・廃棄のタイミングに時間差がある。

埋甕と覆土中層からの出土土器はともに加曽利E2式なのですが、覆土出

土の土器には頸部無文帯が無くなっている個体が認められる。ここに型式学的な時期差を想定できそうだ。また覆土から曽利Ⅱ式は出土しているが、連弧文土器は出土しない。23号住の埋没時期は、連弧文土器の出現以前だと考えられるわけです。

また22号住ですけれども、23号住の出土土器と比べると、胴部懸垂文が隆起帯の貼付によるので古い。さらに24号住は伏せ埋甕には隆起帯が貼り付いているけれども、覆土から出ている個体は沈線化している、そんな事実を整備すると、22→24→23という時間の流れが追えるだろうと（図13）。はい、あと4分ですね（笑）。それが宇津木台D地区や原山地区での検証を経て、「新地平編年10b～11b期」の骨子となっていったわけです。

もう一つ、編年細分を進めても同時期に所属してしまう近接住居の時間的関係はどう把握すればよいのか、という課題については、1995年の新地平シンポでの私の報告のメインテーマでしたが、原山遺跡の埋設土器の接合状況を観察して、同一時期に属する近接住居に時期差がある事例を見いだしました。

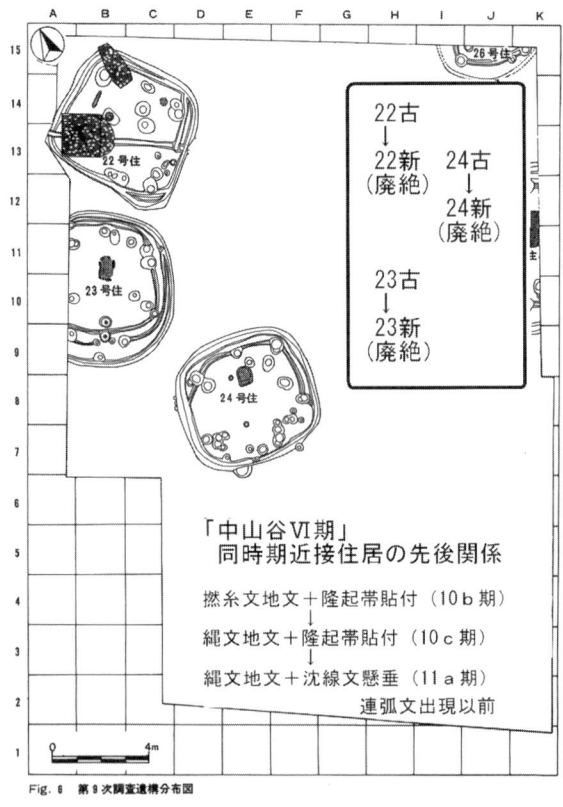

図13　近接する中山谷22・23・24号住の時間関係

多摩における縄文中期集落調査の展望

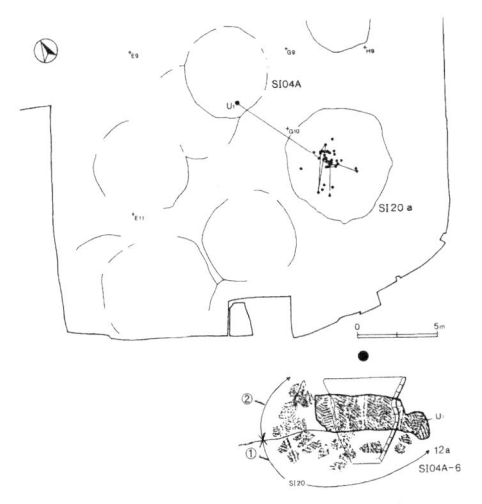

図14 住居SI04A埋甕U1の同一個体破片分布

また、この図かと言われそうですが、要するに埋甕や炉体土器の埋設時に要らなくなった部分、あるいは住居の拡張・重複や掘り下げによって古い埋設土器の一部が割り取られた部分が隣接住居の覆土から出土したという遺構間接合の事例です（図14）。

この図に示されたような位置関係にある住居は、同一細別時期の土器が出土することを根拠に、同時存在の近接住居、2軒1組の住居と評価されていたと思います。この事例も、両住居で同じ個体の破片すら出土するのですから、同時に機能していたと認識されても当然であったと思いますが、接合事実から帰納される両者の時間的関係は、一方に土器の埋設が行われたタイミング、あるいは住居が建て替えられたタイミングで、もう一方は埋まりかかっていて、窪地が廃棄場として利用された状況として客観的に説明できるわけです。

そして、この事例は、人によっては分けすぎだと揶揄されることもあった「新地平編年」ですが、どんなに編年細分したといっても、まだまだ、その一時期は住居の構築・機能・廃絶そして埋没にいたる期間に比較して相当に長いということを指し示しています。

私たちが設定した土器編年上の同一時期とは、実際には何度も上屋を建て替えたり、居住地を何度も移動するに充分な時間幅であるという時間認識が本当に大事になると思います。

そのような居住痕跡の有する単位時間に関しての時間認識が、環状集落の形成プロセスを考える場合にも、あるいは環状集落跡と周辺の小さな集落遺跡との関係を考えるうえでも、今後は非常に重要になるはずです。

1部　報告「縄文集落研究の新地平の15年」

　1980年に大学へ入学した当時から、個別集落研究は停滞していると言われていました。そんなことないという意見もあったようですが、資料の時間情報の整備を伴う実証的な集落研究は確かに停滞していたと思います。ですから環状集落を全掘すれば縄文集落のすべてが見てきたようにわかる、などと長らく誤解されてきたのではないでしょうか。全掘した環状集落の全体図があっても、それで実態に即したムラ語りができるわけではない、それももう確かなことです。

　本日の集会は「新地平の15年」というテーマとなっていますが、「15年」にこだわってみるならば、はじめて竪穴住居を調査してから15年目に「基礎的検討（Ⅰ）」を『論集宇津木台』第1集（黒尾「1995「縄文中期集落遺跡の基礎的検討（Ⅰ）」）に書き、そして同年に開催された新地平シンポで縄文集落の実証的な研究方針を定めました。

　その後、予定では続けざまに環状集落の形成プロセスに関する基礎的研究を発表して、シンポジウムをやりたいと思っていましたが、それが叶わぬままに15年という月日を費やしてしまいました。宇津木台D地区を素材にした「基礎的検討（Ⅱ）」も出せないままですが、環状集落跡という本丸を落とすために、外堀は埋めてきたようにも思います。

　繰り返し言いましたけれど、多摩における実証的な縄文中期集落の研究の機は熟しております。課題も明確です。誰がやっても良いのです。でもシンポ以降の「15年」の研究動向を顧みると、やっぱり、研究の地平は自ら切り拓くしかないのかなと思ったりもします。

　今の職場に籍を移すまで、10年間お世話になったあきる野市の前原遺跡調査会は、市道の新設に伴う事前調査で、ちょうど環状集落の真ん中を串刺しにするような中期の集落調査を行っています。確認された住居は50軒くらいあるのですけれども、いよいよこの調査会も今年3月に現場事務所を閉鎖します。この遺跡調査会は、おそらく東京都で最後の単独遺跡調査会で、その事務所閉鎖は、一つの時代の終焉を意味するようにも思えます。

　それはそれとして、調査報告書については、来年度（2010年度）末までになんとか刊行したいと準備を進めています。久々の縄文中期の重層的な居住

の場の報告になるので、ちょっとがんばりたいなと思っております（あきる野市前原遺跡調査会 2010『東京都あきる野市　前原・大上・北伊奈』として刊行済）。

　もう一つ。新編の八王子市史の編纂事業が始まっています。お手伝いをすることになっていますが、嫌でも宇津木台地区のみならず、椚田遺跡群、南八王子地区そして多摩ニュータウン地区なども検討の対象にしなければならないことになりました。こちらも、しっかりやらなければと思っていますが、果たしてどうなることやら。

　心強いのは小林さんも、多摩の中央大学に「拠点」を構えました。中山さんも含めて、もう我々は多摩にずっと「隔離」されてもいいですよね（笑）。これからの「15年」だとすると、なんと65歳になってしまいますが、まだまだ付かず離れず、やっていきたいと思ったりもしています。

　まとまりのない話で申し訳ありませんでした。研究の「展望」に名をかりた、「新地平の15年」に関わる自分史の話になってしまいました。時間も超過しましたので終わらせていただきます。ご静聴、ありがとうございました。

1部　報告「縄文集落研究の新地平の15年」

調査例個別報告その1
東海地方からの視点

纐纈　茂

　名古屋市見晴台考古資料館の纐纈です。本日の研究集会は、南西関東地方での縄文集落調査・研究の近年の動向を整理したうえで、周辺地域からの視点を含め、全点ドット調査・住居ライフサイクル研究・居住活動復元の展望をみるということでご案内いただいております。そこで私自身が日ごろ調査を担当しております愛知県・東海地方の現状を踏まえたお話をさせていただければと思います。と、申しましても、東海地方で盛んに遺物の出土位置記録が行われている訳でもありませんし、現状の紹介と反省を踏まえて私自身の調査事例などを紹介させていただければと思います。

私の調査歴

　それでは話を進めさせていただきたいと思います。現状を確認する意味をふくめて、中山さんと同じように私自身の調査環境を紹介させていただきたいとおもいます。1993年に大学に入学し、考古学研究会に入った夏から宇佐美さんが主任調査員をしていた五日市町（現あきる野市）の伊奈石石切場の測量調査に参加しました。その9月から同じく五日市町の前原遺跡の調査に参加させていただき、以後秋川南岸道路関連の遺跡調査や、網代門口遺跡、大上地区、砂沼地区など旧五日市町内の調査・報告に約7年間にわたって関わらせていただきました。一方で2000年に名古屋市に就職したあとは、見晴台考古資料館で名古屋市内の遺跡調査にあたっております。途中3年間は館業務担当として市民発掘や展示を中心とした仕事をしておりますが、

纐纈　茂

発掘を担当した期間も、今年の春で東京時代よりも名古屋時代の方が長くなります。

　このように東京と名古屋でほぼ同じ期間、調査に従事してきたわけですが、調査環境は 180°変わったと言ってよいかもしれません。学生時代の 20 世紀は遺跡調査会の調査員として全点ドット調査環境にあり、自治体職員となった 21 世紀には非全点ドット調査環境となりました。調査の規模も違ってきます。学生時代は道路関連の調査が多く、数ヶ月から数年の単位での調査・報告なのに対して、名古屋での調査は個人住宅中心で、100㎡以下の面積の調査を 3～4 週間で終わらせていくというものです。調査と調査の間の時間が整理期間になるわけですが、期間や時期もまちまちで、整理専従期間もありません。現状では環境も変化してきていると思いますが、学生時代の調査会組織での調査は恵まれていたと感じる部分が大きいです。

多摩の調査・名古屋の調査

　私自身が調査に参加をし始めた 90 年代前半、小林さんは大橋遺跡、黒尾さんは落川遺跡の調査にあたられていた頃でしょうか、ちょうど「はらやま」の報告された頃です。全点ドット調査手法の確立が確立し、その成果が公表され、全点ドット調査の手法は時代を限るものではないし、包含層掘削からの記録が重要であることも認識されつつあったころだと思います。そんななかで全点ドット記録をしなくて批判されることはあっても記録をして批判されることはありませんでした。調査組織の問題もありますが、すくなくとも私が所属していた調査会ではそうでした。

　これは裏をかえせば出土位置記録調査 20 年の蓄積の成果と言うべきかもしれません。貫井南、平山橋、栗山での一時埋没土の検証からはじまり、包含層にいたるまでの全点ドット調査とその成果の公表が進んでいたその環境で調査を開始した我々世代は、確立しつつあった全点ドット調査方法のなかで、学生時代の現場を覚えていきました。

　ところが名古屋へと移動してからは、小面積での調査が主体となりました。これまで一番小さな現場は 48㎡の面積で排土の関係から 3 回に折り返しての調査を 3 週間で行うものでした。

1部　報告「縄文集落研究の新地平の15年」

　調査の大部分を占める熱田台地上の土壌が非常に硬いこと、台地上の土地利用が盛んなため、包含層上面での遺構の切り合い関係が把握しづらいことなどから、包含層の状況を確認しながら、地山上面まで重機掘削を進めることが一般的でした。現在でもこうした状況に変わりはありません。

全点ドット調査のイメージ

　ところで私の職場以外を見渡すと、遺物の出土位置記録が行われている調査も少なくありません。特に民間調査機関による調査補助を受けている場合、専従の測量士などがついて現場を進めており、記録を取るハードルは比較的低いといえます。一方でそのデータが報告書で活かされているかというと疑問がのこります。日常的に組織として出土位置記録に取り組むことは困難だという意見もよく聞きます。「時間もないし、お金もないし、人手もない。そんな中では全点ドットを取りながらの調査なんて難しいよね。」というのが「点を取る」ことに対する一般的なリアクションです。全点ドットを記録しながら進める調査は手間・暇・お金がかかる調査というイメージができあがっている感が否めません。なぜ、これまでの調査でいけないの？　がただしい表現かもしれません。これは「全点ドットアレルギー」と言っても過言ではありません。

　「全点ドットアレルギー」にも原因はあります。よくよくはなしを聞いてみると、このアレルギーは全く遺物の位置記録を行ったことのないひとではなく、一度でも何らかの位置記録を残す作業に関わった人により強く表れることがわかります。特に80年代、住居址の一次埋没土の問題が話題となっていた時期に、埋土の検証として住居址内の遺物を取り上げる動きが関東地方を中心に広がったのは皆さんもご存じだと思います。そのためその時期の報告書にはドットマップが掲載されているものもすくなくありません。しかしながら土器と石器を分けた程度のドットマップでは、一次時埋没土に遺物が少ないことや、レンズ状の堆積が確認できる程度で、読み取れる情報は多くなかったわけです。そのため、苦労の割に実りが少ないのが遺物の位置記録であるとインプットされてしまっている調査担当者も少なく無いわけです。遺物の出土位置記録作業の経験者は実は多いのです。

調査例個別報告その1　東海地方からの視点

全点ドット調査を行うために

　現在の学生さんも就職氷河期ということで大変ですが、われわれ90年代後半に就職期を迎えたものも同様に就職には苦労をしました。関東地方の自治体での採用は皆無でしたので、同じ時期に調査現場を担当した学生も、各地の自治体へ散らばって就職したり、別の道へと進んでいくひとも少なくありませんでした。運良く埋蔵文化財関係の就職についても、学生時代のような現場を続けていくことは非常に困難でした。出土位置記録と全点観察、接合関係の検証などその重要性を理解していても、組織の中で、そして日常業務の中で実現していくのは難しい面が多いのが実際です。作業経験のある「全点ドットアレルギー」の担当者には「全点ドットの記録は必要だから必要だ！」では通用しないのです。

　しかしながら、私たちには共有できるこれまでの諸先輩方の調査の蓄積があるわけで、その道筋をたどりながらそれぞれの地域で、それぞれの担当現場で少しずつ実現していくのが早道ではないかと思います。そもそも小林さんが「新・横切り派宣言」（小林謙一監修2005『考古学リーダー6　縄文研究の新地平～勝坂から曽利へ～』六一書房の裏表紙見返し）としたように、共通の認識に立ったうえでの調査には、遺物出土位置の記録、個別収納、全点洗浄・全点注記、徹底的な接合作業、図版作成・表現の工夫など、様々な作業側面をもっています。逆に言えば点だけ取ればよいわけでなく、その後の報告に至る経過と結果が重要であることは、作業経験のある「全点ドットアレルギー」からも裏付けられるものだと思います。

　はじめから完璧にはできないの、その作業局面の一つ一つを実現させるところから始めよう、それが名古屋で現地作業に入る私が考えたことです。

ドット記録への過程

　名古屋での調査をおこなうにあたって先ず考えたのは、住居址以外の遺構内から出土した遺物の出土位置を記録することです。熱田区高蔵遺跡31次調査SD11（図1）や東区片山神社遺跡第3次調査SD01（図2）で記録をとることができました。見晴台考古資料館では就職当時、データコレクタのないトータルステーションと、平板がおもな測量機材でした。短期間の調査では

1部 報告「縄文集落研究の新地平の15年」

図1 高蔵遺跡31次調査 SD11遺物ドット

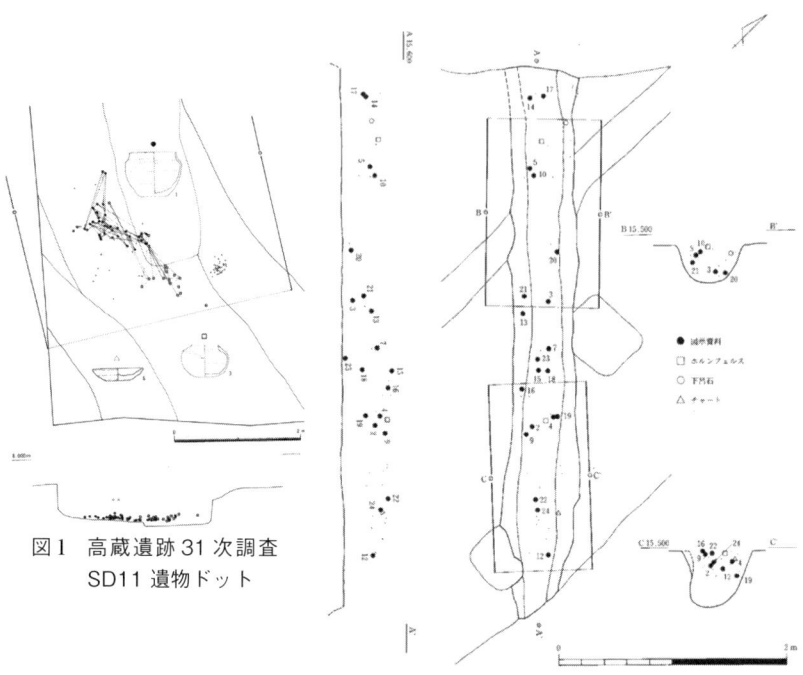

図2 片山神社遺跡3次調査SD01遺物ドット

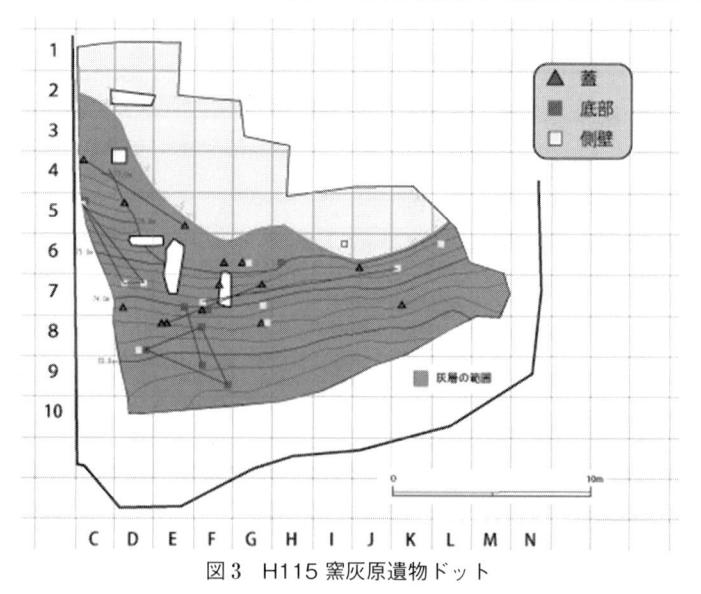

図3 H115窯灰原遺物ドット

グリッドも設定していませんでした。図面から写真まで記録作業はすべて職員が2人一組で行っていたため、記録のために溝の主軸に水糸を一本張り、その起点からの距離と、水糸からの左右の距離を計測して平面情報を得、その後レベルをオートレベルで台帳に記入して記録しました。「そんな精度でいいのか？」とも言われましたが、手間を省き、できるだけ日常の調査に近い形で記録を行うことによってデータをとることができたのは一定の成果であったと思います。高蔵遺跡の溝は、中世段階まである程度埋まらずにいたか、上面をさらわれている状況を確認し、最終的に埋没したのが中世後期であることが確認でき、片山神社遺跡SD01は弥生時代前期の溝である可能性が高いことを確認できました。

　もう一つ取り組んだのは、包含層や灰原の包含層掘削の1mグリッド掘削です。H-115号窯の灰原や、白川公園遺跡5次調査のSX05などで取り組みました。多量の遺物の出土する包含層掘削でできる限り層位や位置情報をとりながら、掘削できるように1m幅のトレンチを1mごとに設定し、さらにそのトレンチに1m幅に小グリッド名を付して20cmの厚さの人工層位で掘り下げ、1m幅でのこったベルト部分は、トレンチと同様に小グリッドごとに分層した土層に対応させて掘り進めました。こうしたことで、最大でも1mの誤差の中で遺物の空間的な位置をおさえることができました。早稲田大学での日本考古学協会の折り、黒尾さん、小林さんの発表（黒尾和久・小林謙一1996「住居埋設土器の接合関係からみた廃棄行為の復元－南関東縄文時代中期の事例から－」『日本考古学協会第62回総会研究発表要旨』日本考古学協会）に対して岡村道雄さんが、点をとらなくても精緻な分層発掘で十分に対応できるはずだと会場から発言されたこと通じる点もあるのではないでしょうか。

　H-115号窯（図3）では、陶棺片が出土しています。この陶棺の接合関係も1m四方の中で押さえることによって接合関係を見る事ができたわけです。結果として重量物である陶棺が斜面に広く広がっていることがわかりました。尾根筋をこえて接合することからも、調査で残っていなかった窯体の位置が斜面のかなり上位にあったことが想定されました。

1部　報告「縄文集落研究の新地平の 15 年」

東海の新地平

　短い時間で雑ぱくな話となってしまいました。「新地平派」は全点ドット記録や接合を進めることで縄文時代の集落研究を進展させてきたのだと思いますが、それぞれの現場で情報を掘り下げていくこと、できることから進めていくことが、小さな地平を拓いていくことになるとおもいます。これからも東海で、自分自身の現場で、地平を拓けるように進めていきたいと考えています。ありがとうございました。

調査解釈と関東地方を中心とした議論の進展

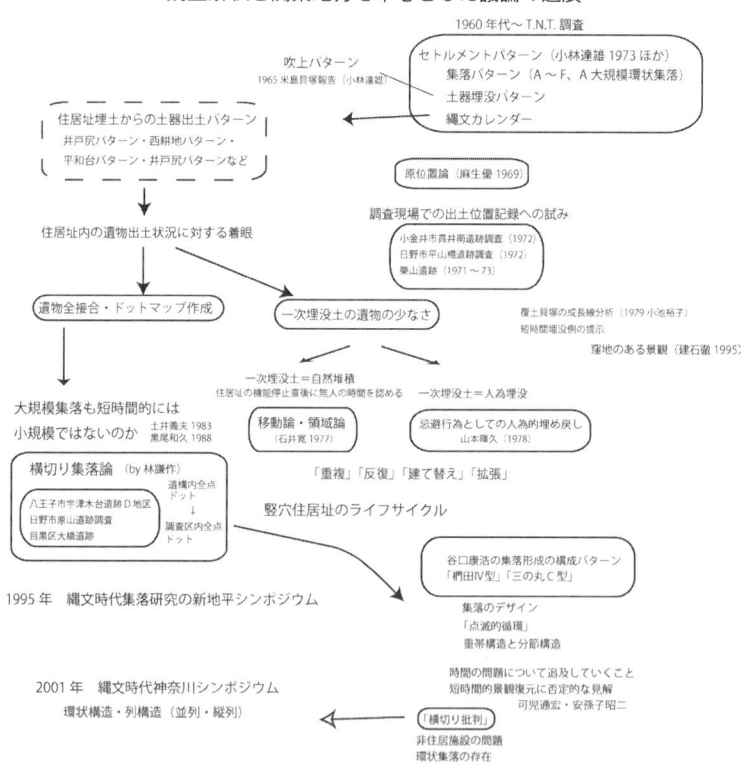

1960 年代〜 T.N.T. 調査
　セトルメントパターン（小林達雄 1973 ほか）
　集落パターン（A〜F、A 大規模環状集落）
　土器埋没パターン
　縄文カレンダー

吹上パターン
1965 米島貝塚報告（小林達雄）

住居址埋土からの土器出土パターン
井戸尻パターン・西耕地パターン・
平和台パターン・井戸尻パターンなど

原位置論（麻生優 1969）

調査現場での出土位置記録への試み
　小金井市貫井南遺跡調査（1972）
　日野市平山橋遺跡調査（1972）
　華山遺跡（1971〜73）

住居址内の遺物出土状況に対する着眼

遺物全接合・ドットマップ作成

一次埋没土の遺物の少なさ

覆土貝塚の成長線分析（1979 小池裕子）
短時間埋没例の提示

窪地のある景観（建石徹 1995）

一次埋没土＝自然堆積
住居址の機能停止直後に無人の時間を認める

一次埋没土＝人為埋没

大規模集落も短時間的には
小規模ではないのか　土井義夫 1983
　　　　　　　　　　黒尾和久 1988

移動論・領域論
（石井寛 1977）

忌避行為としての人為的埋め戻し
山本暉久（1978）

横切り集落論（by 林謙作）
　　　　　　　遺構内全点
　八王子市中津木台遺跡 D 地区　ドット
　日野市原山遺跡調査　　　　　　↓
　目黒区大橋遺跡　　　　　調査区内全点
　　　　　　　　　　　　　　　ドット

「重複」「反復」「建て替え」「拡張」

竪穴住居址のライフサイクル

谷口康浩の集落形成の構成パターン
「網田IV型」「三の丸C型」

集落のデザイン
「点滴的循環」
重帯構造と分節構造

1995 年　縄文時代集落研究の新地平シンポジウム

時間の問題について追及していくこと
短時間的景観復元に否定的な見解
可児通宏・安孫子昭二

2001 年　縄文時代神奈川シンポジウム
　環状構造・列構造（並列・縦列）

「横切り批判」
非住居施設の問題
環状集落の存在

調査例個別報告その2
犬島貝塚の調査から

遠部 慎

　北海道大学（現徳島大学）の埋蔵文化財調査室に所属しております遠部です。さきほど縋縋さんの方から個別の研究というふうにご紹介いただきましたけれども、現在、岡山県で年代測定を中心とした作業にかなり特化して、発掘作業を進めています。そこで実施している、年代測定が可能なものはできるだけ取りあげ、その中でどんな情報が取れていくのかということを少しお話しできればと思います。

　実は、私自身の研究背景として、国立歴史民俗博物館の年代測定研究に加わらせていただいたときに、なぜか目的とする年代と大きく乖離する測定値を得ることが多くあったという経験があります。具体的には、岡山県岡山市彦崎貝塚とか千葉県野田市野田貝塚の事例になりますが、目的とした縄文時代の年代が出ないケースに非常に多く直面し、それがどういったことなのかということを少し検討してみたことがあります。

　まず、彦崎貝塚のケースですが、たくさん年代測定を実施した中で、縄文時代草創期の年代から、そして新しいところでは縄文時代晩期とか弥生時代に近い年代および現代の年代が多く得られました。最初、どういうことなのかわからず、元々のオリジナルの情報に戻り、出土情報を細かく分けていきました。簡単にまとめると、現地で一点一点ある程度記録しているもの（ドットではない）、そして水洗選別、つまりフローテーションによって得られた資料のデータとに区分しました。基本的に現地で一点一点ある程度記録しながら取り上げたものは、大体測定値がしっくりする。しかし、水洗選別で得られたものに関してはものすごいばらつきが見られるということが一つ分かりました。合わせて樹種同定という分析を実施すると、現地で採取したもの

1部　報告「縄文集落研究の新地平の15年」

遠部　慎

に関してはほとんど炭化したものが多い。あと水洗資料の多くは炭化してないもの、つまり根とかが見つかったものが非常に多かった、といった事例を、体験しました。そうした中で、やはり目的とした値が得られないケースというのは、何か理由がある可能性が高いということで、まず遺跡での出土状況等についての情報を整理していく必要がある、と考えております。彦崎貝塚は自ら採取に立会ったわけではないですが、野田貝塚では採取に立会いましたが、なかなか現地での判断は苦しみました。そうしたわけで、サンプリングおよび分析はできるだけ一貫して行った方がいいと考えています。

　そうした中、岡山県の犬島貝塚というところで、現在、学術調査を実施しています。多少時期の異なる遺構、例えば江戸時代末以降の近世墓、古墳も存在する複合的な遺跡なのですが、縄文時代早期のほぼ単純な貝層を主な調査目的としています。その中で例えば遺跡の中でたくさん貝類が出ていますが、ヤマトシジミという貝を中心に年代測定を行っています。貝の生息域によって取れる貝が違うということを第1図で示していますが、国立歴史民族博物館（現名古屋大学年代測定センター）の宮田佳樹さんの研究の中で、その生息域によって同じ時代の貝類でも年代が多少違うことが指摘されています。現状では、ヤマトシジミにおいてはそんなに大きな海洋リザーバー効果はなく、多少のズレを踏まえながら扱うという前提で年代研究を行っています。

　例えば、貝塚とかを掘るときに、先ほど彦崎貝塚のなかでも比較的炭化材をちゃんとしたものをとれば比較の値は安定するだろうということをおそらくみなさん考えられると思います。ところが、瀬戸内海の縄文時代早期の貝塚におきましては、ハイガイの層では比較的炭化材が容易に見つかりますが、ヤマトシジミの層では別の遺跡でもかなり見つかりづらいということがありました。それは、犬島貝塚でも似たような状況でして、一応少なからずある

調査例個別報告その2　犬島貝塚の調査から

炭化材もおさえながらやって、けれども中心はヤマトシジミの貝で年代測定を実施しています。一応、先の彦崎貝塚の例もありますので、フローテーションも併行してやっているのですが、そこで得られた炭化材は基本的には使わないという方向で進めています。

大まかな層序（第2図）をとらえて、この貝層の方の年代測定を現在中心にやっております。出た資料ですけども当然ドットで上げて、そして平面図でも様々なものを作って、年代を測定する可能性のある貝に関しては可能な限りドットで上げます。

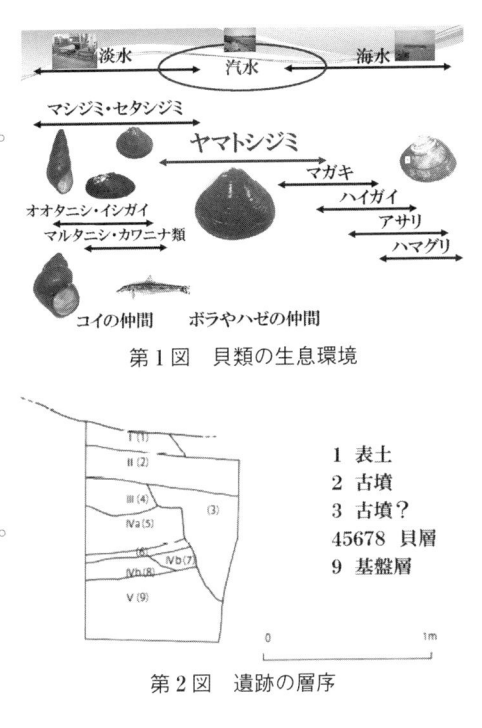

第1図　貝類の生息環境

第2図　遺跡の層序

1　表土
2　古墳
3　古墳？
45678　貝層
9　基盤層

そこからさらにいろんな情報を引き出すために、例えば成長線分析というものを行っております。成長線分析というのは、貝殻の断面を切って、その先端部分を観察して、それがいつぐらいに死亡したのか、ということを検討する研究です。逆に言うと、貝を何でも測るというものではなくて、少なくとも、何歳のものでどの季節に死亡したのかが明らかな貝を年代測定して、破片とかではなく完形のものを貝層の中から探して、年代測定を行っています。事前に、だいたいどの辺にデータが集約されるだろうと、貝類のいわゆる採集季節は、夏が中心になるんだろうというふうに予測しておりました。基本的に島の遺跡ですので、よっぽどのことがないと行くところではないということで、この冬のデータということですね、比較的評価しないままで、きていました。それで実際年代測定したものを中心に、成長線分析をやってみたというか、意外なことに冬のデータがやっぱり出てきました。何十点も

107

1部　報告「縄文集落研究の新地平の15年」

第3図　ヤマトシジミの採集季節

第4図　ヤマトシジミの年代測定

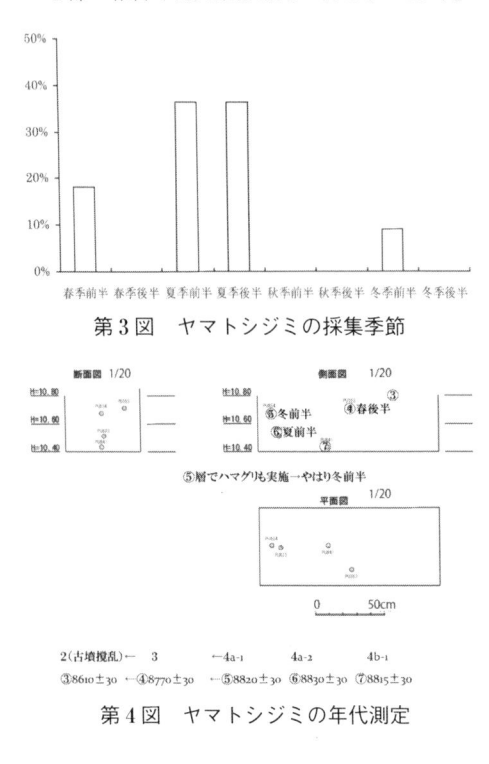

年代測定できるわけじゃないので、念のためちょっとハマグリとか違う種類の貝で検証を行いました。その時でも、ハマグリの方でも冬の個体が出たので、これまでずっと夏中心だったのかなというところから、一時期ですが、やはり冬のデータもあるのではないかというふうに現在考えております。

　ここで、示したのは極めて年代測定に特化した話ですけれども、成長速度とかの検討も一緒に合わせてやっています。ですから、一測定資料に対して、様々な成果等を重ねていくと色んなことがわかるのではないかなというふうに考えております。ただし、ここではあまり出していないですが、そういった作業をするためには現場で、細かい前提条件を整えないといけません。つまり、貝層の中で完形品の貝を探して、その中でこれだったら絶対先端部が折れてないから測定できるという資料を探す、この手間が結構大変といえば大変です。最近、調査後にさまざまなことがわかったり、色んなこともあるので毎年継続して調査をしようとしているので、記録する項目を色々考案しています。その中で、これは使える可能性があるなと思っているのがVIVIDという機械を使っているものです。これだと貝の一個一個まで全部映像で記録できるので、これを見てこれとか狙えるんじゃないかなということを考えながらやってみたり、記録された画像の土層を見て古墳との境界線を探す作業も調査の効率が上がるのではないかと考えています。以上で発表を終わりにしたいと思います。

調査例個別報告その３
山梨県の調査例

櫛 原 功 一

　(山梨文化財研究所の)櫛原と言います。よろしくお願いします。

　山梨の事例報告を小林さんからお願いしたいと言われ、何をやったらいいか色々考えました。山梨と言いましても市町村、県、私どもの山梨文化財研究所の三者がそれぞれ色々なやり方で調査していますが、なかでも私どもの

櫛原功一

研究所では、全点ドットに近い形で遺物の点を取るやり方を採用し、以前からそういう調査、報告をしてきています。ここでは近年、各地の遺跡調査の中で遺物を一括で取り上げる傾向が全国的に認められる点、竪穴住居の床面遺物でさえも出土位置が不明な報告が多いことに関し、(調査の効率化を求めるあまり、調査の精度を下げている今日の発掘調査の現状について)考えてみたいと思います。

　そういう調査が行われる理由としてよく言われることですが、全点ドットで調査をすると調査が非効率的になるという点があります。したがって覆土中の遺物を一括で取り上げてしまうことになりますが、これは東日本全体の傾向ではないかと思うんですけども、それについては大きく二点ほど課題があげられます。一点目としては、遺物と遺構の関係を客観的に把握出来ないということ。全点ドットで遺物の平面図・断面図を報告書の中で図化すると、これは誰が見ても遺構のどこから、どのくらい浮いて出土したかがわかり、出土状況の客観的な判断ができます。一括取り上げでは遺構に伴う、伴わ

1部　報告「縄文集落研究の新地平の15年」

いという判断もしにくくなります。二点目として、同じようなことですが住居内の出土遺物が遺棄遺物、置き去りであったかどうかの検討が困難になる。つまり（男性空間、女性空間などの間の問題を考えるうえで情報を欠くことになるので）竪穴住居の中の空間分析をやる上で、遺物の出土地点がないと分析が困難になってしまいます。完形の石皿でさえも、竪穴住居のどこから出たかということが図示されていない報告書がありまして、これは非常に問題だと思っております。

　では、山梨の私どもの研究所でどういう風に調査をやってきたか、ということですが、現在、研究所には調査員が四人いますけども、各人がそれぞれ以前はやりやすいようなやり方で調査をやっていました。最近では、パソコンの「遺構くん」というソフトが登場してから、（現場では光波測量機とノートパソコンのタフブックをつないで）「遺構くん」を使って統一的にやるようになってきた結果、（データの統合などが）楽にできる状態になりました。以前は私も平板だけを使っていました。私は1987年くらいから発掘していますが、最初はずっと平板だけで、遺物の点も十分に取らないような調査をやっていました。そのうち平板と方眼紙を使って点取りの調査を行うようになりました。それが2002年くらいから光波測距儀で表示されたＸＹの値を方眼紙に一点一点落としながら、（点をつなぐことで平面図の作成を行い、遺物の点取りを行うなど）点から図面を起こすという原始的な方法で遺構図化、ドット表示をやるようになりました。それが2006年ころ「遺構くん」という便利なものが出ましたので、それを使って現在は調査を行っているという状況です。最初の初期投資はかかるんですが、道具さえそろってしまえば便利で、速く（しかも得られる情報量が多く効率的な）調査を行うことができるのは確かです。（特に整理段階での遺構図、分布図作成は格段に速くなります。）そういったものとラジコン空撮やポール撮影、デジカメによる簡易図化などの図化方法を併用して（一層効率的な）調査が可能となりつつあるという状況です。

　次に、出土遺物の取り上げから整理まで具体的にどのようにしているかということですが、調査時点においては一定の大きさ以上の土器、よく500円

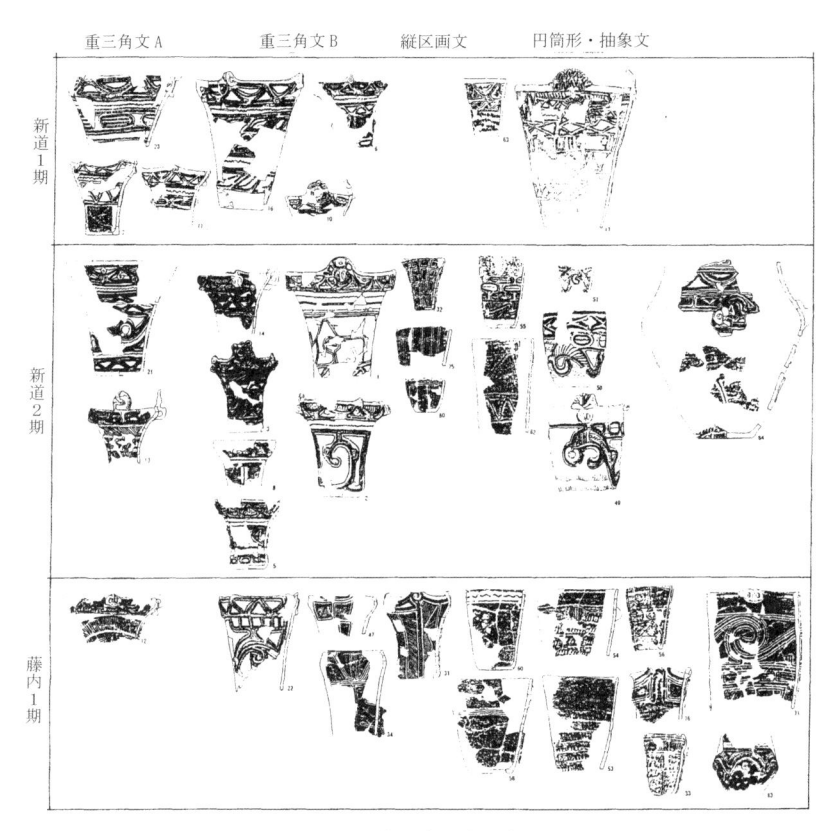

調査例個別報告その3　山梨県の調査例

	重三角文A	重三角文B	縦区画文	円筒形・抽象文
新道1期				
新道2期				
藤内1期				

図1　35号竪穴の土器変遷

玉以上の土器を残して記録するようにしていて、包含層から遺構まで区別なく遺物の点取り作業をしています。時代も縄文時代に限らず、古代、中世、近世の遺構、遺物に対して（時代を限定することなく）実施していますが、最近、甲府城跡で江戸時代の遺構にあたりまして瓦がどっさり出ましたので、それはさすがに一括という形で取り上げたことがありました。また、残りの良い土器や石器の位置は外形線も図化します。床直とか床下、炉内等の出土位置的な情報も当然（データ化）します。次に整理の段階ですけども、接合関係を見たうえでパソコン上で接合線を引くわけですが、線の引き方には（星型、放射状など）いくつかのパターンがあると思います。私どものところで

111

1部　報告「縄文集落研究の新地平の15年」

は実際に接合した破片同士を直線で結ぶように心がけています。それを断面図にも投影するという形です。(この作業により遺物が移動した方向性を読むことが可能かと思われます。)

その次に報告の段階ですが、遺物出土位置を平面図、断面図でチェックし、土層セクション図との対比をし、遺物が遺構にどう埋まっているかということを判断する材料にします。特に遺構の時期認定をするときの材料に使います。それから土器の段階設定、編年作業の際に土中の遺物を上下関係から検討するということです。

実践例として一枚図面を出しました。通常は機械的に点を取って報告する程度なので(点取り作業を報告の中で十分に生かしていないのが現状ではありま)すが、山梨県北杜市の石原田北遺跡では、竪穴住居内の土器の出土状況と土器型式との関係をさぐるために(土器型式別に)出土地点、接合関係を(層位と比較しながら)分析してみました。石原田北遺跡の事例というのは、新道1式から藤内1式期くらいまでの土器が1軒から多量に出土した竪穴住居(35号竪穴)です(石原田北遺跡発掘調査団　2001『石原田北遺跡　Jマート地点』)。(新道2式期を中心とした7本柱で楕円形住居で、小形石囲い炉をもち、4回の建て替えが認められます。)土器がたくさん出まして、新道1から藤内1式期という期間にわたって連続的に覆土中に土器が廃棄されています。報告書ではその出土状況を、土器型式を優先して新道1・新道2・藤内1と分けた上で平面図断面図のどこに落ちているかということで、3段階の図面を作って掲載しています。(図2参照)。そうしますと、新道1式期という段階の土器群は、住居の床に近いところ(2・7層)から土器が出ています。次の新道2式の段階になると覆土中の中位(〜上位、1・2層)を中心に土器が出ています。藤内1式の段階だと、覆土中の上位(1層)から土器が出ています。ということで、土器型式と出土状況の対応関係(上下の層位関係として土器型式の段階設定の確からしさ)を確認することができたわけです。こうした(ドット調査の情報を用いた)分析例というのはまだまだ少なくて、本当に私どものところでは、点を取るだけで精いっぱい、という調査、報告書作りが多いんですけれども、数少ないこのケースでは土器型式を検討した結

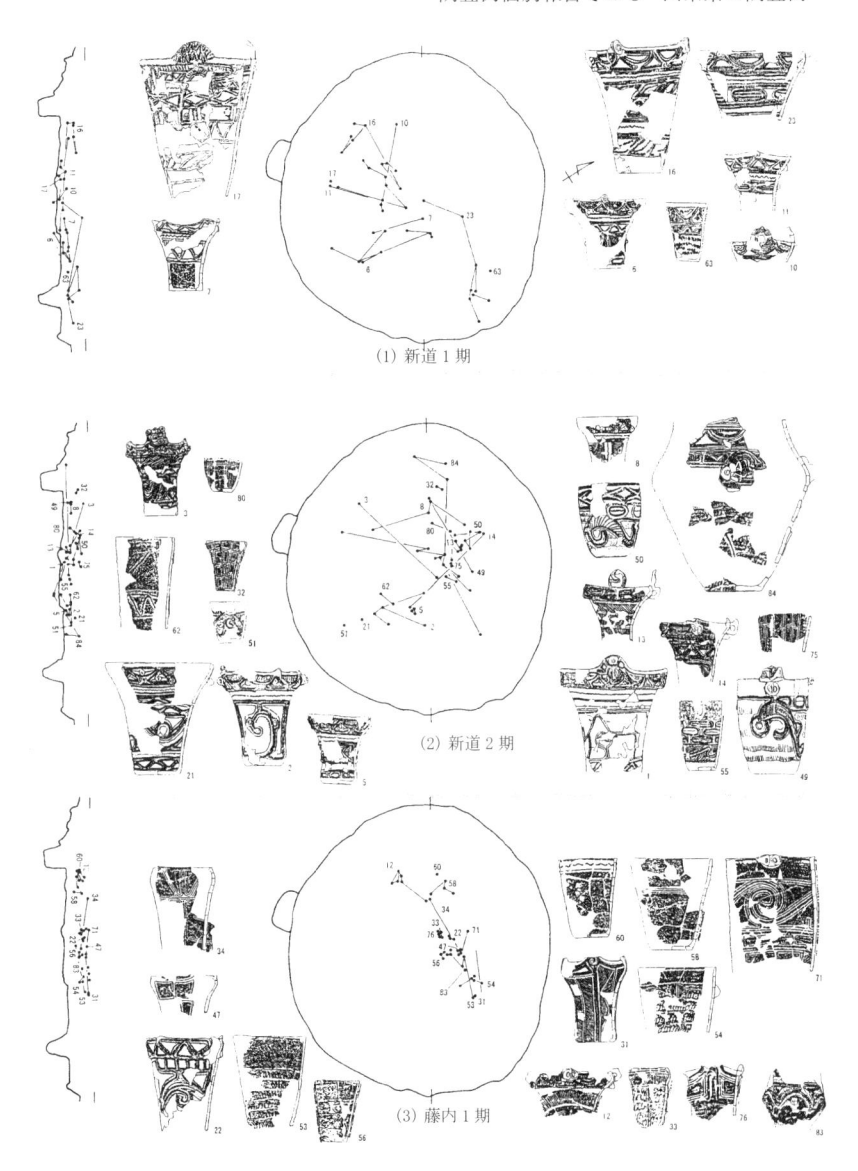

調査例個別報告その3　山梨県の調査例

(1) 新道1期

(2) 新道2期

(3) 藤内1期

図2　35号竪穴内土器出土状況

113

1部　報告「縄文集落研究の新地平の15年」

果、比較的良好な結果が得られました。

　点取り作業における調査（から報告に至る作業）では、いろんな課題があると思いますが、（そのひとつとして）ドットを全部同じ大きさで表現してしまうと、中心（的な土器）とその周辺の土器の関係がわかりにくくなるという問題があります。つまり、小さな破片と大きな破片の違いといいますか、それが報告書の図の表現に表れなくなってしまうということです。今までは小さな（同じサイズの）点で全部表現してきましたが、中心的な土器に関しては大きな点で表現するなどの工夫が必要かと思っています。（分布図、接合線から何を読み取るか、という一層の努力が必要になります。）接合線からわかることとしては、土器の廃棄方向が推測できる可能性があります。竪穴のどっち側から土器を捨てた、ということは容易にはわかるものでもないと思いますが、ドット分布図、接合線を読み取る努力というものを今までしてこなかった、という反省点があります。いずれにしてもドットの図面から何を読み取るかとそういうことを、我々は今後一生懸命考えていかなければならないと思います（し、ドットを取ったことによる成果をあげないと必要性が認められてもらえません。ある研究者から、何のために点取り作業が必要なのか、と問われたことがありましたが、うまく答えることができませんでした）。

　資料を大急ぎで作ったので発表が非常に雑になってしまったんですけども、以上で発表を終わります。

調査例個別報告その4

福島県井出上ノ原遺跡の調査実践

大 網 信 良

　ただいまご紹介にあずかりました早稲田大学大学院修士課程の大網と申します。本日は福島県楢葉町に所在する井出上ノ原遺跡の調査実績を報告させていただきます。

　はじめに遺跡の概要を説明します。井出上ノ原遺跡は福島県双葉郡楢葉町井出字上ノ原に所在しておりまして、遺跡東方には太平洋が広がっております。本遺跡は、今回報告する国立歴史民俗博物館の調査以外のもので、試掘を含めてこれまでに3回の発掘調査が行われております。ただし、いずれの調査も現在報告書の作成途中ですので詳細な遺構配置図等はありませんで、お示しした遺構配置図は現地説明会資料を転写したものです。遺構配置図を見ますと、各時期の遺構は台地の縁辺に沿って配置されておりまして、特に縄文時代中期後葉の竪穴住居跡は台地縁辺に線状に分布している傾向が読み取れます。

　本調査は、小林謙一氏を研究代表者とする文部科学省科学研究費補助金による調査研究の一環で行われた発掘調査でありまして、平成18・19年の夏に現地において発掘調査を実施しました。調査対象は、縄文時代中期後葉の竪穴住居跡、45号住居跡と呼称されている複式炉を配する竪穴住居跡です。主な目的は竪穴住居跡の埋没過程の解明にありまして、調査にあたって、全点ドットであるとか、土壌サンプル採取などの綿密な覆土データの記録、およびAMS炭素14年代測定による出土炭化物の年代測定等を行っています。

　本題に入る前に、まず調査成果の概要をお示しいたします。遺跡中央北部に位置する45号住居跡は、長軸8.2m×短軸7.4mのやや縦長の円形プラン内に、長軸3.8mと現在のところ日本最大規模とされている複式炉を配する

1部　報告「縄文集落研究の新地平の15年」

大網信良

住居跡です。複式炉は「土器埋設部」「石組部（石敷部）」「前庭部」の3施設をもつ、いわゆる「上原型複式炉」です。複式炉に埋設されていた炉体土器は、口縁部と胴部が欠損していますが、おそらく「逆U字」状のモチーフが描かれる大木9式新段階の土器だと思われます。特徴的な出土遺物としましては、一つ目に、住居跡北西の床面から頭部を欠損した板状の単脚土偶が横たわった状態で出土しています。二つ目は完形の石棒で、住居跡の柱穴の埋土から幅3cmの緑色片岩製の石刀状の石棒が、直立した状態で出土しています。

　本発表では、調査目的の一つである住居跡覆土形成過程に主眼を置き、特に遺物分布との関係性から現段階での成果を示したいと思います。

　45号住居跡の覆土は、大別して、上層（1層）・中層（2層）・下層（3層）の3層に分かれまして、レンズ状の堆積が認められます。上層は暗褐色土、中層に黒褐色土、下層に黄褐色土という大別3層に分けられます。このような土色や堆積状況は本住居跡に特殊なものではなく、例えば近隣の楢葉町馬場前遺跡、中期後葉の集落跡ですが、そこでも同様に確認されています。ただし馬場前遺跡の報告書中では、その形成過程や土色変化の要因についての言及に乏しく、単に自然堆積と表記されるにとどまっております。

　ちなみに、今回報告しているのは福島県でも太平洋側の「浜通り」と呼ばれている地域の状況ですが、同じ福島県でも新幹線が通っている「中通り」と呼ばれる地域では、自然堆積でレンズ状を呈していても、下層の土色が暗褐色系であったり、黒褐色系であったりする状況が認められます。ですので、この差異が遺跡の継続性や自然環境の違い等と関連するのかどうかについてはわかっておりませんが、何らかの地域性を反映するという仮定の下、この点に関して別途検討を進める必要もあるだろうと考えております。

　45号住居跡の覆土の発掘調査時の所見をまとめます。まず、中層の黒褐色土層ですが、この層は炭化物を非常に多く含む層でして、加えて黒褐色土

調査例個別報告その4　福島県井出上ノ原遺跡の調査実践

と上層の暗褐色土との間に焼土跡が確認されています。ここから、住居跡埋没過程に窪地利用等が行われていた可能性が指摘されます。次に、下層の黄褐色土層に関してですが、出土遺物は小礫が主体でして、中・上層に比べて土器を含めたその他の遺物が極端に少ないという傾向を現場段階で確認しております。

　この黄褐色土ですが、先ほどご紹介しました馬場前遺跡で検出されている焼失住居の覆土に同じ土色の層が認められています。土層説明では、黄褐色土層の由来にローム土を用いた土屋根の存在を想定しておりまして、もしそうであるとしたら、井出上ノ原遺跡45号住居跡の場合も土屋根、あるいは周堤の埋め戻しといった可能性もあると考えております。

　本調査では、サブトレンチにおいて土層堆積状況を大方把握した上で住居跡の本格的な掘削を開始しまして、水平発掘時には断面と対応させつつ各土層のコンターラインを記録しております。遺物の取り上げ法としましては、全点ドットの情報に何層出土という層位の情報をそれぞれの遺物に手書きで書き込んでいきました。その大別層位ごとのドット図を見ますと、1層から2層では、住居中央に遺物の分布の集中がみられます。特に、2層では複式炉上に分布の集中があります。3層では、住居周縁部に遺物が分散しています。これは概ね各層の堆積状況と一致しておりまして、各層の拡がりを、遺物を層位別に示すことによって整理できるということではないかと思います。

　次に、遺物の話に移ります。まず遺物の遺存状況に関してですが、本住居跡出土の土器は炉体土器を除いてほぼ大半が小破片で占められます。この状況は、先ほどの馬場前遺跡を含め、周辺の遺跡でよくみられる事例でありまして、竪穴住居跡覆土の出土土器で完形復元に至る土器が非常に少ないという傾向が本地域では一般的と言えるかと思います。また土器片は、特に中層の黒褐色土層の中で二次被熱を受けたり摩耗していたり、非常にぼろぼろの土器が多いという印象を受けます。ここから、住居跡廃絶後の黒褐色土堆積時における、二次的な土地利用の存在が考えられます。

　次に各層の遺物種別ごとの遺物点数のグラフに移りますが、まず下層に向かうにつれて全体に占める土器の割合が減少していくという傾向が読み取れ

1部　報告「縄文集落研究の新地平の15年」

ます。これは、先ほどの調査所見を裏付けるデータでして、下層にいくにつれて遺物の主体が礫に変化していく様相も同様に確認しております。もう一つ、土器の時期に注目しますと、上層から縄文時代後期や晩期、晩期というのは網目状撚糸文土器という粗製土器の小破片ですが、また弥生土器や土師器等が比較的多く出土しています。これらの遺物は、中層以下徐々に減じていく傾向があります。特に、3層あるいは住居跡施設としている柱穴や炉内、床直等の出土状況を検討しますと、ここでは縄文中期後葉の土器に集約する傾向がありまして、3層以下が住居跡廃絶後に比較的短期間で埋没を完了した状況を示していることが遺物の層位別の変化からわかっています。一方、1・2層は遺物の遺存状況も含めまして、3層に比べて長期にわたる堆積が想定されます。

　このように、土層の堆積状況や遺物の分布から、大まかな堆積に関する傾向というものは把握できるのですが、形成過程の大略はそうであるとしても、その形成過程の過程には遺物の微細な動きが様々起こっていたということが確認されています。

　例えば、大木9式新段階、新地平編年では12b～c期くらいに比定されると思いますが、この土器の破片が1層から3層の全層にわたって出土しており、同一あるいは接合関係をみせているという状況が確認されています。その破片の分布状況を一見しますと、南西方向からの廃棄・投棄が想定されるのですが、もしそうだとするとこの中でも比較的重量の重い口縁部破片が遺物の集中地点から水平方向に東方へ移動しているということになります。3層には重量の重い土器が多いのですが、逆に3層を原位置に設定して考えると、他の口縁部破片等の数点が垂直方向に層位をまたいで上方へ移動する現象が起こっているということになります。

　このように、些細な問題として切り捨てられるかもしれないのですけれども、まず遺物の詳細な出土位置記録を行い、そこにそれぞれの層位記録を組み合わせることによって、座標値だけでなく覆土の形成過程と絡めた遺物の移動というものを捉えられるのではないかと思います。ここまでの記録作業とデータのやりくりをして初めて、この場合同一・接合個体の分布範囲に層

118

調査例個別報告その4　福島県井出上ノ原遺跡の調査実践

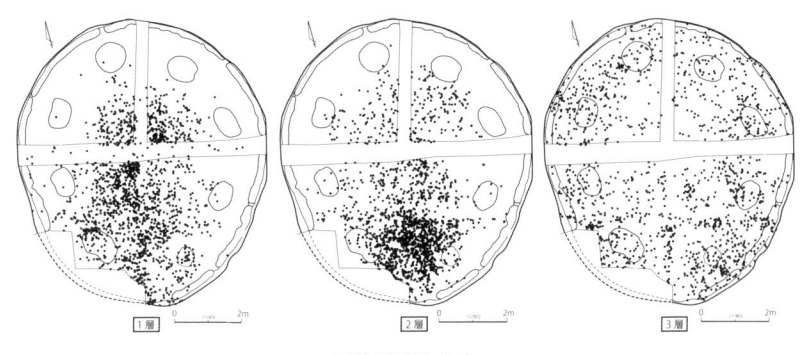

層位別遺物分布

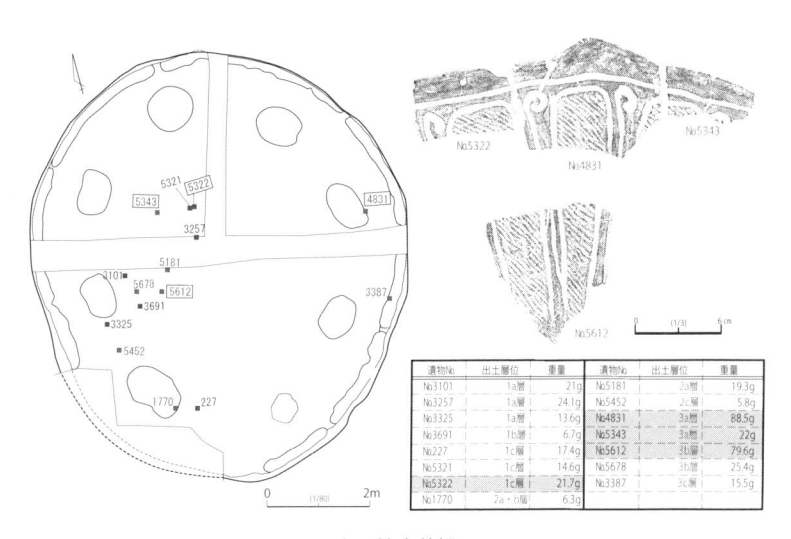

土器接合状況

遺物No.	出土層位	重量	遺物No.	出土層位	重量
No.3101	1a層	21g	No.5181	2a層	19.3g
No.3257	1a層	24.1g	No.5452	2c層	5.8g
No.3325	1a層	13.6g	No.4831	3a層	88.5g
No.3691	1b層	6.7g	No.5343	3a層	22g
No.227	1c層	17.4g	No.5612	3b層	79.6g
No.5321	1c層	14.6g	No.5678	3b層	25.4g
No.5322	1c層	21.7g	No.3387	3c層	15.5g
No.1770	2a・b層	6.3g			

119

1部　報告「縄文集落研究の新地平の15年」

位的なばらつきが生じるという現象を把握することができ、またそこからその要因を探る問題提起に至るのではないかと思います。

　また興味深いことに、出土炭化物のAMSによる年代測定結果を参照しますと、短期間の埋没で年代値がまとまっても良さそうな3層以下というのは、意外にもその値にばらつきが生じているという結果が出ております。特に石組部底面からは、紀元後200年前後という非常に新しい年代を示す炭化物も出土しております。一方、長期間の窪地利用で色々と混入が予想されるような1・2層では、逆に比較的年代がまとまっているという結果が得られております。また、大木10、9、8b式期の実年代ですが、これは馬場前遺跡での年代測定結果を引用したものだけなので、今後の蓄積で前後する可能性があるのですけれども、ひとまずこの値を採用すると、遺物出土状況では後期の土器が中層にも及ぶこと、そしてその一方で年代測定値では大木10式の間に全ての覆土の埋没が完了してしまうこと、この2者の相違、ここに関しては今後突き詰めて考えていく必要があります。やはり、遺物の詳細な記録と分析によって、単なるレンズ状堆積や自然堆積を徐々に解体して、覆土形成過程の実際とそこから生じる問題点を捉えていくことができるということです。

　さて、層位間の遺物の移動や、おそらくそれに関連すると思われる下層の年代測定値が安定しない理由については様々な要因が想定されますが、その中のひとつに挙げられる自然作用による攪乱の実態について、これまでとは別角度の自然科学分析により実証的なデータが得られております。それはパリノ・サーヴェイ社による土壌の分析でして、発掘調査時に覆土を柱状に残し、崩さずにカットして、それを持ち帰って板状にスライスして、肉眼観察やX線の照射により土質を分析するというものです。細かい含有物の話は省略しますが、分析結果の一つ目として、やはり土質の点からも中層と下層との間に大きな差異を見出しております。二つ目に、中層と上層とが、廃棄活動や2次利用を含む活動を経て自然営力によって長期をかけて堆積したのではないかという報告があります。三つ目に、下層は人為による短期間の堆積が想定されており、以上3点は調査所見との間に高い共通性が見出されます。

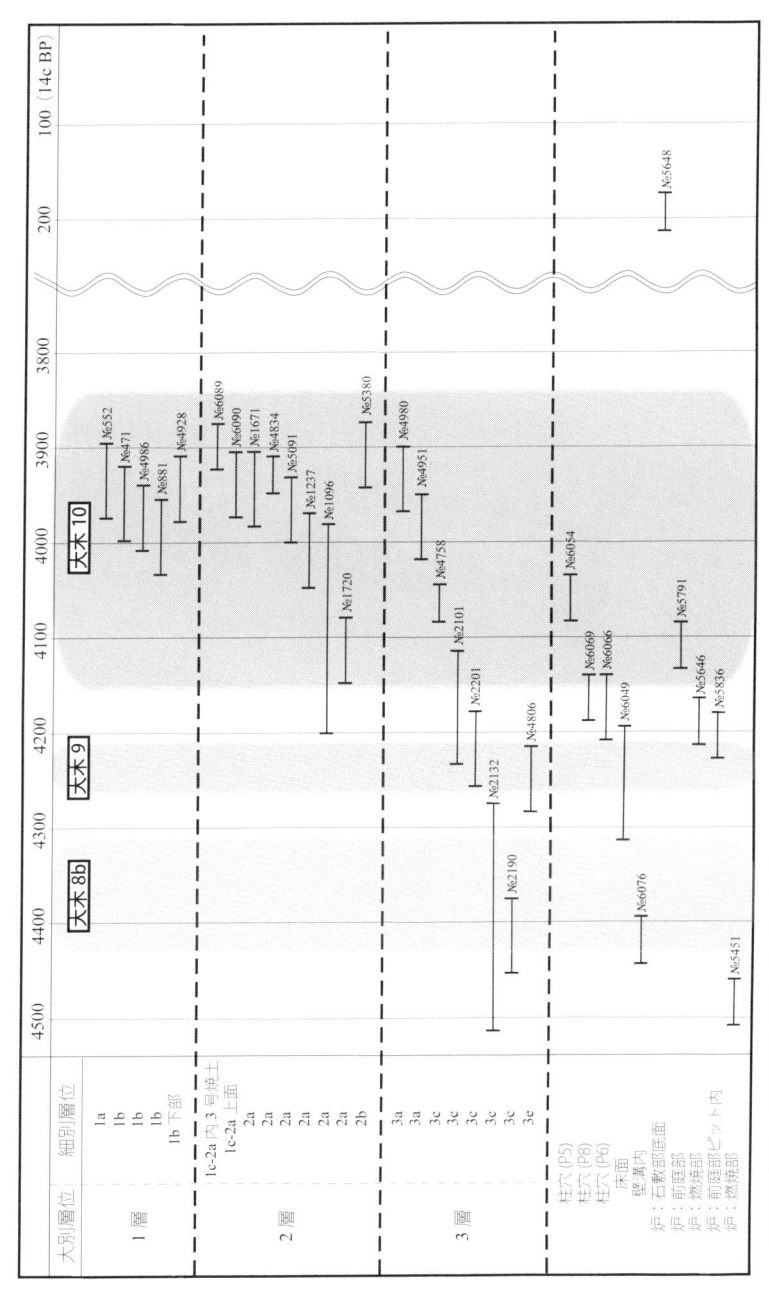

45号住居跡 年代測定結果（年代は未較正、土器型式の年代幅は楢葉町馬場前遺跡における小林・今村2003の成果を参照）

1部　報告「縄文集落研究の新地平の15年」

しかしながらその一方で、これは当然のこととはいえ非常に重要な所見で、覆土全体には根による攪乱が非常に発達しているという報告も受けておりまして、ここから遺物の水平・垂直方向への移動の要因が具体的に指摘されるというわけです。

最後になりますが、本調査は学術調査でして、その目的を果たすべく遺構覆土が内包する情報をできるだけ多く採取しようと様々な方法を試みました。個人的な感想として、現在の考古学研究は統計学的分析などの数を扱った分析が増加傾向にありますが、その前提として、まず発掘調査段階でローデータの種類や母数を増やす努力を怠ってはならないのではないかと思いました。そのために、遺物の詳細な出土位置記録や自然科学分析の導入は必須になりますし、それによって、例えば今回示したような覆土形成時に生じている複雑な現象の一端に接近することも可能になるのではないかと思いました。

以上、駆け足ではありましたが、私の報告を終わらせていただきます。ご清聴ありがとうございました。

註

本発表に関連する井出上ノ原遺跡の調査報告書は現在刊行に向けて編集中である。発表後、下記においても口頭報告を行なっている。なお、遺跡が所在する福島県楢葉町は2011年3月11日の東日本大震災及びそれに続く原発事故によって、大きな被害を受けた。一日も早い復興を願っている。

小林謙一・大網真良ほか2011「遺物出土状態からみた竪穴住居の埋没過程の復元—福島県井出上ノ原遺跡45号住居跡を対象に—」『日本考古学協会第77回総会研究発表要旨』

調査例個別報告その5

北関東から―栃木県の事例―

武 川 夏 樹

　栃木県文化財課の武川と申します。北関東からというテーマなのですが、私は元々黒尾さんとかと一緒に、東京の多摩でずっと調査していたもので、実は栃木の調査をメインでしたことはございません。北関東からというテーマでありますが、仕事柄情報を得やすいこともあり、発表は栃木県がメインになりますので、どちらかといえば外から見た栃木県の調査状況という内容が一つ、さらに、今までの新地平にもいろいろ係わってきたこともありますので、それもふりかえってみたという内容の報告になります。

武川夏樹

　さて、新地平の15年ということなのですが、この15年間の栃木県の調査事例をみても、縄文集落の調査事例は蓄積されているとはいえ、急増していることはありませんし、出土位置から検討を加える事例はそう多くありません。開発に伴い縄文集落の調査事例は蓄積されてきましたが、その報告を見る限り、オーソドックスな方法として、遺構と遺物を報告し、考察でまとめ上げるという報告が大半です。

　出土位置の検討という点からすれば、1998年に開催された新地平2のシンポの時に、埋蔵文化財センターの塚本師也さんが大田原市（旧湯津上村）品川台遺跡の調査事例として、フラスコ状土坑間の接合関係について発表されています（第1図）（塚本1998）。また、同じく埋蔵文化財センターの合田恵美子さんが、埋蔵文化財センターの紀要に益子町御霊前遺跡のフラスコ状

1部 報告「縄文集落研究の新地平の15年」

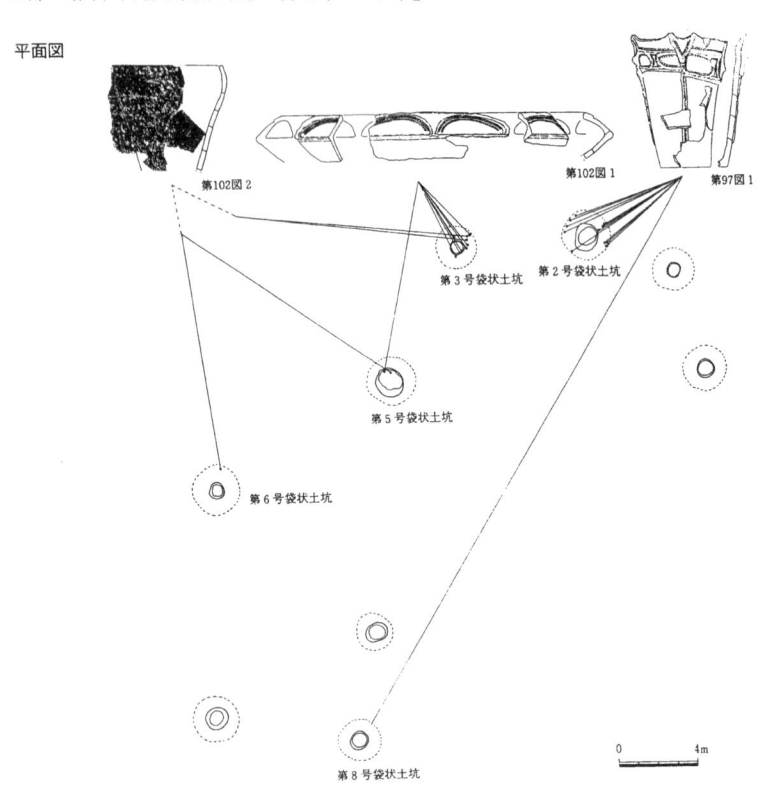

平面図

断面図

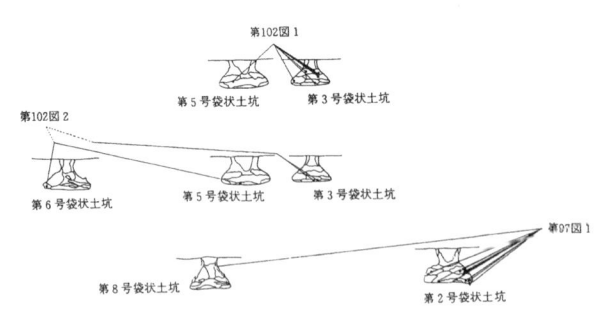

図1 大田原市品川台遺跡フラスコ状土坑間接合

調査例個別報告その5　北関東から—栃木県の事例—

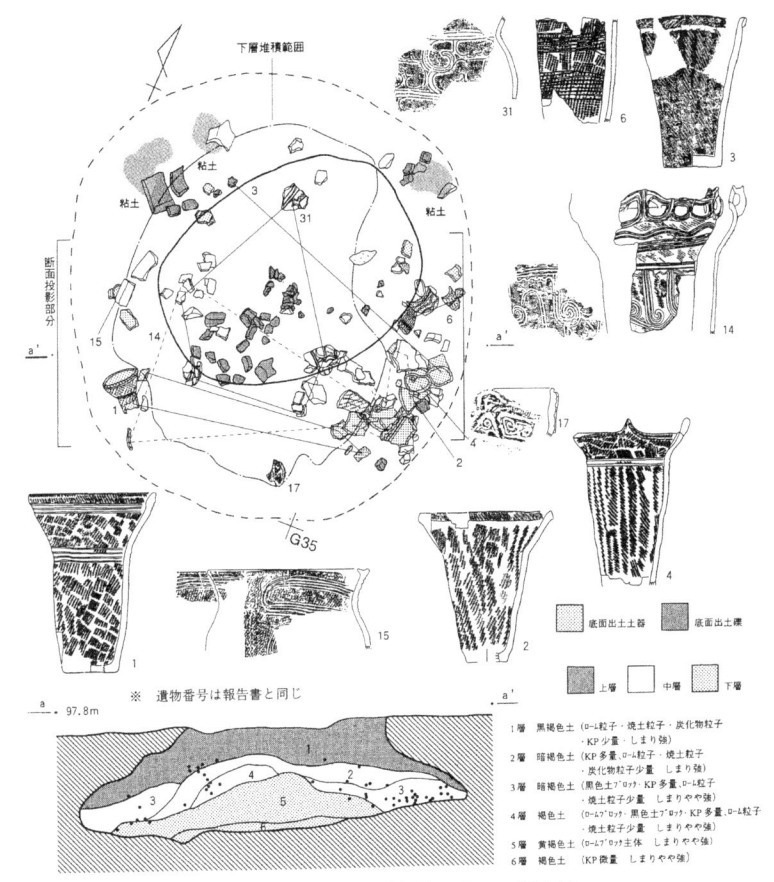

図2　益子町御霊前遺跡フラスコ状土坑

　土坑内における出土状況の検討から、覆土の形成過程について検討を加えています（第2図）（合田2001）。縄文時代の調査では、管見に触れるようなのは実はこれぐらいでして、特に出土位置の状況を報告することについて精力を傾けている印象はありません。
　これについては、同じく埋蔵文化財センターの江原さんが、紀要にこれまでの栃木県の研究状況について端的にまとめていますので紹介させていただきますと、「……また、集落論を展開するにあたって、本来的には、近年小

1部　報告「縄文集落研究の新地平の15年」

林謙一らが進めている遺物出土状態も含めた精緻な分析を基礎とすべきであるが、地域や時期により、或いは調査状況等によって困難な状況にある例が多いことも事実である。限られたデータからの検討では、多方面からの視点とそれに適った分析法が必要であり、こうした方法論上の問題も残されている。……」（江原 2007）ということであり、出土位置のデータを取ることも含めて、詳細な検討を加える事ができるような環境ではなかったということが伝わるかと思います。

　私も自分が係わった報告書を見せた際に「これは東京の調査だね」といわれたこともあるのですが、これは東京を中心とした点を取ることが比較的常識になりつつある地域と、栃木県を含むそれ以外の地域の温度差が現れていることになろうかと思います。

　ただし、全く栃木県で出土位置を記録していないのかというと、決してそうではありませんので、最後にこれについて触れてみたいと思いますが、その前に、ここで過去のシンポジウムのうち、1998年10月24・25日に開催された新地平2について振り返っておきたいと思います。

　このシンポジウムでは個別の調査事例報告に終始した上に、シンポの目標とした調査からキャッチアップしていく集落実体の復元という方向性と個別の報告が必ずしも整合的ではなかったのでは、というようなやや否定的な意見もありましたが（金子 1999、山本 1999）、集落研究の方法について、縄文時代に限らず他の時代についても、個別事例をもとにして、出土位置を利用した様々なテストケースを提示したものと考えております。いいかえれば、接合関係を武器にして、何を視点にして調査をするか、調査データの多様性についての可能性を見ることのできたシンポジウムではなかったかと思っています。関係個体の接合レベルから覆土の堆積状況を復元した千葉さんの報告や古代集落の接合関係を見た望月さんの報告など、点を取る調査に基づいた調査へのアプローチ方法を見せてくれたのではなかったかと思うわけです。ただ、それが伝わりにくかったのか、その後あまり評価されていないようにも思います。記録集も出ていないので、当日の雰囲気が伝わりにくいのかも知れません。

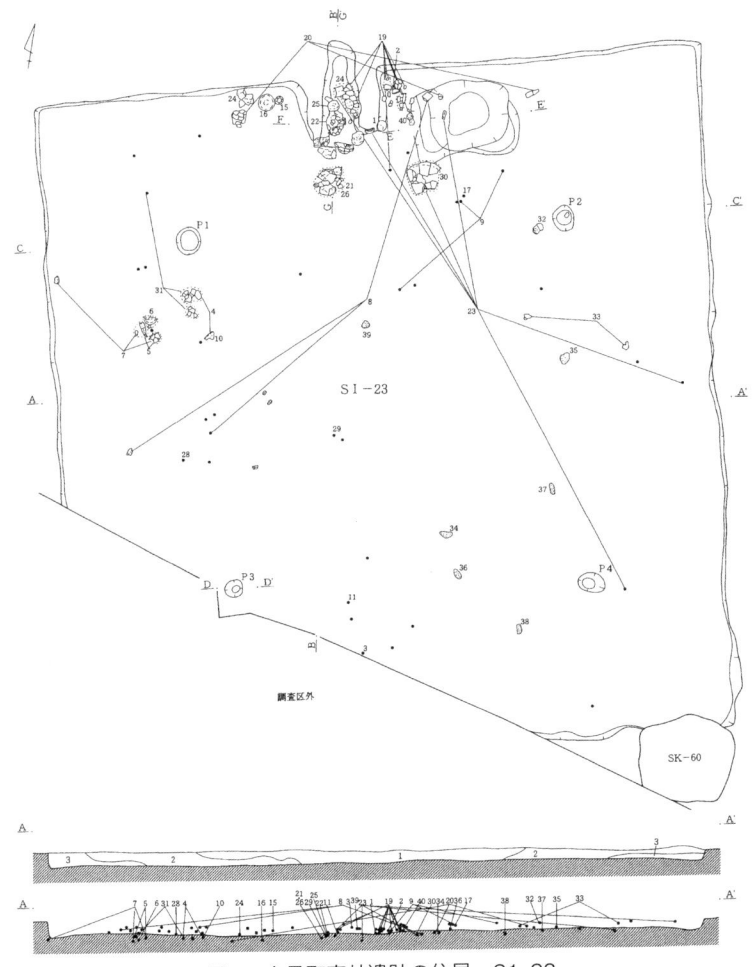

調査例個別報告その5 北関東から―栃木県の事例―

図3 市貝町高林遺跡の住居 S1-23

　さてここで、栃木県の事例に戻りますが、実は出土位置を記録していたということが確認できる報告もあります。その一例として、市貝町にあります高林遺跡の調査報告を紹介しておきたいと思います（今平2003）。この遺跡ですが、古墳～古代の集落であって縄文時代の集落ではありません。なので特に縄文時代だから点を取るという事ではなかったようです。第3図は報告された住居址の遺物出土分布の一例です。見ていただければ分かるように、

127

1部　報告「縄文集落研究の新地平の15年」

接合遺物の破片同士には接合線が引かれていますし、出土遺物に関しては、実測された遺物には番号付きの、実測遺物以外も無番号のドットが記載されています。ただし、報告を見る限りは、出土状況に関しての詳細な記載はありませんでした。

　他にも北関東道の神畑遺跡の調査など、栃木県内の遺跡で出土位置の記録を行った調査がいくつかあるということは実は耳にしています。これらからすると、実際は出土位置を元にして、いろいろと検討できる材料がある遺跡はあるわけです。しかし、それを活用した報告というのは冒頭にも述べたように無いといってよい状況です。

　せっかくの情報をなぜ報告まで生かせなかったのかを考えてみますと、やはり点を取る方式による調査についての理解が、方法も含めて得られていないということと思っています。

　点を取る調査ができないのは、限られた調査費用や調査期間では出土位置を記録することができないという意見も大きいとおもいますが、実際は点を取る調査になれていないので、記録した位置情報へどう対応してよいか、方法についても理解が不足している。その結果、点を取る必要を感じられないという傾向になっているのではないかと感じています。加えて、このことがせっかく出土位置を記録していても、出土分布についての記述がないなど、報告に反映されないという状況を生み出しているのだろうと感じています。

　ただし、同じようなことは、東京などで作られている出土位置を記録している報告書を見ても、とりあえずドットが報告されているだけというスタイルがよく見られるので、別に栃木県の報告だけが悪いといっているわけではありません。つまり、ドットの位置情報の整理方法・使い方が分からないので報告まで至らない事例が多いのではないかということです。

　古墳～古代の住居は床面出土遺物の残りの良い遺物だけ報告していれば事足りるという意見もあるかも知れませんが、すでにシンポジウム2の報告でも明らかになったように、さらに検討を加えるためには、どんな時期でも出土位置の記録だけではなく、その接合関係をよく把握することが重要であると考えています。あまり評価されていないようですが、個別事例でこれを報

告したことがシンポジウム2の意義ではないでしょうか。

テーマからはややそれてしまいましたが、栃木県の状況の確認とともに、過去の新地平のシンポを再確認してみました。以上で私の発表を終わりにさせていただきます。

参考文献

江原　英　2007　「第4章　縄文時代　第5節　集落論　まとめ」『研究紀要』第15号

金子昭彦　1999　「シンポジウム「縄文集落研究の新地平2」に参加して」『東京の遺跡』No.62

合田惠美子　2001　「袋状土坑における覆土形成過程の復元－土器出土状況の分析を中心として－」『研究紀要』第9号

今平昌子　2003　『高林遺跡』

塚本師也　1998　「袋状土坑における遺物出土状況と遺構間の出土土器接合－栃木県那須郡湯津上村品川台遺跡の事例より－」『シンポジウム縄文時代集落研究の新地平2　発表要旨』縄文集落研究グループ

山本典幸　1999　「1998年　東京の考古学動向　3.縄文時代」『東京考古』17号

1部　報告「縄文集落研究の新地平の15年」

調査例個別報告その6

北海道での調査実践

村 本 周 三

　斜里町埋蔵文化財センターで調査員をしています村本です。よろしくお願いします。
　私には、北海道の、特に今勤めている斜里町（第1図）での発掘調査についての発表との指定ですので、うちでやってる発掘調査について発表させていただきたいと思います。
　私の発表は他の発表者とは雰囲気がちょっと違い、既に新地平的な調査をやっているところで苦労していますって話です。他の発表者の方々は「全点ドットをしなきゃいけない」、「全点ドットでもっと色々なことがわかる」という話だったんですけれども、斜里町では、私の着任時点で新地平グループがやらなきゃいけないと主張してきた調査手法が揃っていました。
　まず全点ドット。これ上司から実際に言われた言葉です。「全部点上げしなければお前いらないから」と現場で言われました。写真のこの辺で袋に入っているのが遺物です。で、この辺で遺物の取り上げ作業を始めていたり、袋に収納する作業をしてたりします。これは一昨年（2008年）に調査したウトロ遺跡というオホーツク文化の集落遺跡で、とてつもない遺物の量なんですけども、写真を拡大してみると、これらは遺物の位置を示す竹串です。この本数、遺物の数を見ていただければ分かると思うんですけど、移植ゴテで1

第1図　斜里町の位置

cm掘るだけで遺物がバンバン当たってくるようなところです。調査期間は延びない、人員も増えるわけでもない、人が居ても掘るところがない。ただ、とにかくお前はドットで遺物を全部取れというところでした。至上命令でした。土壌も持って帰って水洗するので、床直土以下は全部お持ち帰りと。併行して土壌も遺物も洗っていくという体制でやっていました。

村本周三

　で、年代測定。包含層のみで遺構のない遺跡を調査した時だったんですけれど、2点分の予算あるからサンプル選んで出してくれと。こんな感じで非常に恵まれているところではあるんですけど、反面、私としては非常にプレッシャーになるというところもあり、ちゃんと成果を出さなければいけない思っています。新地平的に。まあ、北海道は全体的に年代測定の活用が盛んで、報告書を見てますと道埋文は当然としても市町村でも年代測定をしているのが目立つので斜里だけが特別というわけでもないのですが。さらに、全点ドット、土壌水洗ともに採用しているところが多くて、北海道は新地平4を先取りした地域なのかなと思っています。それらの調査手法で何を明らかにするかということについては、これからかもしれませんが。

　昨年度のうちの体制です。現場を2ヶ所同時にやる必要があったんで、私と補助員2人を中心としたチームと、委託業者が調査員と補助員を出したチームの2チーム体制でした。夏場は、外勤が2チーム合計で42人、内勤が最大で12人でした。現場のできない冬場は、私を含めた内勤が最大で29人という体制でした。1万2〜3千人くらいの町なんですけど、なんでこんなに発掘があるんだっていう町です。今やってる発掘の多くが畑に水を引くパイプラインの事業に伴うものです。斜里平野の大部分、畑地に縦横に水のパイプラインが入る予定です。

　斜里で調査をしていて一番感動したのが、遺物包含層がほぼ完全に残っている遺跡が多いことです。斜里周辺の衛星写真です（第2図）。斜里周辺は西部が火砕流台地。平野部の大半が縄紋海進時に水没した低湿地や河川の氾濫

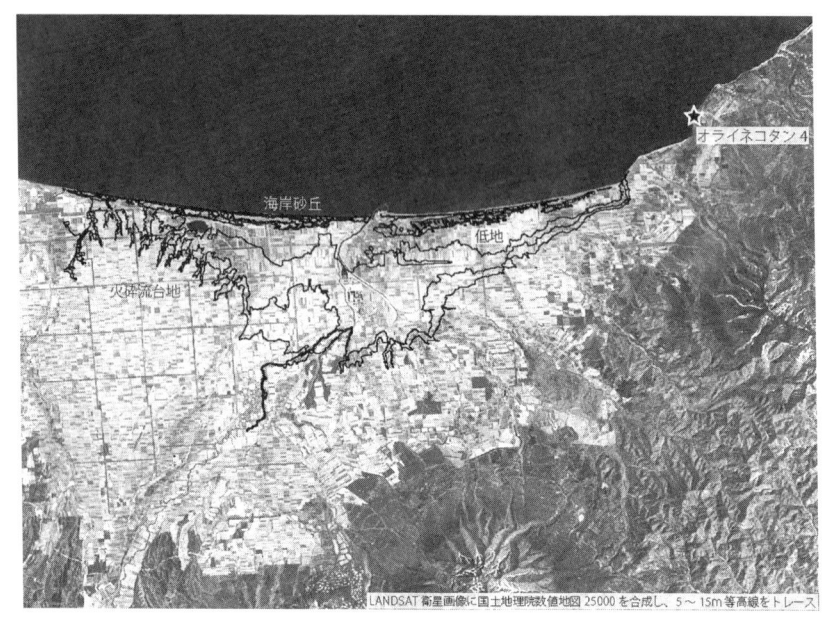

1部　報告「縄文集落研究の新地平の15年」

第2図　斜里平野とオライネコタン4遺跡

原とそこに点在する微高地で、場所によってはラグーンになっています。海岸沿いには海退時に形成された砂丘が延びていて、縄文時代中期以降の遺跡が密集しています。ここ数年調査しているのが河川の氾濫原から微高地で、加曽利E4～称名寺式に並行する時期と縄文晩期前葉が主体です。耕作によって微高地が削平されているところもあるんですが、水成堆積層が厚くて、包含層が完全に残っている遺跡も多いです。ということは、生活面が完全に残っている。さらに、同一時型式の包含層が水成堆積層を挟んで何枚もあることもあります。ただし、黒色土層中で複数の生活面や遺構を検出する必要がある。こういう状況ですと、例えば10cmくらいの黒色土層があったら実際どこが本当の掘り込みになるんだという議論になっていきますし、生活面が残っているってことは、点在する焼土跡などが同一面の遺構なのかを確認しなきゃいけない。掘っているのが縄文でも、黒色土でも、旧石器の調査の趣があります。そんなわけで、私は旧石器の調査のように全点ドットを利用して生活面と微地形をより詳細に認定する為に利用しようとしてます。

調査例個別報告その6　北海道での調査実践

　調査風景の写真です。水のパイプラインで破壊される3m幅をずっと何百mもトレンチ状に掘っていくような調査が主体です。これ、水成堆積層です。これは耕作土で水成堆積層があって、遺物包含層が10cm位あってまた水成堆積層があって遺物包含層があるような、こういうところが結構あります。特に微高地のトップは耕作で削平されてたりしますけども、斜面部は非常にこういう状況でよく残ってたりします。では、すでに新地平が重視しているテクニックがすでにある、そういうところで自分が何をやっていて、今どういうことを考えているのかということについて紹介したいと思います。

　何度も言うように全点ドットはすでに導入されています。現場の機材としてはトータルステーションがあり、室内では Microsoft Access（以下、Access）、Adobe Illustrator（以下、Illustrator）を使用しています。現場で記録した点データは Access に入力して管理しています。先ほど大網さんから遺物の層位を現場で記入した台帳を作ったという話がありましたが、私のところでは層位の他に土器型式・器種・接合関係などの所見も入力しています。それをその情報をもとにデータを抽出して、Access の VBA で CSV 等にして出力、Illustrator や VRML で分布図を描画させて検討する。また、この分析に戻る。この辺が去年あたりからやり始めて、いま取り組んでいるところです。

　その一連のシステム、うちには調査補助員が2人いて、片方が元プログラマーなんでシステムをほとんど自前で構築できるという、これまた非常に恵まれた環境にあります。オライネコタン4遺跡の事例を紹介したいと思います。ファン・デルタ上にある遺跡で、小河川の旧流路が錯綜していて、地形も堆積も複雑な遺跡です。先ほど Access にデータ入力してそれで分析かけて色々 Illustrator 上でやってるっていうのはこういうものです（第3図）。一般的に、遺物分布は平面図に投影する場合と、断面図に投影する場合がありますが、オライネコタン4遺跡のように、細かい起伏のある地形の場合、断面図に全部投影してしまいますと全然関係ない情報を拾ってしまいます。うちでは、Illustrator に内蔵の JavaScript で、任意の線を引いたときにその両側の任意の幅だけのデータしか投影しないようなスクリプトを自作しています。

1部　報告「縄文集落研究の新地平の15年」

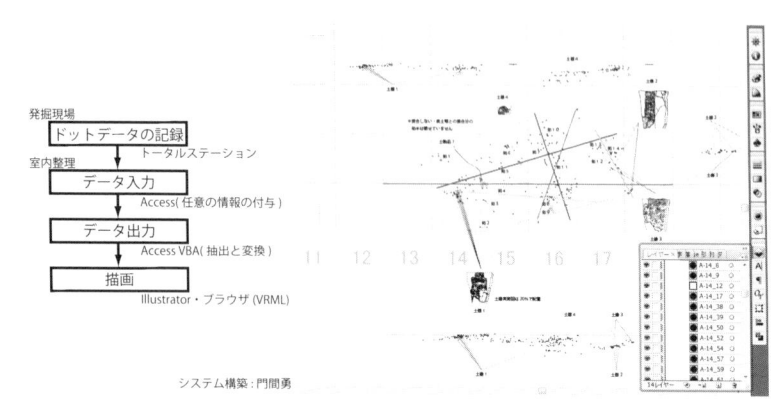

第3図　斜里町における遺物分布図の作成

　更にAccessからIllustratorに遺物データを持ってくる際に、1点毎の遺物にグリッドだとかナンバーだとか、器種情報等を内蔵した一連の情報になるようになっています。ただまあ、私もこれ彼に作ってもらって便利だなと思って今も使ってはいるんですけど、平面図と断面図をもとに自分の頭の中で分布を三次元に再構成してるだけでは、細かい地形の起伏があって複数面の生活面もある場合、頭の中では限界がある。まだまだ認識できてない情報ってのはあるんじゃないか、もっと見やすいと何かまたわかるんじゃないかってことで、仮想三次元で表示して検討することにも取り組んでいます。
　Accessへの入力までは一緒です。そこで抽出したデータをCSVではなく、VRMLとして出力することで三次元で表示させてみようと（第4図）。これもAccessのVBAでできます。まだ先週出来たばっかりの玩具みたいなものですけど。先ほどと同じドット図で色が遺物の種別です。まだまだ必要な情報はあるんですけど、好きな方向から見たりですとか、種別ごとに色分けシンボル分けをして、任意の種別をつけたり消したりといったことができます。先ほど最初に紹介しましたように川の流路なので、最初からその位置にあった遺物がどれなのか、後から被ったのはどれなのかというのが、この図と先ほどの接合図なんかを合わせながら見え始めてきて、現場ではかなり細かく引いたつもりの土層以上に生活面の分割ができそうです。ここの報告書

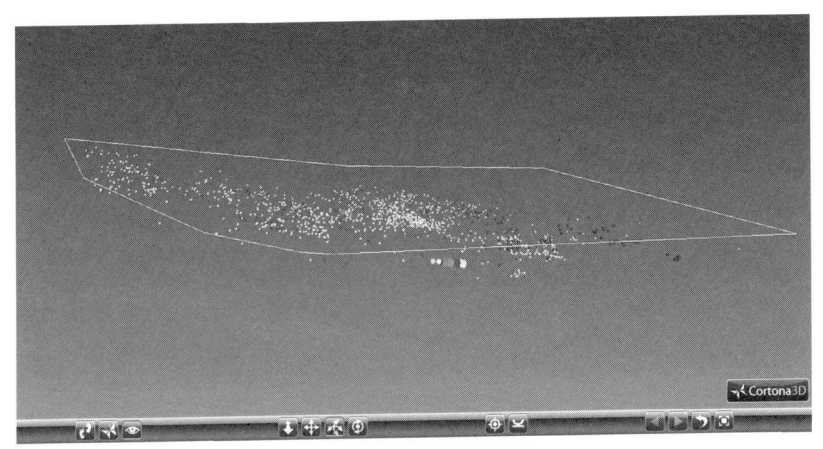

第4図　仮想三次元遺物分布図

はあと三日で書かなきゃいけないんですけど、その時までにはなんか新しいことやって、すこしは今までより違うことができましたと報告できればいいなと思っています。以上が斜里町での取り組みです。ありがとうございました。

2部　討論の記録

古代日本人の住居址
崖に見える黒い鉢状のものは竪穴住居の址である。

直良信夫 1942『古代日本人の生活』文祥堂

扉挿図：住居断面の露出
直良信夫による概説書の口絵であるが、1902年の蒔田鎗次郎による断面での竪穴発見など、切り通し断面で竪穴住居が検出されることは、明治期から多くの報告がなされてきた。

討論の記録
～縄文集落研究の新地平の15年～

司会（宇佐美哲也）：それではこれから討論となりますが、今回の集会の趣旨を考えて、とりあえず基調報告をされた3人の方々、小林さん、中山さん、黒尾さんを中心に討論を進めていきたいと考えています。そのなかで、会場から意見をいただきたい方々については、それぞれの内容に触れることがあれば、その

司会・宇佐美哲也

タイミングで発言をしていただくというかたちで進めさせていただきます。討論の内容としましてはあらかじめ5点ほどを用意してあります。序盤はこれに沿って進めていきたいと思いますのでよろしくお願いいたします。

■1　95年以降の動向をめぐって

宇佐美：早速ですけれども、今回の集まりは、「縄文集落研究の新地平の15年」というタイトルが付けられているわけでして、新地平グループとしてはじめてシンポジウムを行った1995年（縄文中期集落研究グループ・宇津木台地区考古学研究会1995『シンポジウム縄文中期集落研究の新地平』）から15年が経過したと。そのなかで今回後半に個別の事例報告をしていただいたような様々な試みが、それぞれの地域で行われてきたということだと思うのです。まずは、この15年を振り返っていただいて、95年のシンポジウム以降の調査や研究動向のなかで何かエポックとなるような調査なり、報告なりがあれば、お願いしたいと思います。中山さん。

2部　討論の記録

中山真治：基調報告の中で図1として提示したとおり、95年の新地平のシンポジウムから15年ということで、今日があるわけですが、実はその後調査は15年間停滞してきたような状況かと思います。自分自身が最近、調査から離れてしまっている関係上、あまりしっかり見られていないこともあるのですが、そのことを差し引いても、小林さんの大橋遺跡の調査報告（目黒区大橋遺跡調査会1998『大橋遺跡』上巻・下巻）と、それ以降の仕事（例えば、小林謙一1999「縄紋時代中期集落における一時的集落景観の復元」『国立歴史民俗博物館研究報告』第82号、小林謙一・大野尚子1999「目黒区大橋遺跡における一時的集落景観の復元」『セツルメント研究』第1号、小林謙一2000「大橋遺跡の一時的集落景観復元の検討」『セツルメント研究』第2号、小林謙一2002「一時的集落景観と廃棄活動－関東地方縄紋中期大橋遺跡の事例より－」『セツルメント研究』第3号など）はあるのですが、それ以外には目立った、目新しい調査ですとか、報告書ですとか、研究というのはあまりないように思えるのですが、いかがでしょうかね。

小林謙一：はい。大橋遺跡が最後というか、原山遺跡（調布市原山遺跡調査会1993『はらやま』上巻・下巻）とか宇津木台D地区の調査報告（八王子市宇津木台地区遺跡調査会1989『宇津木台遺跡群XⅢ』）は1995年にシンポジウムを開催した時点ですでに報告書として出ていて、大橋遺跡だけが調査の途中であった。だから、今の中山さんの話でいえば、95年以降は大橋遺跡の調査報告が目立つ、というか我々の考える発掘調査報告書の95年時点でのある意味での集大成として出したということだと思います。という意味では、大橋遺跡の調査成果というものは、黒尾さんとか中山さんといろいろ議論した部分を含めて成果として出すことができたものだと思います。

　私の基調報告のなかでグラフをお見せしましたが、95年に新地平グループ、つづいてセツルメント研究会を立ち上げて、シンポジウムを行い、思いがけず石井寛さんから新たにある程度の評価をいただいた新地平の2（縄文集落研究グループ1998『シンポジウム縄文集落研究の新地平2』）や、その後も3（縄文集落研究グループ・セツルメント研究会2004『シンポジウム縄文集落研究の新地平3

~縄文集落研究の新地平の15年~

と話し合い、学んでいくなかで、意識が醸成されてきたものでしょう。

　調査方法についてみても、さきほど黒尾さん、中山さんも言ってましたが、ある日いきなり出土遺物の地点を記録して取り上げなくちゃと思って、点を取り出したわけではないですね。次の世代の縄縄さんとか武川さんたちのように、最初から「点を取る」ことが当たり前で、とにかく点を取らなければいけないと思っていたという話とはちょっと違って、むしろ「点を取る」ものとは思っていませんでした。まぁ少なくとも私は学生として最初のころに参加した調査（1978～1980年ごろ）では点を取らなかった（神奈川県の細田遺跡、向原遺跡、東耕地遺跡、早川天神森遺跡など）。

　だけれども次からは「点を取る」ようになった（1981年神奈川県奈良地区受地だい山遺跡D区谷頭地区の調査）。ＳＦＣと略称される、慶応義塾湘南藤沢キャンパス内遺跡（慶応義塾大学1993『慶応義塾湘南藤沢キャンパス内遺跡』）の時（1988年）ですが、今日は五十嵐彰さんがいらしていますけれど、あと私の同期で櫻井準也さんという非常に鋭い人がいるのですが、彼といつも相当議論、いい意味での喧嘩をしていました。ＳＦＣの調査を始める際に、彼は点を取らなくてもいいと主張したんですね。点を取らなくてもグリッドと層を記録すれば帰属する遺構などの必要な位置情報は取れるとの主張です。私は、その時は具体的に位置情報を用いる分析については説得力のある意見を出せなかったのですが、将来詳しい情報が必要になる場合に備える意味で「点を取る」べきだと、だいぶ議論しました。まぁいってみればその後、私と黒尾さんが日本考古学協会の総会での研究発表（黒尾和久・小林謙一1996「住居埋設土器の接合関係からみた廃棄行為の復元－南関東縄文中期の事例から－」『日本考古学協会第62回総会　研究発表要旨』日本考古学協会）で岡村道雄さんから質問され「なぜ位置情報がいるのか」と喧嘩を売られた時と同じような状況ですね。要するに遺物の出土状態については、細かいグリッド設定や層位ごとに何区何層出土というように取り上げ、記録を取っておけば、「点を取る」必要はないと。層位ごとに取り上げた資料を定量的に情報処理していった方が効率的だし、むしろ余計な情報を飛ばして、欲しい情報だけを特化してまとめることができる、より上手く当時の状況を復元するのに適しているというわけ

143

です。まぁ、あえて悪く取るならばコストダウンのための理屈混じりの言い訳というように、僕は解釈していますけれど。その点についてまず反論すると、要するに点を取るということ以前に、我々が遺跡を発掘する場合、すべての情報を100％回収することはできないというか、土ごととりあえず切り取って研究室に持ち帰れるわけではないので、結局何かを捨てる作業があるわけですけれども、出土地点に関する情報こそ、最初に捨ててしまってはいけないと思うのです。反対派が言ったようなことは、もちろんドットを取った時も出来ますよと。そのために10倍、100倍の時間がかかってしまうかも、限りある予算・期間を考えると困難かもしれないけれど、そこを創意工夫のなかでやっていくということで頑張ってきたと思います。

　大橋遺跡の調査をすることが決まった時、実は個人的には一回就職しようかと考えている時で、埋文機関の就職試験を受けようかという日の朝に、黒尾さんから電話があって、「東京で縄文時代の集落跡の調査があるんだけれど、調査会の主任で調査やらないか」と言われて、すぐにそっちに切り替えて、そのまま行ってしまいました。もうそれは最初から自分でリサーチデザインができてというか、自分の責任で全部「点を取る」調査がやりたいと。そのためだったら、たいていのこと、たとえば安定した就職とかは投げ打ってもいいなと。そういうふうに思ったので、自分はそういったものだけで生きてこれたことは幸せだなと思っていますけれど。まぁ、それは別としても、とりあえず全部の遺物の「点を取る」調査ができるのであればやりますということで。民間委託全盛の現在と違い、1990年代までは「調査会方式」全盛期で、開発主体者と管轄行政との協定により、臨時の調査のための組織が作られ、その間の任期で調査員が雇われて発掘を行ったのですが、そうした調査会方式の調査では、多くの先駆的な発掘調査が行われていたのです。東京都の担当は宮崎博さんだったんですが、もちろん黒尾さんとか渋江芳浩さんとかが間に入ってくれて宮崎さんもよい調査になるのであればということで、全点ドット記録方式の調査をやらせてもらいました。時期的にはバブルが終わった後でしたが、事業者が公的機関であったため、要求通りに予算が全部通り、年間数億円という予算がついたんです。東京はとくに調査費用が高かっ

たんですが、そんななかでもすごくお金がかかった調査だと思います。しかし、それだけの成果はあったと私は思っています。その成果というのが点取り調査をして、さらにそこから私なりの仮説を作ったし、仮説を作っただけではなくて、それをずっと使って 15 年間、未だにおもしろい成果を出すことができるし、また年代測定をはじめてからも、保管してあった試料を用いて年代を測ったら結構いろいろ面白いことが分かってきた、というように後々も使えるデータを作ったということは、ある程度自賛してよい成果だと私は思います。

宇佐美：黒尾さん、どうですか、今の小林さんの話に対して。

黒尾和久：コメントのしようがないなあ（笑）。大橋遺跡の話が出ていますので、まず、それに関連した話をしましょうか。大橋の報告書には、「点を取る調査」を基礎にした、それこそ、多岐多様な情報が豊富に掲載されていますよね。一枚の図にも、ものすごい情報が盛り込まれていて、そのような挿図が何十枚、何百枚も作られている。利用者はそれを見るだけで、どこをどうみたら良いのか、途方に暮れてしまう、そんな報告書であったと思います。

　ですから作成された図の説明は、まずは、それを作成した調査者自身が責任をもって果たすべきでしょう。私も、「点を取る調査」を基礎にして、小林さんと同じような挿図をたくさん作るのですが、提示した図をどう読み取ったのかを、なるべく報告書に詳しい説明を書くようにしています。でもそれでも足りないことの方が多いですね。ですから、宇津木台 D 地区、原山地区と縄文中期の調査報告書を作ってきましたけれど、報告書を出すだけではダメで、報告書に掲載した図やデータを、その後、どうやって報告者自らが使い倒せるかというところを問題にしたいと思います。

　ドンと送られてきた大橋遺跡の報告書、それには何やらたくさんの情報が掲載されていることは判る。でも、おそらくは調査報告にかけられる時間の関係だったと思うのですが、報告書をぱらぱらとめくっていっても、あまり

詳しい説明や考察はなされていないようにも見えた。その時「小林さんは、この膨大なデータをどのように説明してくれるのだろうか」と私は思ったわけです。しかし、心配は無用でしたね。小林さんは、ちゃんとその後、大橋遺跡のデータを利用した研究を継続していて、それは皆さんも知っている通りです。それがいいなあと思うわけです。

　自分のことを含めて言うのですが、やっぱり調査した人間は、調査した遺跡に対して思い入れもあるでしょうし、報告書に掲載した一枚一枚の挿図にもそれなりの意図をもって作成したはずです。例えば遺物接合図一枚とってみても、接合した事実を調査者はどう読み解いたのかを説明する必要があると思いますね。その説明に対して、俺は違う読み取り方ができるよ、という反論がでてくれば、接合という事実を前提にした議論は盛り上がるのではないでしょうか。

　また、先ほど発掘調査で得られる情報で何を優先させるのか、という話もでていました。遺跡の調査というものは、破壊を伴いながら掘り進めていくのが実態です。壊しながら掘りゆく状況、壊しながら得られる情報をどのように記録に残すのかが問題になります。もちろん壊し方の精度の問題もありますが、調査の途中で判断の誤りに気づくことも結構ありますよね。中期の集落遺跡ですと、住居重複の順序を間違えたりすることが当然あると思います。たとえば、最初は1軒の住居のつもりで掘り進めていき、覆土を掘り上げてみて、またその過程で2軒とか3軒の重複であることに気づいたりすることがありませんか？　そんなケースでの遺物の取り上げを、会場の皆さんはどのように行っていますか？　遺構プランを確認、竪穴だと認識し、覆土から出てきた遺物をどんどんザルやカゴに取り上げていく、この様な遺物の取り上げ方法を私たちは、若干揶揄する気持ちを込めて「ザル法」と呼んでいますが、この「ザル法」を採用していると、例えば3軒重複している住居群を、1軒として掘りはじめてしまうと、間違いに気づくまでに取り上げた遺物については、新旧のいずれの竪穴覆土に包含されていたものなのか、厳密には判断できないことになります。縄文だけでなく、古代・中世以降の調査でも同じことです。こういう小さな失敗が、じつは個別集落遺跡での実証

的な研究を進めていく際に、大きな障害になっていくことは言うまでもありません。

　もちろん失敗は完全に無くならないでしょう。しかし、なるべくそういう失敗をリカバリできる調査方法が用意されるべきで、その意味からも遺物の出土位置を三次元的に記録する「点を取る調査」が有効になると思います。遺物の出土位置に竹串を立てますので、「竹串法」と呼んでもいいかもしれませんね。さて、再び問いましょう。「ザル法」と「竹串法」、皆さんの現場ではどちらを採用していますか？

　先ほど小林さんが岡村さんの発言を紹介していましたけれど、遺物は層位単位でまとめて取り上げればいいという根強い意見があります。しかし、常に、そのような層位発掘が完璧に行えるでしょうか？　現場で常にパーフェクトな土層断面を観察できるでしょうか？

　また、そもそも遺物包含層というのは、遺物を包含している土層のことを言うのだと思いますが、「点を取る調査」で提示したドット図とは、土層に遺物が包含されている状況そのものを提示しています。したがって、遺物包含層と言うならば、その遺物の包含状況を具体的に提示するのは当然のことだと思います。それを提示しなくても良いというのはどういうことなのだろうと、そんな感想をもったりします。

　そんな「点を取る調査」を基礎にした実証的な縄文集落研究の方向性と一定の到達点を示したエポックを形成したのが、1995年の新地平シンポだったと自負しています。それから15年が経ちましたので、1995年以降に刊行された報告書にどんなものがあるのかという問いがたてられたのでしょう。

　そこで小林さんの大橋遺跡の名前が挙がったというわけなのでしょうが、その他にも、多摩ニュータウン遺跡では、№72遺跡の報告書（東京都埋蔵文化財センター調査報告第50集『多摩ニュータウン№72・795・796遺跡（1）～（22）、付図編1・2』）が刊行されています。今日は山本孝司さんもおみえですが、山本さんが担当された報告書も複数刊行され、面白く読ませていただいたのですが、そういう成果物を、如何に活用するのか、できるか、できないか、そんなことも含めて、私は眺めているわけです。

2部　討論の記録

しかし、第三者が報告書を活用するための手引きとして、やはり調査・報告した人間が責任を持って、調査成果についてまずこんなふうに読み解きました、たとえば、集落遺跡であるならば、調査資料を検討した結果、時間軸をこのように整え、一時的景観と集落の変遷をこんなふうに考えましたという所見を提示するべきです。

そういう意味では、多摩地域には、検証・再検証しなければならない調査事例がたくさんあります。言い方悪いですけれど、報告されただけで放置された、たくさんの調査事例が皆さんの検討を待っている状態にあるといっても過言ではない。我々も我々なりの視点での検討を、自らが調査した集落遺跡を中心にして、新地平シンポ後の15年を含めて、30年ぐらいチマチマとやってきたというわけです。もっとも小林さんは、ばく進という感じですから、チマチマやってきたというのは私だと、そんな感じがします。

そういえば、大橋遺跡の報告書を手にして、この大冊をどう使えばいいのか、唖然とした感想を『東京の遺跡』誌上に、上敷領久さんも書いていたことを、今、思い出しました（上敷領久1998「新刊紹介　大橋遺跡」『東京の遺跡』No.59　東京考古談話会）。私もそう感じたのですが、それを「あ、こういう風に使うのか」ってことを小林さん自身が示してくれた。まずは調査者が責任を持って、調査資料を研究素材としてどのように使うのかを示す必要がある。実証的な個別集落研究は停滞している、という認識がもたれて久しいようですが、掘りっぱなし、報告しっぱなしでは、ある意味で無責任ですよね。報告書が刊行されて、調査者の調査所見が示されて、そのうえで研究者同士がお互いの意見のやり取りをする必要があるでしょう。

そのような意見交換の過程で、やっぱり報告書にはこういう情報が載っていると良いねという話もできるはずなのですが、案外に、そのように議論は展開しない。その辺りにも、なぜ新地平グループが「隔離」されてきたのか、相手にされないのか、原因が見え隠れしていると思ったりします。とはいえ、私としても宇津木台D地区にしても、原山地区にしても、まだ、きちんと分析・検討しきれていないので、宿題が残っているなと思います。

■2 点取り調査をめぐって

宇佐美：大橋遺跡の報告については、小林さんが報告書を出された後、いろいろ検討されていまして、住居跡のライフサイクルですとか、それこそ集落の一時的景観の復元を細かく検討されてきています。その根拠というのはあの大冊の報告書に戻れば誰でもチェックできる状態にあるというところが、今までの報告書のあり方と違うというか、大きな成果のひとつと言えるわけですね。で、先ほど武川さんの報告のなかでデータの多様性という言葉が出てきましたが、実は違うんだろうなと。データが多様なのではなくそのデータをどのように活用するのか、多様な視点から活用できる基礎データをどういうふうに整えるかということなんだと思います。新地平グループのスタンスとしては、後に多様な視点・手法で検討できるに足る基礎データをいかに現地調査の際に回収して、それを第三者が利用できる状態で提示していくのかというところが、最初のシンポジウムのときから延々と議論されてきたことなんだなと思います。

　最終的に目指しているものは、縄文時代の集落像とはどのようなものであったのか、縄文時代の社会像はどのようなものだったのかということですが、それらを素描する前提として、あくまで各集落遺跡における一時的集落景観を復元して、それがどのように変遷しているのかということを正確に復元して積み上げていくことを抜きに、集落論だとか社会論はあり得ない。そのための具体的な方法として最低限、点を取る調査というものが必要だということだと思います。ところで、今回シンポジウムの後半にあった個別の事例報告で、各地域の調査事例が報告されましたが、95年のシンポジウム以前から、東京では「点を取る調査」を基本的にやってきていた。報告書をめくると遺物のドット図は掲載されている状況が一般的といっていいと思います。ただ、それが具体的な集落研究になかなか結び付かない。そういう状況が続くなかで「点なんか取っても何もわからない」「点なんか取ってもしょうがない」という話も出てきているわけで、そのあたりについては「そうじゃない」ということを改めてきちんと説明する必要があるかなと思います。

黒　尾：要するに「点を取る調査」の目的をどこにおくかが大事になるわけですよね。ドット調査は、よく遺跡から多様な情報を引き出すための方法であるなんて、玉虫色の説明がなされることがありますが、判ってない人ほどそんなことを言う。それじゃだめです。

　小林さんの基調報告のなかで、竪穴住居に関する調査報告や研究にも、流行りや廃れがあることが示されました。「点を取る調査」に関連させて、面白いなと思ったのは、パターン論にしても、原位置論にしても、当初の目的にかなうデータは「点を取る」ことでは得られないことが判ってきて、1980年代には、この方法から退いていく人が多くなったと、研究動向を整理できそうなことです。そして我々は、先輩たちが退いていった後に、「点を取る調査」を行ってきた第二世代だと言えるように思います。

　「点を取る調査」の第二世代になる私たちが、パターン論や原位置論が過去のものになった時点でも、この方法を採用しているのはなぜか？　おそらく1995年の新地平シンポに集ったこの世代は、そもそも「点を取る」目的が、第一世代とは異なっているのではないかと思うのです。

　私には、「点を取る調査」で得られるドットのデータは、遺跡に内包された時間情報の整理を行うため、例えば一時的な景観の復元ですとか、土器の時期細別などの課題に取り組むためにどうしても必要でした。「点を取る調査」で得られるデータをベースにして接合資料の検討を行い、集落研究あるいは土器編年において一番ネックになっている部分、例えば住居跡がたくさん重複していて土器の時期細分をどんなに細別してもうまく説明できないところを解きほぐすための情報を得ようとしました。そして、そうした作業が縄文集落研究のなかで、実証的に環状集落跡の形成プロセスを辿るために有効であることを確認してきたというわけです。中期の「環状集落跡」が、1,000年の時間的な累積であるとするならば、その累積のプロセスを、今までよりも、もう少し丁寧に解

黒尾和久

きほぐしていくための情報へとドットデータは変換可能だったというわけです。

　かといって、この方法が、すべての縄文文化研究の目的に万能に使えるかと言えば、当然そうではない。「点を取る」と、ただちに縄文人の行動パターンが判る、縄文人の精神構造が判るわけではない。当たり前ですよね。「点を取る」ことによって、何をわかろうとするか、何がわかるのか、そのような方法論的な整理が必要なのだと思います。

　また「点を取る調査」については、よくお金がないから、時間がかけられないから出来ないのだ。やっている人は贅沢だとも言われます。そうでしょうか。少なくとも私は皆さんと同じ条件下での埋蔵文化財調査をやってきたつもりです。ですから、これは人の問題だと思います。お金がなくても、時間がなくても、人がいる。それでいてできないということは、要するに、その人に必要がない、目的がない、もっと言うならば、知恵がないことの現れだと思います。

　今また「点を取る調査」を基礎データにした集落研究は低調期を迎えていて、私たちだけがやっていると、「隔離」されたと小林さんが整理しましたが、そうであるならば、つまるところ、多くの調査者が「点を取る調査」は必要ないと考えているのでしょう。もしくは、「点を取る調査」を採用していながらも、報告・研究に反映されていないのだとするならば、その調査実践者に、「点を取る」という目的が何のためにあるのか、明確に意識されていないことにこそ問題があるのだと思います。

　そういう意味では、第二世代の私たちもメッセージを上手く伝えられなかったということで少し反省しなければなりません。そのあたりの考え方については、1995年のシンポジウムの記録集（宇津木台地区考古学研究会2008「シンポジウム『縄文中期集落研究の新地平』記録集」『論集　宇津木台』第2集）などでも改めて確認してほしいと思います。

　つまるところ「点を取る調査」で得た出土位置に関する情報に何をのせて、どのように情報提示するのか、ということになるでしょう。些末なことですが、先ほど櫛原さんが発表で、小破片でも完形個体でもドットで示すと、た

だの点になってしまうということを述べていました。その通りです。そういうつまずきには、例えば、遺存度別ですとか、重量別にドットのシンボルの大きさを変えるなどして、分布図を提示する、そのような工夫を施して問題を克服すればよいのだと思います。案外に簡単なことですよね。

宇佐美：すみません。わたしの聞き方が悪かったのかもしれないですが、「点を取る」だけだとなかなか点取り調査の有効性は理解できない、認識できないと。そうじゃなくてドットを上手く活用していくときに遺存度別の情報であるとか、土器片の時期別の分類であるとかをドットに載せていく。また破片同士を一生懸命接合した時に何がわかるか。お互いの位置情報がなければ単に破片同士が接合したに過ぎないものが、それぞれの位置情報があった時に何がわかるか。むしろ現地調査で記録した位置情報に、整理段階でどんな情報を付加するのか。点を取って終わりにするから、何も分からないということになるわけで、点を取った後に何をするのかというところが重要なんだと思います。そこがきちんと整理されていないから、なかなか理解され難いのかなとも思います。で、小林さんには、取った後の位置情報にどんな情報を付加するのか、今日はＡＭＳ年代測定の話は無しでということだったのですが、そのあたりを含めてお願いできればと思います。

小　林：大網さんや遠部さんが報告してくれたように、測点したドットにＡＭＳで測った年代値をのせていく、そしてそれをひとつの情報として解析していくということも、もちろん有効な分析事例です。ドット調査の必要性について改めて強調するのは再三おこなってきたところです。ただ、宇佐美さん、黒尾さんが問題提起したのはドットをどう生かしていくかということですよね。ドット調査の意義が伝わらないのではということですが、それは言ってみれば、私たちが用意するものじゃないわけですよ。年代測定でもそうなのですが、時々講師みたいなかたちで埋文センターなどに呼ばれていくと、「どう使ったらいいんですか」とか「何を測ったらいいんですか」というように聞かれる。もちろんその時には年代測定の普及のためにいろいろ話はす

るのですが。本来はこういうことがしたいから年代を測定して欲しいとか、目的があってしかるべきですね。単に時代、時期別の絶対年代として整理していくためということでも構わないですし、遠部さんや大網さんがやられているように、住居跡の埋没プロセスや貝層の形成プロセスといったものを年代値として整理する、あるいは遺物の移動や包含層の形成過程を整理するため、そこに年代の情報を載せていくとか。ドットをとった遺物とあわせてやっていくというのはひとつの事例だと思います。だから何を何のためにやっても構わないわけですよ。ドットはそういう風に使えるベーシックな手続きではあるわけです。点取り調査の普及活動としては。例えば、櫛原さんの報告では、遺物の点を取っていたからこそ、竪穴住居の埋没が長期にわたっていて、下層、中層、上層に含まれる遺物の状況を具体的に確認することができたわけです。

　しかし、点を取ったあとに、土器を分類して、それを点に情報として載せましょう、といったことを大学で教えて、調査していく人が育っていけば問題が解決するかといえば、そんなことはないんですね。点を取ってそれをどう生かすかということは私たちが用意することではないし、マニュアルがあって一定の方法で行っていく処理法ではないのです。私は知りたいことがあるから、点を取っていると明確に自覚するべきである。我々の調査や集落分析方法を批判する人は批判してくれていいわけです。単に点を取る調査が気に入らないということではなくて、その情報の使い方がどうかとか、意味づけ、説明が妥当であるかとかそういうことを批判して欲しい。

　例えば大橋遺跡では同時存在住居群をフェイズとして設定したわけですが、五十嵐彰さんとは同時存在の時間的意義とはどういうことなのかといった議論になる。またドットのパターンについてもいろいろ議論ができるんですよね。今日は話ができませんでしたが、旧石器時代の調査をやっている人たちとも、そういった議論ができるかなと思っていますが、旧石器の研究者の方々はなかなか議論にのってきてくれない。私なんかは旧石器の調査をみて、それを真似してやったわけです。点を取る時に竹串を刺してみたりして。それを真似てやってきていろんな情報を引き出してきたわけだけど。旧石器研究

者の考え方って、ブロックの間で遺物の接合関係があるとそれを同時存在だというわけでしょ。私たちがやっているのは、その場合順番があるということで、そこに齟齬がでる。しかし旧石器の方では、遺物のライフサイクルを考える際は順番を付けるんですよ。ダブルスタンダードなんです。そういう話もしたいと思うのですが、なかなか議論の場にのってくれない（2010年1月考古学研究会東京例会「考古学の方法論を見直す」（野口淳『考古学研究』225））。

　だから、どういう風にアプローチしたら有効かっていう答えがあるわけではないんですよね。それはみんなが試行錯誤してはじめてできることであろうと期待しております。縄紐さんの報告なんかは、遺物のドットを取って、こんなことが分かりましたということですが、そういうものがやっぱりいいなと。みんなが普通に点を取って、自分の所属するところの研究紀要に書いてもらって、そうすればその機関は、研究紀要に書かれてしまえば、それはもうやらなきゃいけないことになるので。うーん危険かな。そういう風に考えていきたいなということです。

宇佐美：はい、ありがとうございました。これまで「点を取る調査」の手法といいますか、なぜ広まらないのかということも含めて、最初に議論させて頂きました。小林さん、中山さんの基調報告にもあったように、新地平グループの手法というのは、もともと原位置論（麻生優1969「『原位置論』序説」『上代文化』第38輯　上代文化研究会）だとか廃棄パターン論（たとえば小林達雄1965「遺物埋没状態及びそれに派生する問題（土器廃棄処分の問題）」『米島貝塚』庄和町教育委員会、1974「縄文世界における土器の廃棄について」『国史学』国史学会など）の検討を中心に、1970年代に点取り調査を行ってきた第一世代の試行錯誤（安孫子昭二1974『貫井南』、肥留間博・土井義夫1975『栗山』など）を、正

議論を聞く様子

統に引き継いでいるということですよね。そして個々の遺跡の調査にあたって事例を積み重ねて遺物の分布図・接合図を提示してきた。それが集落研究にあたって有効な手法として定着しないことについては、小林さんに言わせれば、調査する人間の意識次第ということになってしまいますが、新地平グループとしては、こんなことをやれば、こんなことが分かるよということを逐一主張していくしかないのかなとも思います。

■3　集落遺跡検討の視点と前提、帰納的な手続について

宇佐美：で、なかなか「点を取る調査」の話だけしていても仕方がないので、次の話題に移ります。小林さんから最初に、我々新地平グループは隔離されているという話がありました。隔離されているなら隔離されている者として、今後の展望をある程度明らかにしておいた方がいいのかなということで、これまでの成果を含めて、これから個別具体的な集落遺跡の検討を進めていくことになると期待されるところですが、その前に若干確認しておかなければならないことがあるかなと思います。

　まずは新地平グループというととかく「環状集落跡」自体を全部否定しているという誤解がけっこう根深い。でも実は最初の95年のシンポジウムの時からそんなことは一言も言っていないですよね。記録集を読み返してもらえば分かることだと思いますが。そこの部分を、申し訳ないのですが黒尾さんにちょっと説明して頂きたいと思います。

黒　尾：1995年の新地平シンポジウムの後、2001年に縄文時代文化研究会の主催での横浜シンポジウム（縄文時代文化研究会2001『縄文時代集落研究の現段階』）が開催されて、その時は、「見直し論派」対「反見直し論派」という見取り図での討論が行われました。私と土井義夫さんが見直し論の視座にたつ抵抗勢力で、主催者でもある環状集落本質論の鈴木保彦さんが司会をして、そちら側の論客として山本暉久さん、谷口康浩さんがいたと思います。

　我々は、時間的な累積の結果として住居跡が環状に分布するのが「環状集落跡」であるという立場にあります。「環状集落跡」がないとは言ってない

2部　討論の記録

(笑)。でも、一時的な景観としても実際に環状集落があったのか、また土地利用の痕跡が、なぜ「環状」になるのかついて考えるためには、一枚の全体図であれこれ論じる以前に、まずはその形成のプロセスをきちっと検討すべきだ、ということを主張してきたわけです。

すでに土井さんが、一時期に限ってしまえば、住居は少なくなり、小規模集落の姿と大差ないのではないかと問題提起していました（土井義夫1985「縄文時代集落論の原則的問題－集落遺跡の二つのあり方をめぐって－」『東京考古』第3号　東京考古談話会）。さらに、それ以前に石井寛さんが集団の移動について問題提起をしているわけでして（石井寛1977「縄文時代における集団移動と地域組織」『調査研究収録』第2冊　港北ニュータウン遺跡調査団）、同じ集落全体図を眺めてみても、集落景観が大規模か小規模か、居住形態が定住か移動かというような、あまりにも振れ幅の大きい、まったく違う解釈が成り立つような研究土壌があるわけで、だからこそ、もう少し細かく、丁寧に発掘資料を見ていこうよ、と主張したいのです。

もちろん、いろんな仮説があっていいと思います。100個、200個仮説があってもいい。見てきたようなことを言う人がいても良いと思います。しかしながら、その際に、どの仮説が、資料実態に即してあり得ないのか、消去法で消していくこと、その作業こそが実証的な考古学的手続にあたると思います。縄文人はみんな死んでしまっていますからね、当事者の証言はとれません。しかも、当事者が遺した文献記録もない。考古資料として状況証拠しか残されていないわけですから、現代人が無責任に無邪気に何百も唱えた仮説の中から、まずは調査資料の実態に即さないものについて帰納的にバシバシ潰していくことが必要で、そのような作業を継続して、本来あるべき姿に近づいていくしかないでしょう。

例えば、一軒の竪穴住居が30年も40年も機能しているような前提で、ムラの変遷なり景観を考える人も未だに多いわけですが、本当にそれでいいのでしょうか。調査資料の実態に即するならば、そのような前提には立てないことは火を見るよりも明らかで、思いのほか1軒の竪穴の機能期間は短いのです（黒尾2001「集落研究における「時」の問題」『縄文時代集落研究の現段階』）。

おそらく 10 年に満たない、これからも検討を進めれば数年程度のオーダーにすらなる可能性があります。

ですから、我々が調査して集めた資料のあり方が、自分の主張している仮説に合致しているのか、その辺りの点検が必要です。だからこそ、集落研究の現状を思うと、資料論的な脚腰を鍛えること、「環状集落跡」に関しては、その上で環状になっていくプロセスを丁寧に追っていく必要があると思うわけです。私の立場から言わせてもらうならば、なぜ環状になるのかを考えるのは、そのような作業を終えてからでも全然遅くはない。

また「環状集落跡」においての一時的景観の実際には、居住されている竪穴もあれば、建築途中の住居や廃絶されて窪地になり廃棄物が投棄される竪穴が、景観のなかに混在しているはずです。あるいは廃絶竪穴だけが分布するような誰も居ないような土地利用の空白期もあるかもしれない。そのような一時的な景観を復元していく為の道具だてとして、遺構間における遺物の接合関係に着目してきたわけで、もしも、調査者が集落景観の復元について、調査資料をもって、実証的に明らかにすることを志向するのであるならば、パーフェクトとはいかないかもしれませんが、そうした基礎作業は必要不可欠になるはずです。1995 年のシンポジウムでも明らかにしたように、宇津木台 D 地区の場合なんかですと、確かに加曽利 E 式期になると住居群が「環状」配置される時期が連続するようにもみえます。しかし、さらに、小林さんが大橋遺跡の検討で行ったようなフェイズ分けに相当する細別時期ごとでの、ムラの景観なり居住形態に接近する作業が残されているというわけです。

あと「環状集落跡」に関して言いたいことは、ひとつの「環状集落跡」だけを取り上げるのではなく、周辺を広く捉えたうえで、近接して行われている調査成果についても目配りし、そこで検出されている居住痕跡の時間的関係についても検討していくべきだということです。過去に領域論とか動態論とか言われてきたものに通じる検討になるでしょうが、多摩丘陵地域では、あらゆる場所で調査が進んでいますし、個々の遺跡における調査区も昔にくらべて広くなっていますので、もういちど資料に即してしっかり見ていくべきだと思います。

2部　討論の記録

宇佐美：もうひとつ新地平グループに対してよく言われていることは、住居以外の遺構を検討していないだろうと言う話ですよね。それについては中山さんが中期中葉の検討をされている（中山真治2007「縄文時代中期の小規模集落－矢川・野川上流域の中期初頭・前半集落を例に－」『セツルメント研究』第6号セツルメント研究会）なかで住居以外の遺構についても触れていますので、その辺りからお願いできますか。

中　山：そうですね、竪穴住居の検討を中心にやってきましたから、住居以外の遺構をないがしろにしているじゃないかっていうお言葉を頂いているのは事実ですね。実際は住居跡以外の集石なんかも当然一緒に検討していかなくてはいけないと思ってやってきましたが、やはり情報量としては、他の遺構などに比べて竪穴住居の方が圧倒的に多いわけで、住居中心の検討にならざるを得ないのも事実でしょう。

　ただし、中期でも古い時期、中期の初頭から中葉にかけては竪穴住居が見つからなくて、集石しかないような遺跡があって、そのような遺跡をどのように評価するのかということがあります。とくに中期初頭には竪穴住居がほとんどなくて、集石だけがあるような遺跡が普遍的になります。そういうものを居住形態の一部として評価したいなと思っているんですが。とすると、環状集落が縄文時代を通じて典型的な集落だという見方はやはり疑問に思ってしまいます。縄文時代を通じていつも環状集落が残されるかといったら、早期の撚糸文の時期とか、前期後半とか、中期でも勝坂式後半から加曽利E式期しか残されていなかったり、環状集落が残される時期は意外と少ない、時間的には非常に短い期間に限られ、パッと出来て、パッと消えていく。そういうものがあったりなかったりということだと思います。私は縄文時代の集落がそういうモデル的な環状集落だという考え方については、もっと違う時期があるんだという感じを持っています。したがって環状集落だけを研究すれば、縄文時代が分かる、縄文時代について分かっているというような考え方に対しては、やはり問題があるのかなと思っています。

宇佐美：話が「環状集落跡」の残される時期と残されない時期といった話題となりましたので、そちらの方に話を進めていきたいと思うのですが、中山さんは『セツルメント研究』第6号で、中期前半の集落遺跡の検討をされていますが、そのなかで「環状集落跡」の成因について見通しを書かれています。ここで改めて説明して頂ければと思うのですが。

中　山：私は環状集落の、「結果環状集落」なんて言ってしまうんですが、まぁ結果的に住居跡が環状というかドーナツ状に残されて、中心には何もなかったりする状態は、だいたい直径100メートルぐらいで、意外とどこの遺跡をみても同じような大きさになっているのは事実だと思います。結果的に100軒、200軒、300軒ということになって、それが近接して二つ並んで双環状になっているものがあったり、そういうものが確かに残されています。
　今、宇佐美さんが言われたように『セツルメント研究』第6号に書かせて頂いたのですが、ちょっと解釈的なことを非常にもっともらしく書いちゃったので、十分に具体的な分析を経たということではないんですが、たまたま研究しているフィールドが野川流域だったものですから、中期前半だけではなく、旧石器時代からずっと同じような場所に人が来ているというのが野川流域における遺跡の特徴で、どうも各時期集落が残される位置は湧水の位置と関係があるんじゃないかということで、湧水点から至近の場所に集落が形成されやすくて、それがずっと継続しているかどうかは分からないですけれども、一回気に入った場所が代々生活しやすいために、繰り返し繰り返し利用されるんじゃないかという内容を書きました。そういう場所が繰り返し繰り返し利用されることで、500年または1,000年のあいだ継続して利用されたように見えるのではないかということです。そんな感じを持っています。まぁ具体的に内容を検討していくなかで、継続しているのか、途中で人がいなくなってしまう時期もあるんじゃないかとか、また隣の集落との関係はどうなのか、そういう可能性があることをいろいろ考えながら検討していく必要があると思います。そういうこと自体、私はあまり触れないようにしてき

2部　討論の記録

たのですが、これから各遺跡の調査成果を検討するなかで考えていきたいということです。環状集落跡の形成要因に対する見通しとしては、やはり同じ場所が繰り返し利用されるという部分に非常に意味があるのかなと考えています。

宇佐美：中山さんの説明にもありましたように、同じところが繰り返し利用されていく。それは継続性ではなく、むしろ再利用が積み重なっていくなかで、結果として「環状集落跡」が形成されていくということだと思いますが、そのような見通しを得たうえで、住居の形態、住居型式、炉の形態の違いなど、そういった考古事象を重ねてみた場合どうかという点、小林さんの方でなにかコメントはありますか。

小　林：今の中山さんの「結果環状集落」論に、黒尾さんと私も近い考え方をしています。が、それはまず個別の集落の検討を重ね、住居型式や炉の分布などを含むセツルメントシステムの分析をおこなっているなかで、そういった考え方に辿り着いたということです。さきほど触れた点取り調査のことも、それ以外の調査方法も、集落跡に対する見方もそうなんですが、言ってみれば私たちは、ある程度帰納的に、実証的に検討していこうという立場でいるわけです。最初から何かモデルがあって、それを当てはめるかたちで検討をしていく、まずはモデルがあってそれをもとに演繹的に資料を解釈していくという捉え方をしたくないということが前提にあります。例えば、東京という町があります。誰がみてもあると。だからそれがいつからあったかという検討ですね。「環状集落」論は、自分が生まれた時から東京があるから、東京はずっとあったという考え方に近い。歴史的に見て東京という町は最初からあったわけではないですよね。だから集落でも何でも同じだと思うのですが、考古学的な痕跡をきちんと跡づけていって、その結果、その時々にどういったかたちが意識されてきたのかということを見ていくことが必要です。

　便利だから、特徴的だから、「環状集落」という名前をつけて、ピラミッドみたいに世界遺産に登録するのならば、それはそれで構わないです。言葉

は言葉として便利だから使えばいい。だけれども歴史概念として、今目の前に見えるものを、そのままピラミッドみたいに、「環状集落」が作られてしまったというのは、あまりに幼稚だということですよね。結果的にはもしかしたら、すごいランドスケープがあって、縄文人は計画的に「環状集落」を作ったということが分かったらそれはそれで構わないわけですけど、まぁ、そこまではいかないと思いますが。それよりもむしろ、個々の集落遺跡ごとにどういう変遷を経て「環状集落跡」が形成されてきたかっていうことを検討できる範囲で拾って並べていく。黒尾さんも話したと思いますが、小規模集落、単期的な集落っていうものが重複して「環状集落跡」になるとか。そういったことをきちんと検討していけばいいんですよ。時期別に分けたうえで、どのように住居分布が変遷してきたのか、それをトレースした結果、一時的には環状に無理やり見ようとすれば見えるけれど、一時期10軒程度であれば、直線的な配置をとる時期があったり、時期ごとに配置が変わるわけですよ。そういうものが時間的に累積した結果、最終的に環状になるものが多いということがありますから、その形成過程を追究して、なぜそうなるのかということを理解していくのが手順だということです。「結果環状集落跡」があって、まずはそれがどう分割されるかっていうことから始めるのはおかしいって言っているだけなんです。

　えー、ちょっと宇佐美さんから振られたこととは違うことを言っていますね。台本があるにもかかわらずみんながどんどん違うことを言っているので、司会はちょっと困っていると思いますが、ここで戻りますと、とくに関東地方の中期の集落について言えば、やはり他の地域とは違うところがあって、同じ時期のひとつの集落に違う型式の住居、違う型式の炉が共存するわけじゃないですか。これは土器を見てもそうですね。加曽利E式と曽利式、さらにそれらの折衷。そういったものが混在してひとつの集落を形成している。それが実態なわけです。そういった内容も含めてきちんと整理していく必要があります。いきなり全体図に分割線を引いたり、色を塗ったりするのではなく、時期別にきちんと細別されたものが、どのような構成になっているのか、それがどのように変遷していくのかということを積み上げていけば、計

2部　討論の記録

画的な「環状集落」であったのか、「結果環状集落」であったのか分かりますよと。そういう帰納的な手法、実証的な考古学をやっていきたいと考えています。

黒　尾：いいですか。小林さんの話ではないですが、結果環状の意味づけをすることが縄文集落研究の王道なのでしょうかね。くどいようですが、なぜ環状なのかを考える前に、私たちは、いかに環状に残されるのか、その課題に対して実証的な検討を進めたいと思います。

　竪穴住居ばかりを検討していて他の遺構の検討をないがしろにしているという意見があることについてですが、例えば、「環状集落跡」を調査しますと、直径1mほどの円形プランの土坑が群在して見つかることがあります。あきる野市の伊奈砂沼という地区で、水田下の谷底を調査したときのことですが、同じ形態の土坑が見つかって、その中にクルミが詰まっていました。中期後半から後期初頭ぐらいの時期の所産だったと思いますが、びっくりしました。水田下の水が湧くような立地でしたので、植物遺体であるクルミが残ったわけですが、台地上の遺跡であれば腐ってなくなっていたものです。で、クルミの上部には目印になったのかはわかりませんが、かなりの大きな河原石も詰まっていたわけです。その際、クルミを取り払って、石だけを残した状態で実測をすると、尾根上の集落遺跡、例えば宇津木台D地区などでも見つかっている土坑と同じになることに気づきました。問題視すべきは、台地上の集落遺跡では、同じような土坑が「墓」とされてきたことでした。人骨は検出されておらず、石が詰められている状況証拠をとって、これは墓だと決めつけられているのでした。それならば、同様の土坑は、砂沼の調査事例に照らして貯蔵穴として考えられるべきであるし、少なくとも墓という推断は白紙に戻すべきだと思い、報告書にも意見を書きましたし（黒尾和久2001「クルミ貯蔵穴考」『東京都あきる野市　伊奈砂沼』あきる野市前原遺跡調査会）、縄文時代文化研究会のシンポジウムの際にもその図を出しました（土井義夫・黒尾和久2001「東京都における縄文時代集落の諸様相」『縄文時代集落研究の現段階』縄文時代文化研究会）。そこで、このタイプの土坑を本当に「墓」という前提にして、

162

集落の分析をしてしまっていいのか、状況的に「クルミ貯蔵穴」と考えられる蓋然性が高いのではないか、と述べて、私としては、結構いい提案であったと思っているのですが、そういう問題提起に対して、環状集落論者はまったく応えてくれない。そのくせに「あいつらは付帯施設についてはまったく検討していない」という言われ方をすると、いい加減に腹も立ちます。

しかし、多くの土坑がそうであるように、我々が発掘調査で与えられる資料、とくに遺構には、その機能までが明確に判るものは案外に少ないわけです。ですから、ローカルな調査文化を背景に、同じタイプの土坑が、ある地域では貯蔵穴とされ、ある地域では墓として、資料批判がないままに意味づけられているなんてこともよくありますよね。しかし、根拠のない前提的理解は、資料の実態に即して常に見直していく姿勢を保持する必要があるわけで、判らないものについては判らないという勇気と節度をもつことからはじめなければなりません。その上で状況証拠の検討からみる蓋然性の高さを主張すべきです。

「環状集落跡」の議論のキモはまさにそのあたりにあるのではないでしょうか。情報量が多く、機能についても居住施設と考えられる竪穴住居をまず検討素材に取り上げるのは当然のことだと思いませんか？　条件のよい竪穴住居を中核にした実証的検討すら不十分な段階にあるわけですから、「付帯施設も考えろ」と言われても、「ちょっと待ってね」としか応答のしようがないですね。

■4　多様性の把握、そして地域史へ
宇佐美：なかなか筋書き通りにお答えして頂けなくて、話があちこちに飛んでしまうんですが、住居跡以外の施設については検討していないだろうという批判については、実はそんなことはないわけで、大橋遺跡の場合には集落内の道だとか、廃棄場だとかも検討されています。廃絶された後の竪穴がどのように使われていたのかということも実は住居以外の施設の検討になっているわけですよね。その辺りを説明して頂きたかったのですが。それで、黒尾さんが言われたことと関連しますが、「環状集落」の中心に墓があるとい

2部　討論の記録

活発な討論の様子

う説明がなされ、そのような集落遺跡が都内でもいくつかあります。それらを武川夏樹さんが検討しています（武川夏樹 2006「縄文時代の土坑覚書(1)－多摩ニュータウン№ 107 遺跡の墓壙群から－」『セツルメント研究』5 号）が、住居は中期を通じて残されているのに、真ん中に残された墓はすべて中期末葉以降のものしかないという遺跡がかなりあります。その場合、真ん中の墓が「環状集落」の結節点だなんていう説明は成り立たないわけです。さきほどの黒尾さんの説明では、墓ではなく貯蔵穴である可能性もあるわけですが。

　そうすると、最初から「環」に意味があるってことを前提にすれば、何でも「環」になっているべき姿を前提として無理やり資料を当てはめていくことになる。そうではなくて資料の実態に即した場合、もうちょっと違う見方ができるのではないか、新地平グループとしてはその辺りの検討を一生懸命やってきているということなんだと思います。

　結果的に、さきほど中山さんが見通しを言われたとおり、集落が営まれる周辺の地形だとか植生だとか、そこに実際に居住する集団の生業のあり方だとか、そういうものに左右され、周辺の環境に適応していくなかで、ひとつの場所がたびたび再利用される可能性がある。その積み重ねで「環状集落跡」というものが形成されるのであれば、すべての「環状集落跡」の成因はひとつに限られる必要はないわけで、日本列島を通じて、縄文時代を通じて、残された「環状集落跡」すべてが同じ成因である必要はないわけです。それぞれの地域、時期によって「環状集落跡」が残される成因って違ってもいいはずだと思います。例えが適当かどうか不安ですが、東北地方に残されているような「環状集落跡」と関東地方に残された「環状集落跡」は、果たして成因は同じなのか。関東地方だって、東京湾沿岸に見られる「環状貝塚」と多摩・武蔵野に残されている「環状集落跡」は果たして同じ背景・成因によるものなのか、実はそれぞれの地域で腰を据えて考えなければいけないと思い

ます。

小　林：まぁ、そのような多様性を認めていくということですね。集落だけではないですね。縄文文化といったものの捉え方が絶えず再検討されていく必要があります。「環状集落」しかり、縄文土器しかり、文様帯系統論しかり、すべからく絶えず再検討されるべきであると。最初の金科玉条といいますか、そういうものがあってそれがそのままずっと継承されていくのであれば、我々は考古学者じゃなくて伝統芸能かなんかの家元になってしまうわけで、そういうことではないと思います。

　例えば、「環状集落跡」についても、地域ごとの多様性、時期ごとの違っているものをせっかくここまでみんなが推し進めてきて分かってきたわけです。ですから、どうこうするべきじゃないっていう、まあこれから私が言うことは、この前（2010年1月の考古学研究会東京例会）不謹慎と批判されたことなんですけれど、縄文文化、縄文時代を解体するとか、そのまま保守するとかいうことではなくて、その歴史的位置付けをきちんとみていかなければいけないということですね。やはり下地を積み上げて考えていくべきものであると。それぞれの地域ごとに文化も違うわけですし、時期ごとにいろんなあり方がある。これはもう当たり前のことであると。土器を作るようになった時代が縄文時代で、水田が入ってきたら弥生時代というように、研究者が便宜的に呼ぶことにしたというだけだと思うのですが、そのなかで縄文時代が最初から最後までひととおり同じであるという見方を前提にして、縄文時代、縄文文化を定義すること自体、避けなくてはならないことだと思います。結果的にそうであるならばそれでいいわけですが。「文様帯系統論」だって本当に最初から最後まで途切ず辿れるかといえば、まぁ途中途切れるわけで、少なくとも最初の頃の土器は違うわけです。さきほど「環状集落跡」についても、この前ある研究集会（2010年1月の考古学研究会東京例会）で西田遺跡は「環状集落」ではないのかと言われましたが、それは東北で考えてくれと。それぞれの地域のなかできちんと時間的に分けていって、それをどう位置づけていくかということを追求するのが私たちの仕事で、大事なことであると

考えます。土器の型式分類についても、「細別のあとに大別に至ればよい」といっているわけです。

　時代解明だろうが、文化概念だろうが、私たちが取り上げてきた材料をひとつひとつ昇華していって、そのうえで横の繋がり、縦の繋がりを見ていく。その結果、全部繋がってこれまでの概念と同じような縄文時代、縄文文化となっても別に構わないわけですし、逆に勝坂式とか阿玉台式というようにまったく違う系列があって、それぞれを勝坂文化、阿玉台文化という風に把握しなければいけないとか、いろいろな視点があるはずです。それはまさに我々が、歴史的な再構築を行っていくなかで検討していくべき課題と考えています。例えば、時期区分でみても、草創期とか早期とか、初期縄文というか前半段階と、前期、中期の段階と後期、晩期の段階では、これは違うということは明らかになりつつあるわけですよね。地域的にみても、どの程度わけるかっていうことはまた検討が必要なんでしょうけれど、少なくとも三つ、沖縄と北海道を入れればですが、さらに分けていく必要があるでしょう。そもそもその前に日本列島全体という枠組みのなかでやらなくちゃいけないのかっていうことを時々考えるわけです。結局、我々はいままでの縄文時代、縄文文化といった枠組みを単に継承してきているわけですから、そういった枠組み自体が絶えず常に再検討されるべきものであるという前提の上に立ってやっていくしかないというように考えています。

宇佐美：一応、いままでの話を踏まえてですね、小林さんが言われたように、それぞれの地域色、地域性自体、それをまとめる枠組み自体も帰納論的積み上げが必要なんだということを踏まえますと、集落遺跡の検討は、最終的に領域論ですとか集団論だとか、さらに共同体論へ昇華していくべきものなんだと思うのです。そのためにも、個別の集落遺跡の検討を着実に積み上げていく必要があるということです。

　ところが、今までの領域論というものは、結局大規模集落、環状集落といわれているものを核にして、その周りに分布する小規模集落で囲い込んだり、繋げたりという方法ですね、それでなんとなく領域が分かったような説明を

してきたわけですよね。なんだけれども、「環状集落」とか大規模集落が、一時的景観に立ち返ってみれば、必ずしも定型的で大きいわけじゃないという話になれば、いままでのような方法でいくら検討しても、領域の実態には近づけない、分からないということになるんだと思います。逆に領域論に近接するための視点として、最終的に残された集落の規模を取り上げるのではなく、一時的景観の広がりのうえに他の考古学的事象のあり方をあわせて検討したらどうなるのか、このあたりについて小林さんからコメントを頂けますか。

小　林：えー、セトルメントパターン論を取り上げたいのですが、それ自体もちろん有効であった、有効なツールだった時はある。ただそれは単に便利だったということだけなんですね。小林達雄さんのパターン論（小林達雄1973「多摩ニュータウンの先住者－主として縄文時代のセトルメント・システムについて－」『月刊文化財』112号）は多摩ニュータウン地域の遺跡分布を説明するのに便利だった、そういうものだと思います。逐一すべての遺跡の中身を見ているわけではない。最初にパターンＡとかＢとかＣとかいうように記号に置き換えて終わっているわけですから、それはいかがなものかと思うんです。もちろんそういう見方もある、あってもいいんですけれども、少なくとも同時に個々の集落、個々の遺跡、個々の住居、個々の遺構の内容、あり方、時期的な位置づけ、さらには遺構相互の関係性というものを検討したうえで、全体を俯瞰する。また集落間の関係とか集落と集落以外の遺跡というか活動の痕跡をどのように繋げていくか。そういったかたちで、ある一定の領域のなかのあり方を拾っていく。そこに土器の分布、型式的な差や系統的な差がどう重なるか。そういう手続を経ることによってはじめてその地域の姿が復元できる。そういうものこそが領域論であり、セツルメントシステム論であり、セツルメントパター

小林（左）と中山（右）

ン論になっていくべきです。さらに、我々は単に人間の活動の痕跡だけではなくて、例えば自然資源との関係とか、地形との関係などを考慮していくべきでしょう。

　西本豊弘さんや坂口隆さん、建石徹さん、津村宏臣さんたちと一緒にやったことは、これも非常に評判が悪くて、私がやることはすべて評判が悪いんですが、遺跡相互の関係を視認関係という説明モデルを用いてやってみた。さらに様々な考古事象、考古学的な文化要素について空間分析を使ってやってみたということです（小林謙一・津村宏臣・坂口隆・建石徹・西本豊弘2002「武蔵野台地東部における縄文中期集落の分布－縄文集落の生態論のための基礎的検討－」『セツルメント研究』第3号、津村宏臣・小林謙一・坂口隆・西本豊弘2002a「縄文集落の生態論（2）－遺跡分布の位相の評価とセツルメントシステムの予測－」『動物考古学』第18号　動物考古学研究会、同2002b「縄文集落の生態論（3-1）－考古学的文化要素の傾向面分析－」『動物考古学』第19号　動物考古研究会など）。

　まぁいろんなかたちで、一定の地域における遺跡の残され方を踏まえて、残した人たちの具体的な動き、またそこから復元できる社会像を描いていくことが必要でしょう。少なくても環状集落だけを見て、環状集落だけを中心に据えて、周りの状況を想像してしまうような手法はとても信じられないということです。

宇佐美：結果として残された姿が大きい集落跡であるのか小さい集落跡なのかということだけに基づくのではなく、ほかに見られる考古学的事象、例えば、炉の形態ですとか、住居型式だとかを、各集落遺跡を通じて横断的に見ていったとき、地域性なり領域なりを復元できる手がかりが得られる、今までの領域論研究とはちょっと違ったことができるかということでよろしいですかね。

　せっかく話がここまで進んできましたので、土器の系統性ですとか、時期によってはひとつの土器型式のなかでも、バラエティが豊富になる時期とそうじゃない時期という違いがありますよね。そのことと各集落遺跡における居住痕跡の残され方というものがリンクしているのではないかということが、

だんだん見えてきていると思うのですが、「定住」か「移動」かといったことは一旦はずして、あるひとつの地域への集団の「定着」といいますか、「定着」の度合いが個々の集落遺跡にどのように現れるかといった見方もあるのかなと思うので、その辺り、土器に見られる地域色の形成と個々の集落遺跡の残され方、あり方を関連付けてみた場合、どんなことが分かりそうかということについて、中期前半、五領ヶ台式期から勝坂式期についてを中山さん、その後中期後葉の加曽利E式、曽利式期の様相について黒尾さんから説明して頂ければと思います。

中　山：今の話ですが、定住か移動かといった議論に拘らずということですが、土器の系統とか、地域的な系統がいろいろあったりしますが、そういうものがどのように型式的な変化をみせて、どのように集団が定住、定着するようなあり方と関わるってことだと思うのですが。

　五領ヶ台式から勝坂式の時期というのは、多摩地域でみれば、非常に典型的な環状集落が残されるようになる以前の段階のような感じで、さきほども説明したとおり、集石だけが残された遺跡だとか、竪穴があっても一軒二軒しかない残されていない遺跡が結構多いんです。だからそういう状況をみれば、非常に定着していないというか、寂しげな不安定な感じがします。土器を見ると逆に中部地方の土器が入ってきたり、阿玉台式の集団が関わったようなものがある。小林さんが『東京考古』にも書いていますが（小林謙一 1993「多摩における勝坂式成立期の土器様相」『東京考古』第11号　東京考古談話会、1994「縄文時代中期前葉の南多摩中部域」『東京考古』第12号）、まぁ広い範囲でいろいろな集団と接触がある。単純に多摩地域の人たちだけではなくて、中部方面やら東関東方面やら地域を越えた人たちが出入りしていることに、このあたりの地域色がある。それが古い段階では非常に不安定な感じがするというのは、どうもここ数年の研究で分かってきたかと思うのです。ただ単純に不安定だからよくないと決めつける、評価するのではなく、そういう時期の集落の形成過程というものはどうだったのか、そこが非常に面白いと思って、私は中期でも古い時期の様相を検討してきたわけです。

2部　討論の記録

　それと面白いのは、小林さんがやられたAMS法による年代測定較正値を土器編年表と対照したもの（小林謙一2004『縄紋社会研究の新視点－炭素14年代測定の利用－』六一書房、2004「AMS^{14}C年代測定と暦年較正を利用した縄紋中期の土器型式変化の時間」『時空を越えた対話－三田の考古学－』慶応義塾大学民族考古学研究室、2004「AMS炭素年代測定法からみた新地平編年」『多摩のあゆみ』第116号特集縄文中期の集落と居住形態　財団法人たましん地域文化財団、など）をみると、この時期はひとつの細別時期の時間幅が非常に短いですよね。型式的にすごく早いスピードで型式が変化している。逆に勝坂式の後半以降は変化が非常にゆったりしているというようなことが分かってきたのも、新地平グループとして一緒にやってきた成果かなと、そういうことが分かっただけでも非常に面白いなと、私は感じています。そんなことは今まで全然わからなくて、細別された土器型式の時間幅はなんとなくすべて均一なものと思い込んできた、というかそれを前提にしてきたということでしょう。だから、AMSによる年代測定を否定するのではなく、これを利用して集落の定着度合いと土器型式の変化のスピードがどのように関係するのかというようなことも、これから細かく見ていく必要がある。土器を分けたからいい、それで終わりにしてしまったらもったいないと思っています。

黒　尾：土器の話は、なかなかつらいものがありますね（懐が深いという意味ですけれど……）。土器には、同じような顔付きの土器が広く分布する時期と、逆にものすごく分布域が狭くなる時期があります。そのような土器型式の動態と居住形態にどのような関連があるのかは、興味深い問題です。

　例えば今日、櫛原さんが提示された図に掲載された山梨方面の土器をみるならば、これは新道式だなとか、藤内Ⅰ式だなと、文様要素に着目すると多摩地域の土器と非常に共通点があって、地域間の対比がしやすい時期のものだとすぐに判ります。ところが藤内Ⅱ式以降、とくに井戸尻式の段階になると、やはり武蔵野・多摩地域で出土する土器は、山梨方面の土器とは相当違いが出てきますね。井戸尻式から曽利式への変化は、今福利恵さんなんかが苦労して編年されていますが、連続性が辿れるという特徴をもっています。

それに対して、私たちが調査してきた多摩地域ですと、地域差が明確になり、勝坂２式の後半から勝坂３式については、井戸尻式とは呼べない、呼びたくない。やっぱり勝坂３式は勝坂３式と呼ぶ方がしっくりくる。さらには勝坂３式から加曽利Ｅ１式への連続性が担保されているかといえば、新地平３シンポジウムでも議論し、そこでは「９ｃ問題」と呼びましたけれども、同一集落から出土する土器でありながら、その様相が非常に断絶的に見える時期すらあります。ムラとしての土地利用は本当に継続していたと言えるのか。土器を見ていると必ずしもそうではないような気がします。

　中期後半も同じような課題をかかえています。多摩地域では、加曽利Ｅ２式期に、連弧文系土器がみられるようになりますが、その出現より若干遡って曽利Ⅱ式と呼べるタイプも出土します。全体として土器群に非常にバラエティが豊富になりますが、反面、加曽利Ｅ式は衰退傾向になる。そして、連弧文土器の盛行期（11ｃ期）と曽利系沈線地文の土器群（12ａ期）の盛行期を経て、胴部の磨消縄文手法が普遍化・一般的する新地平編年でいう12ｂ期になると、今度は、どこでも加曽利Ｅ３式ばかりが出土するという状況になるわけです。

　私たちの区分する土器型式が「集団」を表象するというような本質論的理解（連弧文土器には連弧文土器集団があるというような……）は問題があるとは思いますが、このような土器の変化に富む様相を踏まえて、集落遺跡を見直してみると、例えば宇津木台Ｄ地区では、五領ヶ台式期から加曽利Ｅ３式期までの各時期の土器が残されているのですが、やはり、必ずしも同じ系統の土器が連続的に出土するという様相にはない。中期後半では、ある時期には加曽利Ｅ式が主体的、ある時期は曽利式土器、連弧文土器が占める割合が高くなり、各時期の土器群の胎土の様相も大きく異なり、かなりドラステックに変化する状況が認められるようです。

　だからこそ、遺物の出土状況の検討を媒介にして、細かく時期設定ができるとも言い得るわけで、例えば中山谷遺跡の23号住居ですが、自分が生まれて初めて竪穴住居を掘らせてもらったものなのですが、この住居には加曽利Ｅ２式、文様要素で見ると縄文地文に沈線が加えられる頸部無文帯を有す

2部　討論の記録

る土器が逆位埋甕に2基ある。覆土には頸部無文帯が消失した加曽利E2式土器までが含まれているが、そこには連弧文土器は伴出していない。さらに覆土に構築された土坑に曽利Ⅱ式が遺棄されていたが、そこにも連弧文土器は伴出しない。私には、この住居での土器に関する状況的事実が、連弧文土器はどの段階で生成し、そのように分布を広げていくのかを考えるきっかけになったものですが、当時最新の東京編年（安孫子昭二ほか1980「東京・埼玉における縄文中期後半土器の編年試案」『神奈川考古』第10号　神奈川考古同人）でいう「第3段階」には、加曽利E2式と連弧文土器が伴出するように編年されているのに、なぜこの住居では出土しないのだろうと考えました。その後、宇津木台D地区、原山地区での検討を経て、11ｂ期に連弧文の生成期があり、それは加曽利E2式が成立する11ａ期には遡らないという確信を得て、新地平編年の細分時間軸を設定したというわけです。

　そのように、複雑なありようをする土器群の出土状況のクロスチェックによる時間軸を設定してきますと、宇津木台D地区に残された「環状集落跡」に対しての、五領ヶ台式の時期から加曽利E3式まで連綿と土地利用された大規模集落であるとか、大きく二つの「遺物廃棄帯」があるので2系統の集団が「二項対立」しつつ存在したのだ、というような解釈に対して、その形成プロセスはそんなに単純なものではないのではないか、と反論したくなるわけです。ですから時間軸の設定の道具としてのみならず、複雑な様相を示す各時期の土器のありようについても、今後は、より具体的に集落研究の俎上にのせていくといいと思いますね。

宇佐美：結局今まで、土器の研究をやる人は土器しかみていない、集落の研究、検討をやる人は土器が分からないというか集落しかみていないということが弊害としてあった。だけれども連弧文期の住居の形態や残され方と、加曽利E3式期以降の住居の形態、残され方って全然違うわけですよね。両者が同じ遺跡にあっても、とても同じ系統の人たちが連綿と生活をしてきたものとは言い切れないほど差がある。そういうことも合わせて考えれば、土器の地域色が強くなる、それぞれの系統の土器の分布圏が狭くなるような時期

には、各集落遺跡において住居の作りがしっかりしているような傾向があると。逆にひとつの土器型式が広範囲に広がるような時期には、逆に住居のつくりが貧弱になる傾向がある。そういうことを重ねていけば、「大規模集落」と「小規模集落」を繋ぐ領域論ではなく、またちょっと違う見方ができるかなと思います。そういう多様なあり方を見せる各時期の痕跡が偶々重複したのが、「大規模集落」であるといった見方もできると思います。まぁ、展望だけになってしまいますが、このあたりまでにしておきたいと思います。

宇佐美：いままで議論してきたようなことを踏まえて、ひとつの地域の歴史のなかで集落というか、居住のあり方の変遷を考えていこうとすれば、縄文時代のしかも縄文中期の集落だけをやっていてもダメでして、逆に言えば、縄文時代中期の集落研究から描ける集落像というもの、縄文時代の社会像というものを、それぞれの地域の歴史のなかにどのように位置づけていくか、という議論も必要かと思います。それぞれの地域で定住的な生活が営まれるようになったのはいつ頃かといった視点もありなわけで、その辺り展望みたいなものがあればですね、黒尾さんに前半に議論してきた調査スタイルについて、別に縄文集落の調査だけではなく、いろいろな時代の痕跡を調査するに際しても同じなんだよということを含めて説明して頂ければと思うのですが。

黒　尾：「定住」の話はやめにしましょう。空中戦になる（笑）。でも竪穴住居一軒、その機能期間をどう理解するのかは大事ですよね。私なども通年居住しているという前提で議論を始めてしまいますが、これが季節住みの家だってことになると、それはそれで確かに面白い。しかし、今の段階ではそれを主張できるだけの状況証拠が整わない。さきほどの遠部さんが言っていた季節性の話なんかも頭をよぎりますが、ひとまずおいて置くことにします。

　ただ1軒の竪穴住居がもつ時間とはどの程度のものなのか、共通認識をつくっておきたいですね。それは集落研究の検討のための単位時間となるでしょうから、調査資料に即して具体的に帰納的に周知されるべきでしょう。

2部 討論の記録

だからこそ、集落遺跡の発掘調査が必要になるわけで、言うなれば竪穴のことは竪穴に聴けという具合になります。この点、縄文時代に限らず、竪穴が居住痕跡として一般的な時期はおしなべてそのような観点からの検討がなされるべきでしょう。

私は、調布市原山遺跡の調査報告後、日野市の落川遺跡という古代の集落遺跡の調査をしたり（平島素子・黒尾和久・渋江芳浩1998『東京都日野市　おちかわ』日野市落川区画整理地区遺跡調査会）、あるいは立川氏館跡という中世方形館の調査報告を手伝ったり（立川氏館跡遺跡調査会2000『東京都立川市　立川氏館跡』）、あるいは近現代遺跡の調査報告にも携わったり（渋江芳浩・黒尾和久ほか2003『東京都日野市　南広間地遺跡』、あきる野市新道通遺跡市道地区調査団2003『東京都あきる野市　瀬戸岡新道通』）、必ずしも時代を限定しない調査報告を行ってきました。地域において埋蔵文化財の調査に携わっていたのだから当然といえば当然ですが、その分、縄文中期の集落遺跡の調査とは疎遠になっていたとも言いえます。

しかし、それらにおいても、縄文時代ではないけれども、全点ドット調査、「点を取る調査」の報告を当然のように行って、数多くの分布図や接合図を作ってきました。当たり前なのですが、その過程で、ちゃんと設定した時間軸、時間情報に見合ったかたちでモノが出てくることを確認しました。

例えば近現代の茶碗というのは、まだ編年の整備が十分ではない現状にあります。近世に関しては、江戸考古学の編年研究の成果を利用すれば、大概破片の分類までが可能になったのですが、19世紀の第4四半期から20世紀の第3四半期にかけて、最も私たちに身近な過去100年の遺物編年が確立していなくて、案外に困るわけです。だけど、それは実際に出てきたモノを、分布図・接合図を読みながら、遺構や層位に対照しつつ、順序だてて並べていけば、それは飯碗や湯呑碗の編年となるわけです。そんな成功体験から「点を取る調査」の有効性を改めて確認したというわけです。

落川遺跡については、福田健司さんが大規模定住集落という前提での一大ロマンの論文（福田健司1997「落川・一の宮遺跡－多摩川沖積微高地・自然堤防上の遺跡－」『古代文化』第49巻第2号　古代学協会）を都営住宅・都道地区の調

査データをもとに書いていますが、その隣接地の区画整理地区の調査を行った私たちの調査データからみるならば、古代の集落を言い表すキーワードは「流動性」以外にはないと思います（黒尾和久 1998「古代の土地利用景観とその変遷」『東京都日野市　おちかわ』）。

　そして、竪穴のことは竪穴に聴くという方針に従い、竪穴の重複状況や推定される土器細分時期の存続時間を検討していくと、古代であっても竪穴の機能期間は、10年に満たず、おそらく5年程度、じつに移動性に富む居住形態であることが判ってまいりました。

　また福田さんの論文では、連綿と土地利用が続くとされていて、背後には広大な水田耕地が広がっていると書かれているのだけれども、水田最適地となる低地部を掘ってみると、その谷底からは古墳時代後期の竪穴住居が見つかるわけで、古代を通じて連綿と続くはずの水田耕地はどこにもない。さらには土器の編年についても、相対的序列は福田さんの言う通りじゃないかと思うのですが、付与されている実年代が一部で違うことが、これまた「点を取る調査」のデータを基礎に検討を行う過程で分かってきたりする。先行調査者には、はなはだ迷惑な話かもしれませんが、そういう再検証作業の過程で、「点を取る調査」の有効性も同時に確認してきたと言うわけです。

　どの時代を対象とした考古学調査であっても、まずは遺物による時間軸を整備する必要があり、その素材として一般に陶磁器・土器に着目してきたことは疑いないことで、列島各地の調査者の共同作業によって、縄文から現代にいたる1万年を超える相対編年網が整備されてきたことを実感します。

　そして考古学の場合は、遺構・遺物の時間情報を相対的に整えてから、「画龍点睛」じゃないですけれども、実年代をおさえていく仕事をしなくてはならないでしょう。しかし、時代が遡るほどに実年代資料に遭遇する機会は少ないわけですが、いつでもそういう幸運に巡りあってもよいように、前提となる揺るぎない相対編年網を構築しておく必要があり、そうした基礎的作業を「点を取る調査」をベースに整えていくという問題意識こそ重要なのです。自分の調査史を振り返れば、原山遺跡以降、私は縄文中期の集落調査の機会にはめぐまれなかったが、それ以外の時代でやってきたことも、「点を取る

2部　討論の記録

調査」の成果として見て欲しいということです。

　「点を取る調査」の話をすると、「それは東京の調査だね」と言われると武川さんなんかは言うのですが。まぁ東京と言っても、未だに東京でもある一部に「隔離」された人たちの調査といった方が実態にあっていると言えるかもしれませんね。でも周囲を見渡すと、東京では現場作業においては、「点を取る調査」がかなりマニュアル化されているようにも窺えます。しかしながら、そのデータが残念ながら調査報告や研究で十分に活かされない。要するに、遺物の出土位置の記録を十分に活かすまでのレベルに達していないのだと言うべきでしょう。

　小林さんも言っていましたが、「点を取る調査」を行い、どういう情報を得たいと考えるのかは、調査者の視点や問題意識に関わっています。また欲しい情報が得られるのか、目的を叶えられる方法なのかを十分に吟味、理解することも大事になりますが、対象とする時代を超えても、少なくとも土器編年の再検証あるいは実年代の付与のための状況証拠の整備は行えます。

　立川氏館跡の調査報告では、鎌倉時代から武士は土塁と堀を備えた方形館に住んでいたという従来からの学説に対して、土塁・堀が機能している時期は、中世後期のある時期に限られていて、囲われた内部の土地利用も連綿と続いていたわけではないことを明らかにしました。東京都において、中世方形館の実像を、実証的に明らかにしたのは立川氏館跡の報告がはじめてだったようにも思います。それにも「点を取る調査」が役に立っているということを申し添えたいというわけです。

■5　新地平の15年、その先に目指すもの
宇佐美：ありがとうございます。基本的には「点を取る調査」からはじめて、縄文時代だけではなくて、具体的な集落遺跡の調査方法ですとか検討の視点と手法を含めてきちっとスタンスを表明しているのは新地平グループ、まぁ隔離された新地平グループという人たちしかいない。その一方では、95年のシンポジウムから15年が経っていますが、そのあいだにいろんな概説書だとか講座本だとか、縄文時代、縄文文化に関する本が出ています。でも環

状集落に対する認識というか説明は一向に変わらない。当時の集団や社会に対する認識も全然変わらない。そうなんじゃなくて、そういう説明をする前にまずは具体的な調査事実、状況証拠に立ち返って、調査方法までも含めて具体的に検討していきましょうというのが、新地平のスタイルということで、ずっとやってきたんだと思います。

　いままでの議論のなかでは、主に調査における方法論的な、テクニック的なところから、集落遺跡の検討に際しての視点、観点といった点を中心に議論してきたわけですが、ここからは将来に向けての展望と言うか、意気込みといいますか、それぞれお三方にですね、まぁ立場の違いもあるかとは思いますがお願いできればと思います。

　とくに中山さんは最初のシンポジウムの時から既存の報告書をどういう風に検討していくのか、活用していくのかということをやられていますので、そのあたりを含めてお願いできればと思います。中山さん、黒尾さん、そして最後に小林さんに締めていただければと。

中　山：既存報告書の再検討を含めて、これからの展望をということですが、実は私は学生のときには縄文時代中期の現場をいろいろやらせてもらって、遺跡の調査自体、学生の頃から就職した当初まではずっとやってきたのですが、今は実は全然そういう仕事をやっていませんで、全然関係ない公文書関係の仕事をしています。そういう意味では調査から離れて、現場は今まったくやっていないという状況です。それで既存報告書ですね、これまで刊行されてきた報告書は基調報告の際にお配りした表をみて頂ければわかるように、先人たちがたくさんのお金と時間を費やして作ってきたわけですから、その成果をきちんと評価しなければ非常にもったいない。何のためにそんなお金や時間を費やして無駄なことをやってきたんだといわれないように

中山真治

2部　討論の記録

も、それらをどう活用していくのか。縄文時代のものに限らずですね、活用していかなければいけないのかなと思うんです。私は最初から最後まで自分が携わった遺跡って意外と少なくて、人のやり残したものとか、中途半端に放置されているものをやってやろうという気が結構大きくて、なんか変な後始末ではないですけどやってきました。中山谷遺跡の報告（小金井市中山谷遺跡調査会1987『東京都小金井市　中山谷遺跡－第9次～11次調査（1981～1983）－』）もそうでした。最初、現場は黒尾さんなんかがやっていたんですが、調査が終わったらそのままになっていて、報告書を出さなければいけないということで、私がたまたまその後、中山谷の整理にかかわることになってしまって、これは出さなければいけないと。いろいろ一生懸命調査をやったのに、放置されているのはもったいないと。放置されたままではいろんな資料に活かされないんじゃないかと。そういう意識で、もうタダでもいいからやらせてくれみたいな感じでやってきました。今でもそういう気持ちでやっていますので、意外にそういうお金のないところでも、何でもとにかくせっかく掘り出してしまった遺跡をですね、そのまま眠らせておくわけにはいかないんではないか、ということで今でも他人の調査した遺跡に行っては何かこうお手伝いをさせてもらったりしている次第だということです。

　で私の出身明治大学ちょっと今なんですけれど、古い時期に行った調査だと報告書を作る時点での記載っていうのが非常に甘いと言いますか、情報量が少なくて、今日一番問題になった全点ドットの図が掲載されていないものが当たり前みたいな報告書があったり、まぁそれはしょうがないことだと思うんですが、そんな報告書でもせっかく手間をかけて報告しているものなのですから、そこから引き出せる情報はないかということを考えていまして、そのためにも95年のシンポジウムのときにも書かせてもらったのですが、これまでに報告されてきたものをもう一度洗い直していってもいいんじゃないか、そういうことを考えています。それも確かにひとりでやるのに限界があるわけですが。おそらくここ数十年のあいだに、開発などの事前調査で掘り上げられて報告書が出ていても、それで終わりになっている遺跡がたくさんある。まぁそういったものがほとんどだと思うんですが、そうじゃなくて

それをもう一回再検討してもいいんじゃないかというように本気で考えています。

まぁ、全点ドットを取ったからといってじゃ何かすぐに分かるのかといったら、ある程度限界もあるわけなので、今までの方法を使って、点が記録されていない報告書はまったく使えないということではなく、他の要素を加味していかないと、新しい議論には進まないのかなということはあるんですけれど、できる限りやれることはやってみたいと、意欲だけはあるということですね。

私はもともとは土器、学生の頃から土器の研究をやってきて、土器の研究のほうが好きだったので、集落そのものを検討しようというのはあまりなくて、片手間みたいにやってたのですが、土器の研究というのは、やはり時間的に分けるという作業ですね、編年的な研究をするのに、まぁとりあえず既存の報告書をもう一度見直して、見れるのであればまた保存、保管されている遺物をもう一回見に行ってやろうという気持ちはあります。まぁ、そういうように資料を見直していく、集落論自体が目的ではないにしても、土器を時間的に分けるためには、必然的に土器がどのように出ているのか確認することにもなりますし、それが各住居の時期を確認することにも繋がるわけです。

これからはそういったこれまでに掘り出されてしまった資料を、どのように検討の素材に取り上げていくか、そういう仕事をやっていきたいなと思っています。普通は公文書とか古文書など、文献史料と同じで、やはり報告書というのが検討の基本になると思うんですが、それを地域資料、地域史のなかに位置づけるというかですね、それが基本資料になるということなんで、掘っただけでは資料にはならないということですよね。考古学の資料というのはちょっと特殊で、他の近世とか近代とかの史料とは違って、最初からもう秩序立てて記述がなされているわけではないのですから、それを秩序立てて並べていくという作業を、手間がかかるかもしれませんが、意識してやっていくべきだと思っています。まぁ、そんなところですね。

2部　討論の記録

黒　尾：繰り返しになりますが、「研究の展望は」と問われれば、「方針はすでに立っている」と応えるしかないわけです。

　今回も、何枚も図をスライドで見てもらいましたが、例えば宇津木台遺跡群の調査は、「環状集落跡」の残されたD地区だけを調査したわけではありません。周囲にも広く調査区が設定されていまして、「環状集落跡」は見いだせてはいないけれども、それぞれの地区において、それなりに中期の居住痕跡が見つかっています。椚田遺跡群、滑坂遺跡や小比企向原遺跡とその周辺でもそうですね。滑坂と小比企向原は双環状集落だなんて言われていますけれど、果たしてそれは別々のムラなのか、また椚田第Ⅲ遺跡と神谷原遺跡、館町地区など、近接する各遺跡で見つかっている遺構相互の関係はどうなっているのか。また目を転じまして、多摩ニュータウン調査のフィナーレと言いましょうか、小山地区での遺構分布状況はどう考えるべきなのか。特別視される観のあるNo.72遺跡を中心として、いつかの地点が調査されていますけれど、相互の関連はどうかというように、ひとつの集落遺跡にとどまらず、地形を広く捉えて、そのなかにどのように住居が分布するのかを把握することがまず必要になります。これが研究の第1ステージです。

　そして研究の第2ステージは、新地平編年に照らせば、中期だけで31段階に時期細分できるのですから、検討素材とする時期別分布図は最低でも31枚必要になります。素材として用意した時期別の分布図を31枚用意したうえで、それぞれの時期について、さらに検討を進めて一時的景観を復元、景観変遷について明らかにしていく、これが研究の第3ステージになるわけですが、そのように研究方針が立っています。

　ですから、この方針に従った検討を5ヶ所の「環状集落跡」を中心に行おうとした場合に、第2ステージの段階で、最低でも150枚ぐらいの挿図が検討素材として用意されることになります。そんな大量の図版をもつ研究論文を掲載してくれるような媒体はあるのかというと、ないような気がします。自分たちで作るしかないのかな、そんなように考えたりします。要するに既成の縄文集落論には、そこまで執拗な景観変遷に関する図版を提示しているものがないわけですから、「環状集落跡」の形成プロセスを明らかにする立

場での先行研究には未だにみるべきものがないという研究現状も推して知るべしだと思います。

　まあ、今回、用意した図版についてですが、ほぼ第1のステージに関するものを中心に示しました。1995年のシンポジウムのときに作ったもの、あるいは2001年のシンポジウムに参加したときに作ったものを、あいかわらず提示しているのですが、この先も同じような研究のベースマップを増やしていきたいと考えています。

　この第1ステージを、第2ステージへと進めるには、「環状集落跡」を構成する住居一軒一軒について、1995年のシンポジウムでも作成しましたが、廃絶時期、埋没時期や重複状況などに関するデータベースを詳細に作っていくという地道な作業がなければなりません。小林さんは、検討素材を一気に広げようと、東京都内のデータベース(「縄文時代中期集落(東京都内)データベースについて」『国立歴史民俗博物館研究報告』第172集、2012年)作りをやろうよと声をかけてくれたのですが、なかなか我々が作業を進めないものですから、いらいらしているとは思います。そんなわけで、いらいらしながらも、第1から第3ステージへと確実に研究を進めてきた小林さんに、最後のまとめをしてもらえばよいのではないでしょうか。

宇佐美：最後に小林さんに新地平グループとしてのスタンスの違いを踏まえてまとめて頂いて終わろうかなと思うんですが、その前に少し時間がありますので、会場の方々から何かありましたら、またもし後半に個別の事例報告をされた方々のなかで補足なんかがあればお願いしたいと思います。何かありますでしょうか。

　あの急に申し訳ないのですが、さきほど多摩ニュータウンのNo.72遺跡の話が出てきましたので、山本孝司さん少しコメントを頂けますでしょうか。

山本孝司：東京都埋蔵文化財センターの山本です。No.72遺跡という話がありましたけれども、私も最後に調査を担当させて頂きまして、それがだいぶボリュームのある厚い報告書になっております。今回はちょっとそれとは別

2部　討論の記録

山本孝司

の話になりますが、先ほど黒尾さんから話があったと思うのですが、多摩ニュータウン地域のなかのひとつですね、大栗川上流域といいましょうかね、No.72遺跡を中心としたいくつかの遺跡が調査されているすぐ近くに、非常に小規模な集落がありました。No.446遺跡です。この調査を担当して思ったことをお話しします。

まず、全点ドットを主体とした調査方法が新地平一派の目指してきたものじゃないかと思うんですけれど、通常調査をするにあたっては、まず戦略があってしかるべきだと思います。そのための戦術として何をとるかということですね。そのひとつとしてドットもある。ドットの取り方も多種多様あっていいと思います。遺跡のなかから見つかるすべての遺物についてドットを取る必要もないと思いますし、遺跡の状態によって、包含層、まぁ捨て場と住居跡の中だけでもよいと思いますし、それは戦略に基づいた戦術としてあればいいということでありますけれども、多摩ニュータウンの戦略はですね、まずは基本的には集落の変遷ということで、そのために時間軸としての遺物をどうやって位置づけて分析していくかという戦術、従来のドットマップのあり方で分析していったという経緯があります。

それともうひとつはですね、多摩ニュータウンのひとつの大きなメリットとしまして、今までのお話のなかでも出てきましたが、いわゆるこの地域ならではの特性ということですね。同じひとつの組織が多摩ニュータウン、多摩丘陵内部のかなりの遺跡、ほぼ8割か7割近くの遺跡を調査しているということす。これにより、それぞれのデータを比較しやすい。これは別に批判をするわけではなくて、行政区画で言えば多摩ニュータウンは4市にまたがるわけですから、それぞれの市ごとに遺物を収蔵してしまうことになる。ところが、多摩ニュータウンの場合は、ひとつの組織で行政区画を超えて、遺

跡を掘るということで、遺跡間の比較が非常にしやすくなった。その結果として遺構間の接合というでしょうか、だけではなく遺跡間の接合といった成果も出るようになったと思うんです。

　まぁいろいろ話をしているなかで、突然振られたものですから何を話していいか分からないんですが、今後の戦略、方針は、やはり多摩ニュータウン、多摩丘陵地域の縄文時代中期であれば、中期の集落のあり方といいましょうか、人の動きといいましょうかね、人がどのように住んで、どのように去って行ったかということを、そろそろ具体的に記述していかなければいけないだろうと。記述するにあたっては、やはり個々の遺跡の評価というものを的確に評価して、次に遺跡同士の比較ですね、関係というものを当然進めていかなければいけない。まさに黒尾さんがおっしゃった方針に則ってですね、具体的に私もこれからやっていかなくてはいけないということが目の前に控えているわけです。

　そのためにまず何をするべきかということですが、先ほど中山さんからも話がありましたが、既に出ている報告書、これから出る報告書を含めてですね、遺跡の評価というものをもう一度実際の検討方針に則ってといいましょうか、地に足をつけたかたちで遺跡の評価を個々に行う。帰納的に積み上げていくというのが一番いいのではないかと考えています。それを、集落といいましょうか、地域史を復元するにあたって、多摩ニュータウンでは古くからやってきたと。そのなかでいろいろ考えていることがあった、それが結果としてですね、新地平の15年というところに結び付いてきているのだろうかと思います。これは非常に特殊な状況といいましょうか、たまたま1970年代以降、ひとつの地域史として多摩ニュータウンというものを考えていこうということで、調査の方針があった。そういう意味では他の地域と違う。まぁそれぞれの地域で地域に根ざしたといいましょうか、いろいろなやり方があって然るべきだと思いますので、僕は別に新地平というものが、非常に特異なものではなくて、たまたまこの地域に根ざしたかたちでうまくマッチしたやり方、方針であるのではないかと考えております。なんかまとまらないんですが、すいません。

2部　討論の記録

宇佐美：突然コメントをお願いしたにも関わらず、まとめて頂きましてありがとうございます。あとお二方ほどお願いしたいのですが、五十嵐彰さん、コメント頂けますか。

五十嵐彰：今回は縄文時代の集落、住居の調査史ということでやられているわけですけれども、私のスタンスとしては、時空間のなかに遺構・遺物をどのように秩序立てていくのかということなので、私から見れば、遺物出土状態をどのように整理してきたのかという研究の歩みというかたちでみてきたわけです。ですから新地平についても、その枠組みのなかで捉えてきました。そうすると、1984年に刊行された『宇津木台遺跡群Ⅳ』（宇津木台地区遺跡調査会1984『宇津木台遺跡群Ⅳ』）が大きな意味を持つし、1987年の土井義夫さんと渋江芳浩さんが『物質文化』に掲載された論文（土井義夫・渋江芳浩1987「平安時代の居住形態」『物質文化』第49号　物質文化研究会）が大きな意味を持っていると考えてきました。やはり突き詰めて考えると、ドットもそうですが、何のために、どのようなものを目指しているかということをずっと考えてきました。

　そうしたときに、考古学という学問が時間的な秩序を持つと考えたときに、型式、土器型式が一般的ですけれども、＜もの＞の時間、すなわち遺物時間を考える。その一方で、＜場＞の時間、重複痕跡と言いますが、住居の切り合いであるとか、住居跡のなかの床直と覆土との関係について考える。こうした二つの、＜もの＞のあり方と＜場＞のあり方を合わせて、時間関係を整えていくというのが、私が最近考えている「＜場－もの＞論」ということです。ですから、そうした原理・原則というものを踏まえたうえで、私の言葉で言えば、離散単位間での面内－面上関係をどのように考えるか。言い換えると、住居跡間の覆土出土土器と炉体土器の接合を考える、あるいは同型式の土器の相互関係を考えるといった枠組みで考えていくということが私のスタンスとなります。このようなスタンスの研究は極めて少ない、しかし私は

非常に大切と考えていますが、新地平の人たちよりもさらに少ない。その辺りのことについては、来週この中央大学での議論（2010年3月20日：第2考古学会議第7回準備会　小林謙一「縄紋中期集落研究と遺跡問題・時間問題」）を楽しみにしています。

宇佐美：ありがとうございました。えー、もう少し時間がありますので、最後に桐生直彦さん、お引き受け頂けますか。

桐生直彦：えー、突然の御指名で、あれなんですけれども、前回の新地平のことを、「東京の遺跡」の動向で書かせて頂きました（桐生直彦2007「2006年東京の考古学動向3.　縄文時代」『東京考古』第25号　東京考古談話会）。まあ、それに対して黒尾さんからは、何か北朝鮮方面からロケットが飛んできたようなことを書かれました（黒尾和久2008「縄文時代集落研究の近況―『新地平スタイル』の視座から―」『縄文集落研究の新地平（続）～竪穴住居・集落調査のリサーチデザイン～』六一書房）が、やはり、もう言いたいことはお互い言い合うことが、考古学には必要じゃないかなと。私、学生時代の頃は非常にそういう時代でした。例えば堀越先生ですとか塚田さん、もうほとんどお互いなんか叩き合いみたいな、罵り合いみたいな時代がありまして、そういうことが今なくなってきてしまっているなかで、ある意味、あそこまで書かれてしまったということが、ある意味なんか、とても爽やかなというかですね、非常になんか逆の意味でありがたかったかなという感じがします。

桐生直彦

　私も最近は調査の方から離れてしまいましたが、昔は遺物の出土状態を一生懸命検討してきたわけですが、最近は、遺構自体をどうやって掘るか、どう調査して、どういう情報を引き出すかってことがかなり重要になってくるであろうと考えています。例えば勝坂式の最初の時期に、周溝が同心円状に

外に拡張するような住居で、柱穴がものすごく大きいものですね。その柱を丸掘りしてしまうのではなく、掘立柱建物を調査するときと同じような調査方法が必要なのではないか、そういう拡張と言われているものが、どういう順番で柱を取り替えていくのか、全部を一度に建て替えるのか、あるいは部分的に柱を建て替えていくのか、そういった分かっているようでまだまだ分かっていないような問題が非常に多いということで、まぁドットマップも然りなのですが、むしろ一軒の竪穴を何回も定番どおりに掘り上げてそれでおしまいということではなくてですね、実はこれまでとは違った方法で竪穴を調査することによって、今まで見えてこなかったことが見えるのではないかと思います。

今日は福島の方の発表を聞かせて頂き、やはり僕は一番下層の黄色の土っていうのは、かなりの確率で周堤を埋め戻した土じゃないかというように考えています。

そういうようなところで、前回は大変失礼な発言をしてしまったかなと、ちょっと反省もしているのですが、まぁはっきり言って、今回のほうが前回に比べて中身はかなりあったかなと思います。それからきしくも先週八王子市の中田遺跡のシンポジウム（2010年3月6日：東京考古学談話会シンポジウム『八王子中田遺跡の再検討』）をやったときにですね、まぁ大体参加者はこれぐらいの数だったんですが、若い人が少なかったんですね。それに比べて、今回は大学でやっているということもあるんでしょうが、非常に若い世代の参加が多いということは、やはりこれからの考古学にとっては、本当に大切なことじゃないかなと思います。以上でございます。

宇佐美：ありがとうございました。お三方とも突然ご指名させて頂き失礼しました。にも関わらずコメントありがとうございました。最後に今コメント頂いた内容を含めまして、小林さんにまとめて頂き、終わらせて頂きたいと思いますので。

小　林：えーまとめということで、いささか失礼を申し上げたところもあっ

たかと思いますが、本当に今日はどうも皆さんありがとうございました。15年間やってきて、これからもやっていけそうなのは、ここにいる中山さん、黒尾さんたちと共同で、議論しながら一緒にやってくることができたからだと思います。議論があってこそ、学問は進展していくというのは本当にそうだなと思っています。お礼を申し上げます。

　まとめといいますか、最後にきていくつか言い損なったこと、いくつか申し上げたいことがあります。ひとつは現在、考古学界が置かれている現状ですね。とくに最近文化庁から出される予定の、文化庁基準、取り扱い基準、よくわからないんですが。

桐　生：『発掘調査のてびき』。

小　林：『発掘調査のてびき』が出るということで、心配しているところです。そもそも基準がいきなり空から降ってきて、それに従って調査しろということ自体がナンセンスだと私は思います。もちろん立場が違う人に向かって、そういったことを言ってもしょうがないのですが。

　しかし、私たちは第一に主体的に考古学をやっていかなくてはいけないと思います。人が様々なかたちで調査に関わっていき、いろいろ考えて調査を行う、それを基にしつつ研究していく。それは当然のことでして、仕事は仕事、学問は学問と割り切る場合もあるかどうか知りませんが、少なくとも私は割り切れなかった、できなかったということです。良い悪いじゃないんですけれども、楽しく仕事ができる、研究ができる、考古学が進展していくようにやっていく必要がある。まずそういう意識が必要だと思います。

　とすれば調査だっていろいろな試行錯誤のなかでやってきているわけで、これからもそうあるべきと思います。少なくとも調査自体が画一化されるようなことを恐れています。

　また、埋蔵文化財行政の弱体化ということを認識せざるを得ないということもあります。これも良いか悪いかということを言う気はないんですが、民間の発掘調査会社、支援業者がこれからある程度、発掘調査のかなりの部分

を主導していく方向になることは間違いないだろうと思います。だからといって必ずしも悲観することはなくて、やっているのは人間、人がやるわけですから、大きな枠組みのなかではもちろん様々な制約があるとは思うのですが、そのなかでも一人ひとりがやるべきことをやっていく、志を持って調査していくべきだと考えたいです。

　これまで、自分たち新地平派のほうが隔離されているとか、隔絶されているとか、まぁ営業トークといいますか多少脚色しているといいますか、被害者ぶったことを言いましたけれども、決して孤立しているわけではないということを改めて最後に申し上げておきたいと思います。いろいろな人たちの問題意識、試行錯誤を踏まえたうえで私たちの仕事もあるわけで、ここでは分かりやすく「新地平派」という言い方をしてきていますが、さきほど山本さんが、「そんな風に言うことじゃないよ」と言われたわけですね。まぁその通りだと思います。別に新地平派には関係ない人でも同じような方向性のことをやっている人はいっぱいいるということです。最初の報告のなかでも触れたように、学史の流れでみれば、私たちは、小林達雄さん、それから安孫子昭二さんたちの一番弟子というか、もっともコアな部分を継承していると言える部分がたくさんあると思います。

　またまったく関わりのないところでも、例えば弥生時代については東京大学埋蔵文化財調査室の原祐一さんや京都大学埋蔵文化財調査室の冨井眞さん（冨井眞2006「遺棄から埋没まで―弥生土器の原位置論的分析―」『京都大学構内遺跡調査研究年報2001年度』）が弥生土器について、接合関係から廃棄行為の復元を試みていますね。それから今日はちょっと準備不足で全く触れていませんが、古代以降でもいろんな方がおもしろい作業をやられています（大場正善・濱松優介2011「土器片が集中した理由」『山形県埋文センター年報（平成22年度）』）。黒尾さんもやられていますが、桐生直彦さんも、かなり面白い遺構論や土器論をやられています。北海道の続縄文～擦文期の集落や竪穴住居の調査において土器接合関係や土の廃棄など興味深い研究があります。縄文の世界でも下総考古学研究会の中峠貝塚の調査研究など学ぶべきものがあります。私たちは比較的リンクしないのですが、明治大学の阿部芳郎さんなんかも面白い

ことをやられています（綾瀬市教育委員会1998『上土棚南遺跡』）。土器塚、土器集積遺構での土器破片の接合状況の研究のなかには、ああなるほど、こういう考え方もあるんだなと、私も非常に興味深く見ています。また阿部さんは環状盛土が居住痕跡が垂直に堆積したものであると指摘していますが、それをどのように検証していくかが大事ですよね。

　ですから、先ほども言いましたが、点を取った後にどうするのか。私たちが大橋遺跡でやったから、それをみんなに同じようにやれというようなことではないと思います。逆に言えばわたしも対象とする時代を超えて、今までいろんな人がやってきたこと、いろんな人が考えてきたことをもっと勉強していきたい。そのうえで何がスタンダードとなるべきかを考えていきたい。

　それと同時に、それぞれの時代の研究には特性というものがありますから、そういうことも踏まえたかたちで議論していく必要があります。私もある時、勘違いをしたといいますが、よかれと思って同時存在住居がわかるいい研究方法がありますよ、というつもりで、弥生だとか、旧石器の方にちょっと話をもっていったら、非常に嫌われた。嫌われたのは、研究状況としての違いを意識しないで縄文的な風土を持ち込もうとしていると受け取られてしまったからだろうと思うのですけれども、そのひとつには、その時代ごとに特性といいましたが、得意としているところがあるわけですから、それを伸ばしていくようにしたいなぁと思います。

　はっきり言って、縄文研究は馬鹿にされています。古墳時代とか弥生時代を研究の対象にしている人たちから馬鹿にされているんです。旧石器も馬鹿にされているかもしれないですけれど、旧石器・縄文は先史とか原始、すなわち古いほうのことをやっている人という風に扱われますね。それは弥生・古墳時代研究者からみて社会を復元できない、歴史を復元できないと思われているわけです。だけれども、そもそもそういう人たちのいう歴史と私たちの対象は違う。縄文時代にはまだ「日本」という国はないし、少なくとも「国史」ではない。何もわかるはずがないと軽く見られているのですが、実際には集落研究、廃棄論では縄文中期研究が一番進んでいると思います。

　逆に新しいほうを見れば、さきほど櫛原さんから、近世の人たちはドット

2部　討論の記録

まとめのあいさつ

を取らないのかと確認されたんですが、近世で黒尾さんがやっているように、近世こそドットを取ったらいい情報が得られるはずです。近世遺跡で廃棄研究を取り入れた最初と自負している麻布台一丁目郵政省飯倉分館構内遺跡でもグリッド単位で遺物を取り上げていまして、自分がやってないのに言うのもなんですが、近世こそ、ドットを取って出土状況をきちんと押さえていかないと、情報の波に埋もれてしまうのではないかということを危惧しています。単なるドット、点を取ることに過ぎないのですが、それがやはり時間情報を整理するための技術であるのですから、私としては死んでもドットを取るのが当然だと思います。とはいえ、時間的・経済的ないろんな制約でドット調査が出来ないときには、出来ないことで単純にマイナスになるんじゃなくて、問題点を挙げていって将来はやっていく方向へ舵をきっていってほしい。私は自分の好きなこと、やりたいことしかやらなかった、大規模な調査しかやってこなかった、調査する遺跡を選んでしまってきているので、逆にいえばその時々に苦労して、頑張って調査をしてきた方たちからは無責任呼ばわりされても仕方がない、逃亡者なんですけれど、それは結果としていい調査ができるところだけやるということじゃなくて、やはり最低限必要なデータ収集の方法としてドット調査実践を意識していくべきと思います。

　最近の考古学界というのは多様化しています。認知考古学だとか、データ考古学とか、景観考古学だとか、いろんな見方がある。だけど結局は、わたしは遺跡での基礎的なデータに還元されてくると思います。

　大変厳しい状況に置かれている考古学界のなかでも、だからこそ、私たちは私たちの意識でやっていきたい、頑張っていきたいと。以前、黒尾さんが言った言葉で、ああいいこと言うなと思ったのは、ひとつは岡村道雄さんに向かって「私は一市民ですから」と言ったのが非常に印象に残っています。それともうひとつは、黒尾さんの「連帯を求めて、孤立を恐れず」は、全共

闘のスローガンみたいですが、非常にいい言葉だと思います。新地平派っていうか、ひとつのやり方、意識に集うひとたちがいるわけですが、それは決して党利党略のたぐいではない、と。

　これからもそれぞれ議論しながら一緒に楽しくやっていければ、と希望します。また新地平として、次は環状集落形成過程についてちゃんとしたシンポジウムをやりたいと考えています。そのときはみんなで丸くなってやりましょう。どうも本当に今日はありがとうございました。

3部 補論と展望

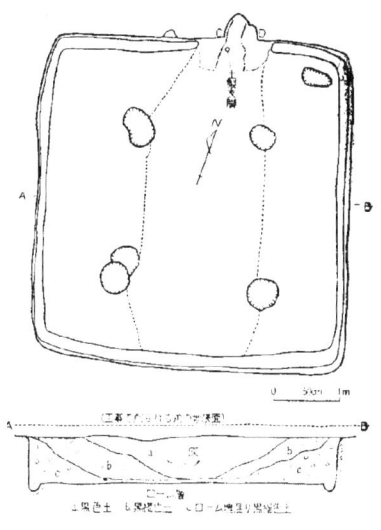

東京都志村小豆沢第16号竪穴
和島誠一 1955「集落址」

『日本考古学講座1 考古学研究法』河出書房

扉挿図：竪穴の断面作図
1938年に考古学雑誌に報告された志村小豆沢の古代竪穴住居について、トレンチ部分の壁に住居のほぼ中央がかかり、レンズに堆積する覆土の様子が図化された。1947年から調査された爪郷遺跡の竪穴の報告でも断面観察は重視されている。しかし、和島がその後主導した南堀貝塚、三殿台遺跡の調査では平面的掘り下げが優先されている。

縄文集落研究の15年と新地平グループの指針

宇佐美哲也

1

「縄文集落研究の新地平の15年」と題する今回の公開研究会は、1995年12月に開催されたシンポジウム「縄文中期集落研究の新地平」から15年を経過してきた、いわゆる「新地平グループ」の歩みを振り返りつつ、各地の調査事例を持ち寄ることで、その広がりを確認するものであった。

「新地平グループ」としては、すでに4回のシンポジウムを開催してきたが、今回の集会の最大の成果は、竪穴住居の調査史、集落遺跡の調査史・研究史を回顧するなかで、集落遺跡の調査に際して「新地平グループ」が志向してきた詳細な調査事実の積み重ねと、そのなかから集落研究に必要なデータを帰納的に積み上げるといった姿勢が、決してグループに限られた、独自のかつ特殊な調査・研究志向ではないことを、武蔵野・多摩地域における調査史・研究史のうえに自らを位置付けることによって明確にしたことである。

その詳細は、小林謙一、中山真治、黒尾和久各氏の基調報告にあるとおりで、グループの根底となる調査における遺物出土状態の詳細な記録化とそこから集落研究に必要な情報を引き出すといった手法は、竪穴住居の調査におけるセクションベルトの設定や、原位置論や廃棄論に触発された遺物出土地点の詳細な記録化など、1960年代から1970年代にかけて武蔵野・多摩地域で行われていた発掘調査における試行錯誤の延長線上にあることが明らかにされた。

以上の点を踏まえて、討論では、①95年以降の研究動向、②点取り調査、③集落遺跡検討の視点と前提、④多様性の認識と地域史、⑤今後の展望、といった5つに大きく話題を分けて、95年以降の集落研究を牽引してきた小林、

3部　補論と展望

中山、黒尾の3人のパネラーに自身の調査史、研究史を回顧してもらいつつ、今後の展望につなげるかたちで討論の展開を模索したところである。

2

　討論の①では、95年のシンポジウム以降の調査史、研究成果の回顧を試みたが、2000年代以降大規模な発掘調査が減少していることもあり、集落遺跡の調査、研究はそれほど活況を呈してこなかった。そのようななか、小林謙一氏による大橋遺跡の調査報告とその成果を用いた一連の研究、ならびにセツルメント研究会が主導してきた「新地平シンポジウム」が具体的な調査事例に基づく集落遺跡の検討を牽引してきた状況が確認された。討論のなかでは、「多摩ニュータウンNo.72遺跡」の報告書も挙げられたが、結局は、詳細な調査過程を記述しつつ、遺物の出土地点の記録化と、それをもとに作成した遺物分布図・接合図などを観察しながら、具体的な調査事実の積み上げのうえに、一時的な集落景観を復元し、その変遷過程を提示した調査報告や集落研究はほとんどなかったといえる。

　毎年、たくさんの発掘調査報告書が刊行されるなか、少なくとも武蔵野・多摩地域では、報告書に遺物の出土地点を明示した、いわゆる「ドットマップ」が掲載されることは、最早スタンダードとなってきた。遺構実測図、遺物実測図と「ドットマップ」がセットで掲載される報告書は多い。しかし、その大半は、単に遺物の出土地点が形式的に掲載されたものに留まり、「ドットマップ」の有効活用が図られてこなかったのが実情ではないだろうか。いってみれば、1960～1970年代の第一世代が試行錯誤した問題意識、調査視点・方法が上手く継承されてこなかったとも言える。

　小林謙一・黒尾和久両氏の調査実践をみれば明らかなように、点を取って単に「ドットマップ」を作成するだけでは、集落遺跡の検討素材としては不十分であり、そこに遺物の遺存度であるとか、遺物の種別分類、土器片の時期分類など、遺物の属性データを反映させて提示する、さらには遺物の接合関係を接合図として提示する作業を経てはじめて、集落遺跡の検討に有効な素材として提示することができる。そのためには、経時的変化をもっとも反

映するはずの土器片の観察と時期分類が適切に行われることが前提ともなる。

3

　討論の②は、前述の点に対して、「ドットマップ」を有効活用する方策を広く共有するために用意したつもりである。討論では、結局、「点を取る調査」によって何が分かるかは伝授されるべきものではない、調査者の問題意識次第であるということに収斂した。ここではむしろ、私自身を含めて次に続く世代が、これまでの成果のうえにさらに何を引き出していくか、どのような問題意識をもって、どこに視点を据えて調査に臨むのか投げかけられたかたちで終わったわけである。

　ただ、住居の調査方法等に対する関心も、時期により大きな波があり、関心の度合いには高低が生じるわけで、「点を取る調査」を行うことによって分かること、分布図・接合図の読み取り方を含めて、調査者が「点を取る調査」の意義を見い出せなければ、総体として、今後「点を取る」調査自体が廃れていく可能性が高い。

　討論のなかで「点を取れば何がわかるか」という点に拘ったのは、発掘調査を巡る社会的な環境変化のなかで、やはり分布図、接合図からどんな情報を読み取ることができるのか、その具体的な利点と活用方法を共通認識としていかなければ、「点を取る調査」自体が廃れていく危険性が高いと考えたためである。

　縄文集落研究を巡る問題というよりも、むしろ遺跡調査のあり方全般に関わる問題であろうが、調査者は、まずは同じ土俵で検討できる資料を少しでも多く、第三者にも検討可能な状態で提示していくことが必要である。これまでの調査によって積み上げられてきたデータを活用することが強く求められている昨今、将来に向けて有効に活用できるデータの蓄積を担保した調査方法を広く調査者のあいだで共有することも必要である。討論のなかで、小林謙一氏が大橋遺跡における調査の最大の成果として挙げた点を、再度確認して欲しいと思う。

　その際、文化庁による『発掘調査の手引き』や各都道府県教育委員会が進

める「調査標準」作りなるものが、このような営みを阻害したり、足枷となるようなものになってはいけないはずである。

4

「新地平グループ」の問題意識は、集落遺跡の検討に足る時間軸を整備するとともに、詳細な遺物の分布・接合状況を提示し、それらを読み解くといった手続きを積み上げれば、「大規模集落跡」といわれるものも、一時的景観では「小規模集落跡」のそれと大差ないのではないかと指摘した土井義夫氏の問題提起（土井1985）、いわゆる従来からの集落観に対する「見直し論」が起点となっている。ところが、これまでの研究動向のなかでは、「見直し論」＝「新地平グループ」対「従来までの大規模・環状集落を前提とした集落論」といった図式のなかで、「新地平グループ」は単純に「環状集落」のすべてを否定しているという見方が定着してしまった感がある。放置すればいつまでも誤解あるいは偏見が払拭されない状態が続くと懸念されるため、討論③では、あえてこの点について若干の確認を行った。

「新地平グループ」は、時間的な累積の結果として残された「環状集落跡」の姿から何らかの意味を見出し、先入観に基づく演繹的な縄文社会論を展開する前に、集落遺跡における一時的景観の姿と「環状集落跡」の形成プロセスを詳細に検討していくという至極正統な手続きを主張しているに過ぎない。具体的な手続きに則って集落遺跡を検討した場合、1軒の住居のみが分布するような景観が復元できる時期もあれば、住居が環状に分布するような景観が復元できる時期もあるという事実を否定するものではない。これも具体的な手続きを経たうえで復元された姿に相違ないからである。

むしろ大切なことは、具体的な検討を積み上げてきたなかで、今までの集落論において自明の前提とされてきた土器の細別時期をまたぐような住居の継続性であったり、1軒の竪穴住居が何十年ものあいだ機能してきたとする前提が、きわめて疑わしいことを確認してきたことであり、土器の細別段階の持つ時間幅のみを前提とする限り、集落遺跡の有効な検討ができない等、集落遺跡検討の基礎となるべき時間認識について基本的な考え方を構築して

きた点にこそある。単純に出土した「土器型式の連続性」を、集落の継続期間に置き換えてきたこれまでの集落論の方法も、早速自明の前提とはできない。「大規模」、「継続性」、「拠点的」など、従来までの集落論において、自明の前提として用いられてきた用語も、無条件では引用できなくなったのである。

5

　縄文時代史を俯瞰すれば、「単期的な居住」の痕跡が残される時期、地域が一般的なのであり、居住の場が「環状集落跡」として累積する現象が認められる地域・時期がきわめて限定されていることは広く了解されるところであろう。シンポジウム4の主旨説明のなかで黒尾和久氏が触れたように、「＜環状集落論＞と＜見直し論＞との論争の犠牲」となり、正面から論じられることが少ない、多様な居住痕跡のあり方が広く存在する（黒尾2008）。
　「大規模集落跡」・「環状集落跡」についても、そのいくつかについて検討すれば、一時的景観は、1軒の住居からなる時期もあれば、10軒前後の住居が環状に分布するような時期もあるし、途中断絶する時期を含む場合もあることは明らかであり、さらに、それぞれの地点において、住居が構築され始める時期、最後に住居が構築される時期も共通するわけではなく、途中、住居数が増減する時期も、各遺跡により千差万別である。とすれば、「環状集落跡」が形成される要因は、縄文文化を通じて共通した要因によるとは考えられず、各集落遺跡ごとに要因を探る必要がある。すなわち、従来までの様々な先入観を排したうえで、居住の場が「単期的」にしか残されない場所と、繰り返し重複して残される場所があるという両者の差が何に起因するかを探ることが課題となる。
　ところで、「新地平グループ」が、検討の対象としているのは、あくまで縄文時代のなかでも中期、しかも武蔵野・多摩地域といった限られた地域における集落のあり方を中心とするものであって、それを無条件に縄文文化全般に普遍化するつもりはない。同じ関東地方であっても、中期に残された「環状集落跡」と前期の「環状集落跡」、後期の貝塚を伴う「環状貝塚・集落

3部　補論と展望

跡」の形成要因は必ずしも同じとは限らない。ましてや自然環境、生業形態が異なると容易に想定される東北地方の「環状集落跡」などを含めて、時期・地域が異なる様々な事例を都合よく引用し、結果としての「環状構造」に意味を見い出そうとする見方には同調できない所以でもある。

　歴史学のなかでも、考古学はその資料的特性から考えて、「地域史」を得意とするものである。それは「集落遺跡」を検討する際の視点にも反映されるべきであるのに、「環状集落」「環状構造」といった概念のみが、「縄文」といった時代、文化を貫く代名詞のように使われることには強い違和感を抱く。まずは、それぞれの地域において、調査事実に基づいた、各時期ごとの集落のあり方を帰納的に検証していく必要があるということこそ、討論④において確認したかったことである。「縄文文化」が「計画的な環状集落」の存在を前提としなければならないものであるのであれば、「縄文文化」という枠組み自体を見直すことを辞するべきではない。

6

　さて、新地平グループとしては、具体的な手続きを経て復元された一時的景観の相互関係、とくに経時的相関関係をいかに説明するかが当面の課題となる。討論⑤では、この点についての展望を模索した。

　集落遺跡を検討する際、まずは、時間的累積の結果である集落跡を、できるだけ細かい時間軸で分解し、一時的景観とその変遷過程を明らかにすることが必要である点については、「計画的な環状構造」とみるか「結果として形成された環状集落跡」とみるのか、スタンスの違いはあれど、共通認識となりつつある。もちろん、新地平グループとしては、後者のスタンスである。

　しかし、分解された一時的景観の相関関係をいかに説明するのかは非常に難しい課題である。いわば、「横切り」の検討を経た後、その結果を「縦切り」の方策で再構築する作業が必要なのであるが、これまでの「縦切り」集落論は、あくまで集落の「継続性」を自明の前提としてきたものであるため、そのまま参照することはできない。

　例えば、Ａという集落遺跡において、ａ期には２軒の住居が、ｂ期にも２

軒の住居が残されており、ａ期とｂ期は土器の細別時期区分上は連続していたと仮定する。その場合でも、ａ期に残された痕跡とｂ期に残された痕跡との相互の関係性は定かではない。両時期のあいだには、土器の細別時期区分のみでは把握されない時間的断絶を含む可能性すらある。Ａ遺跡がａ期からｂ期にかけて継続して営まれたことを実証することさえも、実は難しいことなのである。これは小林謙一氏のいう「フェイズ」相互の関係についても該当する。しかも、ａ期、ｂ期の居住活動がＡという遺跡の範囲に収まっていた保証もない。とすれば、遺跡のなかで遺構が希薄な場所に線を引くような、従来までの「縦切り」の手法のみに依拠する限り、当時の居住の実態には一向に迫れないのであろう。

　したがって、新地平グループとして「横切り」の検討後にすべきことは、従来までの集落研究における「縦切り」の手法とは異なる視点と検討の手法を模索していくことである。

　そのためには、まずは「一遺跡」＝「一集落」という狭い視点を打破し、様々な地形の広がりのなかで、どの部分が調査されたのか、その背後に未調査範囲がどのように広がるのかを明示したうえで、各細別時期ごとに、同時期に存在したであろう住居等を明示していく作業が必要となる。そのうえで、住居の立地、住居型式の違いや土器に見られる系統性、小地域性など、様々な考古学的要素を重ねた検討が求められる。それら多様な考古学的事象を含めた経時的変化を追うなかで、「縦切り」に有効な視点と方策を見い出していくしかないと思われる。

　ところで、上記の点については、実は、すでに第１回目のシンポジウムの際に、土井義夫氏による講演の締めくくりで提示されていた（土井2008）のであり、その意味では、新地平グループとしては、最初から議論のステージを、「移動」か「定住」かといった二項対立的な議論に収斂させるのではなく、様々な考古学的な要素で表出される地域圏（もちろん時期、要素によって様々なレベル、規模があり、それらが重層的に展開している可能性が強い）と、その内部における居住の実態について、あくまで具体的な資料に即して帰納的に明らかにしていくようなところに求めてきたはずである。

3部　補論と展望

検討に際して、キーワードは「定住」、「継続」、「大規模」か「移動」、「断絶」、「小規模」かといった従来までの集落論で用いられてきた用語のみに頼るのではなく、「地域性」、「地域圏」、「定着」といったものになるだろうし、「領域論」、「集団論」も自ずからそのなかに含みこまれた議論となるはずである。そのなかで、居住の場が単期的にしか残されない場所とそれらが累積する場所があるといった違いが現れる要因を明らかにするために、従来までの「縦切り」論には欠如していた視点と帰納的な検討の方策を模索していくことが、新地平グループの当面の課題となるであろう。その際に必要なのは、まずはあるべき「概念」、「理論」、「モデル」ではない。具体的な考古学的事象の積み上げの先に、どのような「縄文文化論」、「社会論」を描くことができるのか、ということに尽きる。

註

参考文献は調査史年表参照。ただし、黒尾 2008、土井 2008 は宇津木台地区考古学研究会 2008 に収録。

「縄文集落研究の新地平の15年」公開研究会参加記
―いわゆる新地平グループのこだわり―

山 本 典 幸

1 縄文集落構造の見直しを標榜していた新地平グループの今

　筆者は、2010年3月13日(土)の午後1時から中央大学多摩校舎3号館3351教室で開催された表題の公開研究会に参加した。今回の研究会は、1995年から数えて5回目である。研究会の構成は、小林謙一(敬称略、以下同じ)による縄文時代の竪穴住居の調査史と自身が直接関与した調査事例の紹介に始まり、武蔵野台地と多摩丘陵における中期集落を対象に、出土遺物の記録法や調査履歴を基軸にした「調査・研究史」が中山真治と黒尾和久によって示される。その後、これらの地域を除いた個別報告を纐纈茂、村本周三、遠部慎、櫛原功一、大網信良、武川夏樹が紹介した。報告例の提示は、年間数千件を超える縄文遺跡の調査に比べて総体的に物足りない印象を与えるものの、世代を超えて調査デザインの共有化を計る意味において必要不可欠である。そして、約10分の休憩を挟んで討論の場が設けられた。具体的には、司会の宇佐美哲也が小林、黒尾、中山の三氏に問いかけながら、グループが目指した方向性の再確認と将来的な展望を聞き出す形で進められていく。

　参加者は司会と発表者を除いて約40名で、かなり小規模であった。1995年の第1回と比べて、グループ以外の研究者の熱が冷めたのであろうか。しかも、討論の時点になると半数近くにまで減ってしまった。また、小林よりも年長者がほとんど参加していなかったことは、発表メンバーの固定化を考えると、この15年間を象徴する閉塞現象の一つといえる。同志が陸続と集まる状況には程遠く、仮に団塊世代が参加していたならば、彼らの存在は大いに目立っていたに違いない。

　そもそも、新地平グループと言われている集まりは、1960／61年生まれ

の小林、黒尾、中山の三名を中心に、1990年頃から遺跡の調査方法・調査デザインにかなりの神経を使いながら、数十軒の竪穴住居が環状に巡り、内部に広場や墓域などの施設を配備した構造としての環状集落を細別された時間単位ごとに見直していこうとする試みであった。簡単に言えば、最終形態として環状を呈することになる集落の形成過程を、遺跡の発掘調査方法と膨大な遺物量及び関連データの整理方法に集約された調査デザインから帰納的に立ちあげるわけである。

同時に10軒以上、時には数十軒の竪穴住居が共存し、あたかも最初から計画的に作られた環状構造を細かな時間軸で整理し直すだけでなく、住居の壁や柱穴、炉、埋甕などの重複や改築・拡張行為、住居床面から覆土に至る遺物の平面的・垂直的な位置関係と遺構内および遺構間の接合状況、炉体土器と他住居の覆土中の廃棄土器との接合例などに代表される発掘と整理作業の調査デザイン法から再検討する。この中には、「全点ドット調査」とその記録化といった方法も含まれている。特定空間に竪穴住居を継続的に作り続けていた集落には、極めて短い期間で廃絶された竪穴住居の重複群だけでなく、住居の多い時期と少ない時期の繰り返し、遺構を確認できない断絶期などが認められる。結果的に、時間的に重畳した姿が環状集落の本来的なものであると主張されることになる。当然、この方法は最終的に環状を呈さない集落や1、2軒の竪穴住居しか検出されない遺跡、遺物のみの確認に留まる遺跡にも適用された。

ところで、これらの調査デザインに関する幾つかの方法は、東京都内に限れば1960年代後半から武蔵野台地や多摩ニュータウン内の遺跡で実践されてきた。また、中期土器を31「細別」した編年案も、1980年代の中期後半土器細分案を叩き台にしている。これらの点は、全く新しい調査・整理方法を新地平グループが創出していたわけではなく、かなりの継承と連続がみられる。それは、「年表にみる武蔵野台地・多摩丘陵を中心とした縄文中期遺跡の調査・研究史―調査報告書・論文―」というタイトルで当日配付された中山資料を見ても首肯できる。

その一方で、「細別」された時期ごとの同時存在の様相、「細別」時期内に

「縄文集落研究の新地平の15年」公開研究会参加記
―いわゆる新地平グループのこだわり―

おける空間や層を異にする遺物の接合状況とそれらの詳しい出土位置に基づく竪穴住居の構築から廃絶までの時間差は、小林の「集落フェイズ」の区分や「一時的集落景観の復元」へと止揚されていく。これらは、第1回の研究会から15年の時間的な経過の中で見いだされた新しい分析方法と解釈の見通しである。ただし、これらが小林、黒尾、中山の三名の間で共有されているかは疑わしいし、彼らの影響を受けて各地で浩瀚の資料調査に従事する者にまで波及しているとは思えない。限られた遺跡をそれぞれに扱う小林と黒尾に寄与した視点かもしれない。

　21世紀を迎えて縄文集落論も徐々に変化してきた。発掘調査における光波測距儀や写真測量の登用、目的に応じた遺物の記録化の多様性とその成果、遺跡間の生態的・社会的・宗教的な視座に基づく幾つかの解釈があらわれている。討論の内容をみても明らかなように、1995年時点に比べて明確な「展望」をもつならば、そろそろ「新」をはずすか、別名称を用いて出直しを計るべきではないだろうか。米英の New Archaeology が Processual Archaeology へと変化した経緯をヒントにすれば、15年間の新地平グループの活動は余りに硬直化している。

2　こだわり

　新地平グループのこだわりの核は、発掘・整理に関する調査デザインである。特に遺跡の発掘に際して、遺構の切り合い関係や土層の埋没過程に注視しながら、遺物の出土位置の記録化を大切にする。考古学を学び始めた頃に出会った同輩や先輩、参加した発掘現場における調査デザインとの邂逅は、その後の研究の針路を示すかもしれない。中山と黒尾は1970年代から小金井市周辺の遺跡や檜原村での大学主体の発掘調査などを通して、安孫子昭二や土井義夫が実践していた調査デザインを引き継いでいく。そして、彼らの1960年代からの業績を紐解く過程で、中山と黒尾は自分なりの調査デザインを見つけていったわけである。そこには研究手法の継承と模索が介在していた。そして、小林を加えた三名に共有されつつ後進にも影響を与えた点は、遺構内外の種類別の分布密度や堆積土層の異同による遺物属性の変異、接合

作業による新旧関係の想定を、縄文時代に限定せず色々な時代に応用した点である。当然、遺物全点の記録化もこの中に含まれる。

　しかしながら、期限や予算の限られた中で広い面積と数多くの遺構を調査する場合、全ての遺物の記録化という手法は向かない。今回、何人かの発表者も指摘していたが、目的に応じた記録化の多様性を推進すべきである。10円硬貨程度の大きさの遺物を全て三次元データとして取り込まなくても、大きな破片のみの記録化や覆土の層ごとの取りあげ方法によって、遺構の埋没年代の違いや施設の廃絶過程などを推測させうる研究事例は多い。同様に、終わりの見えない遺物の接合作業は、作業コストの面と複数集落の比較検討における同質の前提条件を保つ意味から対策を講じなければならない。

　二つめのこだわりは、詳細な形成過程を無視した環状集落構造論者が安易な解釈を示しているということから、解釈に踏み込まない禁欲的な立場を貫くことである。この姿勢は黒尾の論調に根強く、小林との間に温度差をもっているのではないかと筆者は予測する。時間の細分を進め、細分された時期ごとに遺構の構成と配置を示す。更に、出土位置を明確にした遺物の住居内及び住居間の接合関係に着目して、集落ないし遺跡利用の動態を現象面で再現することに異論はない。しかしながら、その作業自体が目的化してしまうと、同世代だけでなく前後の世代も離れていくだろう。微細な形成過程を辿りながらそこに多様な廃棄行為とその内実、出自に代表される社会集団の明確化などを解釈した論攷がグループ内にほとんどない中で、この禁欲的な姿勢のみがグループの魅力になるのだろうか。一部の縄文時代研究者たちに蔓延している安易な社会組織論、婚姻関係を無視した親族組織論、クランや出自、双分制などの曖昧な定義は批判されるべきである。このように、グループの真摯な批判と対応は評価できる。一方、多様な形成過程を引き起こす行動や社会に対して自身の立場の表明をそろそろ行なうべきだと愚考する。

　ここで、理論装置と考古事象との循環に踏み込むのが小林である。なぜならば、彼はマイケル・シファーを引用しながら「サイクル論」を仮設したからである。以前、筆者は、東京都武蔵台東遺跡を報告する過程でシファーの形成過程研究を少しだけ紹介したが、遺跡形成とその生態的・社会的要因に

関する小林の膨大な業績を読み取り、筆者との思考の相対化を計る意味において、物質文化研究、社会理論と行動考古学などにも精力的に発言しているシファーの形成過程研究を詳細に解説してもらいたい。結果として、多くの研究者との間に建設的な対話も生まれてくるだろう。

　ところで、新地平グループといっても、メンバー間で問題意識や目的に違いが介在することは当然である。黒尾は、討論の中で司会者から今後の「展望」を求められた際に、「遺跡間関係の起因」を考えることであると述べていた。その主張は納得できるものの、欧米のセトルメント考古学、小林達雄のセトルメントシステム論がもつ考古事象の分析方法に関する問題点の指摘とその批判だけでなく、それらの枠組みが依拠した理論と方法論そのものを積極的に反論していくべきである。この行為を進めていかない限り、魅力的な調査デザインの実践による事例の蓄積に反して、この15年間の空虚さと研究の迷走だけが強調されてしまう。

3　組織の組み替えによるシンポジウムとその企画

　今回の研究会は竪穴住居に絞られていた。集落構成要素のほんの一部のみを扱っていることや休憩回数の少なさを除けば、全体の進行表を見る限り、バランスのとれた構成であったといえる。特に、あらかじめ五つに大きく分けられた討論内容の筋書きから、司会の宇佐美の気合いの入り方は良く伝わってきた。

　しかしながら、特に中山との間で議論のやりとりが空転したり、司会者自身の集落論の展望が開陳されていなかったため、竜頭蛇尾の傾向が強かった。例えば、テーマとして竪穴住居とその形成過程に特化するものの、「ヒト」とか「社会」に関連する術語が一切登場しなかったことは、もともと集落論がもっていた壮大な社会構成史とその批判過程の学史からかなり逸脱していたといえる。これらの点を意図的に述べず、遺物の記録の仕方や発掘・整理の調査デザイン法に基づく一時的な集落ないし遺跡景観とその時間的な形成過程のみに議論を集約させようとするのが「新地平グループ」だとすると、そこには既に「新」でない姿が露呈してしまっている。なぜならば、筆者は

3部　補論と展望

集落論に限らず、調査デザイン、分析方法、解釈の統合的な理解が考古学そのものの基本だと考えるからである。

　黒尾は、集落研究を手がける数多くの研究者から自分たちが「隔離」されているといった旨を何度も述べていた。しかし、この印象的な発言が集落遺跡や遺跡群を対象に社会論や居住形態論にまで立ち入ろうとしている代表的な研究に対して、資料の分析方法、解釈の方法論、解釈のための枠組みと術語などを咀嚼しつつ同じ土俵に立つことを展望した上での発言であるか否かについては、大いに疑問を感じた。15年の歳月が経過した現在、縄文集落、特に環状集落の「見直し」を標榜していた「集落研究の新地平グループ」は、そろそろ「新」を用いない名前の提唱だけでなく、異なる分析方法や枠組みをもつ発表者の幅広い人選を含めて新しく「出直す」必要に迫られているのではないだろうか。

　山梨県で開催された2006年度研究集会「縄文集落を分析する」で記したように、発掘・整理の調査デザインの洗練化、及び複数の考古事象から形成過程の微細な読み取りをストイックに行なうことには新地平グループに共感できる。このように、個々の集落遺跡を形成過程の視点から地道に検討を繰り返す帰納的な研究行為は、構造としての環状集落が縄文時代の中でいつ頃あらわれるのか、その構造が継続する時期はあるのか、それとも構造は共時的に限られてしまうのか、いつ顕著な傾向がみられなくなるのか、これらの現象群に地域差は認められるのかなどを歴史的に辿る上で重要な出発点なのである。目的や解釈を大いに異にする筆者にとって、遅まきながら小林のフェイズ論が依拠した各遺跡の再検討と批判を目論む時期にきている。それ故、集落遺跡の形成過程に対する問題意識をもちながら、このテーマを具体的に分析しない集落研究者たちは新地平グループと対極に置かれる。彼らの「構造」や「環状」の意味内容は、表層的な演繹論に終始するだけでなく牽強付会の主張に近いため、筆者は批判的である。ちなみに、ここでいうところの「構造」は文化現象を表出させるコードを意味すると考えておけばよい。

　多くの媒体を通して考古学的な言説や概念が飛び交っている現況において、発掘資料の精査から立ちあげる新地平グループの手法は、集落の理論面を表

層的に取り扱う対極の立場をどのように対象化し得るのであろうか。両者は対象化しあうどころか、乖離し続けたままではないだろうか。発掘から整理作業における新技術の導入や言説の多様化を否定できない状況下において、理論と記述の循環構造の可能性とその実践を集落研究の中に探っていくべきである。新地平グループが「新」を外したとき、その役割を担うことができるといえる。

付記（1）

　研究会の開催からかなりの時間が経過してしまったものの、本稿を執筆するに際して、「縄文集落新地平グループ」のメンバーの業績リストを作成した上で、彼らの研究成果から学ぶ点は多かった。これらを詳しく取りあげなかったことと、誤読や認識不足の点はご寛恕願いたい。また、「コメント」という体裁のため、引用文献一覧を省略した。あわせてご容赦願う次第である。現在のところ、筆者の集落論は体系的なところにまで到達していない。自己の立場の鮮明化に向けてグループとの対話は必要不可欠な営為であるため、特に小林によるフェイズ論に依拠した集落形成論の評価が次の課題になる。「景観」概念の意味を含めた解釈はさておき、一時的集落景観を求めるために竪穴住居に限定して析出された集落フェイズが、特定集落ないし複数集落の「景観」復元に際して有効な分析装置であるか否かを問うわけである。

付記（2）

　2011年末に脱稿する前後から、筆者は「縄文集落新地平グループ」の小林、黒尾、中山の三氏と一緒に研究集会を開催する方向を探っていた。この過程で本稿における筆者の主張も話題にのぼり、多くの建設的な意見を得ている。結果的には、2012年3月10日（土）、東京都埋蔵文化財センターを会場に「新」と「集落」を外した「縄文研究の地平2012―武蔵野・多摩地域の集落調査が問いかけたもの―」を開催した。研究集会のタイトルやテーマに対して、旧来のものと内容的に変わらないといった批判を一部で受けたものの、少しずつ異なる視点や見通しなどを加えていければと個人的に考えている。

3部　補論と展望

戦後集落調査の系譜

小 林 謙 一

はじめに

　多摩地域および関東地方を中心として、竪穴住居の調査に関する研究史を年表として巻頭に掲げた。これまでにも小林は、竪穴住居跡のセクションの認識に関する研究史をまとめたことがある（小林 2003、2009）が、ここにその概略を踏まえつつ、戦後の集落調査史という視点によって改めて概観することで、我々の目指す縄文集落研究の方向性を考える一助としたい。なお、下記に引用する文献のうち、巻頭の年表に示したものは文末の参考文献から略したので注意願いたい。また、戦後〜1960年代の関東地方の縄文時代竪穴住居跡・集落調査を中心として調査史をたどるが、戦前についても概略を記した。逆に1970年代以降の高度経済成長期の大規模開発に伴う調査や、山梨県での考古学協会大会など1980年代の集落研究の議論については、本書の各論考やこれまでに記した論考（小林 2004、黒尾 2008 など）に譲る。

Ⅰ章　集落調査への端緒―住居跡の認識―

　住居の認識から戦前における研究状況については、前述の旧稿による研究史（小林 2009 ほか）のほか、先学諸氏によっても明らかにされているので、ここでは概略を述べ、旧稿執筆当時に見逃していたことや新たに知見に加わった点を記すにとどめる。

　日本における竪穴住居の認識は、佐藤伝蔵の陸奥森田村竪穴調査（佐藤 1898）など土壌の発達が少なく竪穴が窪地として残っていた北方における事例報告や各地に残されていた民俗例の紹介などから始まっている。竪穴住居

跡の地中に埋没している状態の確認としては、崖断面での観察により遺跡として認識されるようになった。旧稿（小林 2009 ほか）では、弥生式土器の設定で著名な蒔田時次郎による蒔田邸（現東京都豊島区駒込）、田端村道灌山、王子村亀山の切り通し等に見られる竪穴断面スケッチでの竪穴断面発見（蒔田 1902）の報告などを紹介したが、蒔田は道灌山では豊島線鉄道工事に伴い、東京帝国大学坪井正五郎の命で日本鉄道会社に便宜を受け調査している（蒔田 1902）。その中で、道灌山例では竪穴ではなく環濠か埋没谷であろうと石川日出志が指摘している（石川 2008）が、断面中に土器、貝、炭などが層として図示されている。断面から堆積層を観察する優れた視点であると高く評価できる。その前後に同様な報告は多く認められることを追記したい。例えば、名古屋市高蔵貝塚では、南大津通りの拡幅・延長のために明治 40 年（1908 年）冬に工事が行われた。翌 1909 年 1 月から 3 月に鍵谷徳三郎が約 80 日間にわたり高蔵貝塚を調査した際に、「尾張熱田高蔵貝塚発掘地図全断面図」として台地全体の断面図を略測している（平面図と対応させると工事された道路の両側の切り通し断面であると考えられる）が、その中に地点貝塚らしい貝層ブロックや、それとは別に柱穴などを伴う落ち込みが書かれており、住居断面と思われる記録がされている（名古屋市 1988）。

　なお、発掘調査報告としては、竪穴住居の調査報告例は、1924（大正 13）年の柴田常恵・田澤金吾による富山県氷見市朝日貝塚の竪穴住居発掘が嚆矢とされている（大村ほか 1923、柴田 1927）。やや遅れて大正 14 年の町田市高ヶ坂遺跡の敷石住居調査も竪穴住居と同様に平面的に露出させることを優先した手順で調査されているが、むしろ敷石による床面や掘込が浅い形状を特徴とし平面的に敷石部分を広げて行きやすい敷石住居の掘り下げ手順が、その後も竪穴住居の調査に影響を与えた可能性がある。

　貝塚調査での貝層断面での住居の落ち込みへの注意から住居埋土が次第に認識されるようになったが、その注意は酒詰仲男（酒詰日誌「昭和 15 年調査（2）人類学教室」の 3 月余山発掘等日録など（酒詰 2009））や山内清男（千葉県上本郷貝塚（山内 1928、伊東 1929）、武蔵高校裏遺跡（山内 1936））など一部にとどまるものの、興味深い視点を示している。例えば、大山柏は大正 15（1926）年勝

3部　補論と展望

坂遺跡A区発掘調査、昭和2年（1927）補足調査をおこなった報告の中で、遺跡発掘図として住居の平面断面図中に上層が耕土、覆土が黒土、床面が赤土と注記され、礫石や土器が断面図に画かれて、遺物の遺存に注意を示している。1928年9月に山内清男、伊東信雄氏らにより調査された千葉県上本郷貝塚（伊東1929）では、E地点・F地点において、「所謂「竪穴の重複」が見られる」住居群を調査している。

戦前における集落（重複竪穴住居群）の調査としては、1926（大正15）年5月～6月及び8月～9月の東京帝国大学理学部人類学教室による千葉県市川市姥山貝塚の発掘（宮坂・八幡1927、松村・八幡ほか1932）が、日本で初めて組織的に竪穴住居群を調査した事例と評価できよう（小林2000）。姥山貝塚を継続的に調査していったグロードによるまとめにおいても、竪穴住居の1/4角ほどを柱状に貝層がレンズ状に入り込んでいる様子をスケッチで描いている（八幡1926-PLATE XII）図が掲載されている。

II章　大規模調査体制の系譜

集落調査は戦前の住居単体を中心とした調査把握から、尖石遺跡、与助尾根遺跡など中部地域での農家として集落遺跡周辺を耕作しながら点をつなげていくようにして次第に集落の全貌を意識していく。その流れは、平出遺跡（小林1986）や井戸尻遺跡群の調査に繋がるのであろう。関東地方では、登呂遺跡など大規模調査の端緒をうけて、和島誠一による原始共同体の解明を目的に掲げた集落全面調査の必要を意識した調査が、南堀貝塚、三殿台遺跡と続く。とくに三殿台遺跡の調査に参加した若い研究者によって、各地で廃棄論や住居埋没過程の研究などに繋がる竪穴住居調査が意識されていくようになる。

1節　登呂遺跡の調査

いうまでもなく登呂遺跡は戦後日本考古学の出発点（ただし、第一次調査は1943年）であり、弥生研究の基盤となっているほか、その後に続く大学アカ

デミズム・考古学協会主体の大規模発掘調査の先駆けとなった。

　文部省・静岡県・静岡市からそれぞれ5万円ずつ交付され、八幡一郎（東京大学）が中心となり、後藤守一（明治大学）の提言で静岡市登呂遺跡調査会が発足した。今井登志喜（東京大学）・八幡一郎（前出）・大場磐雄（國學院大学）・駒井和愛（東京大学）・杉原荘介（明治大学）・島村孝三郎（東亜考古学会）が主要メンバーとなり、昭和22年7月13日に鍬入れが行われ、本格的な発掘調査が行われた。登呂発掘の目覚しい成果が報道され世論に動かされた政府は、この発掘を国家的事業にすることを決定し、これを契機として昭和23年4月2日に日本考古学協会が発足した。こうした大規模調査を目的として横断的かつ上下関係の体制による調査を、戦後高度成長期までのスタンダートモデルとなったと評価し、ここでは「登呂体制」と仮称する。

2節　和島集落論　南堀から三殿台へ
(1) 和島誠一の評価

　縄文研究における和島誠一の評価は共同体論の推進者としての高い評価と考えるが、その中には日本で初めての集落全体の把握と評される「南堀貝塚」の調査者としての評価が含まれる。和島は戦前に酒詰とともに東京大学人類学教室での調査をおこなっており、その中で住居の把握についての認識を深めてきたと考えられる。戦後になり、登呂の調査を経た上で戦前に調査した志村小豆沢遺跡の竪穴住居調査から戸籍との関連を追究（和島1948）し、瓜郷遺跡調査を経て「集落址」『日本考古学講座』1（和島1955）を著した。横浜市史編纂に関連して、南堀貝塚の調査をおこなうが、トレンチ調査による集落全体像推定にとどまったことを自覚し、全面発掘の機会を望んでいたとされる（板橋区郷土館2007など）。

(2) 三殿台遺跡の調査

　三殿台遺跡は横浜市磯子区岡村にある縄文・弥生・古墳時代の集落遺跡である。遺跡は標高55メートルほどの小高い丘の、約10,000平方メートルの広さがある平坦な場所である。丘の周りの斜面には数ヶ所の貝塚が点在し、明治30年代に発見され、「屏風ヶ浦岡村貝塚」の名称で紹介されていた。そ

3部　補論と展望

の後、隣接する市立岡村小学校の校地拡張予定地となったため、横浜市史古代部会和島誠一らにより1961（昭和36）年夏、多くの研究者や中・高・大学生、市民ら延べ5,000人が参加して、遺跡全体の発掘調査が行われた。

調査の結果、縄文時代から古墳時代にわたる約250軒（弥生時代の住居は170軒近く）の竪穴住居跡が見つかっている。この三殿台遺跡調査は、下記のような点で高い評価を得ている（横浜市歴史博物館2011）。

- 当時としては画期的な台地上の集落の全面発掘が行われた。（全面発掘）
- 調査の主力を担ったのは各大学から泊まり込みで参加した学生たちであり、近隣の中高生など多くの市民も発掘に参加・協力していた。（市民発掘）
- 短期間で広範囲を効率的に発掘するために建設機械が導入されるなど、その後の高度経済成長期の大規模調査の先駆けとなった。（緊急調査）

発掘50周年を記念し、2011年4月から5月に、横浜市歴史博物館が特別展を開催した。企画展担当者である高橋健による横浜市歴史博物館の図録や展示の中で三殿台遺跡発掘の方法に関わる調査日誌・記録類などの展示がなされ、当時の発掘方法や参加者の意識・模索がたどれ、極めて興味深い。いくつかの記録類について、横浜市三殿台資料館の協力を得て、小林はその後調査をおこなった。小林が読みとった情報については別稿にまとめているところであるが、ここでは概略を記しておきたい。

発掘の事前準備として作成され配布されたらしい「調査必要メモNo.1」によると、1次調査の結果から和島誠一は3年で「集落の全体を一気に剥がす」全面調査を計画するが、横浜市との折衝で岡村小学校の改築に伴う事前調査となり、1961年春に日本考古学協会総会で三殿台遺跡調査特別委員会（和島誠一・岡本勇・麻生優・久保常晴ら）を設置し4つの調査区に分けられ大学が分担して調査する体制が作られた（1区：市大ほか混成（田中義昭・重松和男・今村征一）、2区：國學院（寺村光晴・横川好富・椙山林継・佐々木洋治・小林達雄・関雅之・石井君子・金子拓男・小島俊彰）、3区立正大（坂詰秀一・関俊彦・村田文夫）、4区日本大（山内昭二・澤田大多郎・竹石健二・小出義治・橋口尚武））。

「調査必要メモNo.1」の中の遺物の扱いが極めて興味深い。「炉・竈出土、床面密着のもの、床面上10cmまでのものは住居の時期を決める資料なので、その旨を記入して布袋・ポリ袋へ。それ以外は紙袋・布袋へ適宜収納、特殊遺物は総務遺物係へ」とされている。また調査記録は、「各班ごとに常時平板を設置（1/100）、住居は1/40、プラン外郭倍線、床実線、周溝波線、炉ドット、柱穴上場実線、下場波線、床からの深さを記入」、「断面は炉、柱穴、竈などをとおして2本以上実測、レベルは原点から」、「南北に走るセクションは決められたラインで各班ごとに測図」＜以上、「　」要約抜粋＞ということである。調査風景写真等を見ると、住居は1軒ごとに、床面出土の土器を残した状態で掘りあがった状態で平板実測と、エレベーションを測図している。

　すべてではないようであるが、各次調査各班ごとに作成された「調査日誌」が残されている。その内容を紹介していくことはここでは避けるが、班ごとにある程度異なったニュアンスで調査・記録をおこなっていることが読み取れる。

　一般的な手順として、トレンチ調査から住居範囲に調査を拡幅して平面的に掘り下げ、床・壁の平面的な切り合い状況で確認する手順である。これらのなかで小林達雄など幾人かは、セクションを観察し、日誌やその後整理用に記載された「住居址カード」に略図を記しているが、和島が青ペンで下線を引き「202の壁溝を被う張床を誤認」（従って逆）と注記している。小林の見解と和島の見解のいずれかが正しいかではなく、小林達雄がセクションを重視し、のちに米島貝塚での調査などにつながっていく視点を示すのに対し、和島は平面的な確認状況を重視する姿勢が明確に示され、興味深い。上記の小林達雄の他にも、適所にメモ書き的なセクション観察が記載されている。こうした三殿台遺跡の調査から読み取れる学史的な意義については、改めて別に論じたい。

　三殿台遺跡の調査日誌について、その調査方法を中心に整理し検討を加えた結果、下記の点が確認できた。

①　1959年予備調査の住居調査ではセクションとしてエレベーションが作図されるが、このうち1号住居の調査では住居の中心を通るように住

3部　補論と展望

居軸に直交して十字状にトレンチが入れられ、そのラインでセクション（エレベーション）が記録される。
② 調査を通じ、セクション（エレベーション）図が、平面図とともに平板測量時に実測されるが、多くの場合は掘り上がり後に中心の柱穴を通るようにラインが設定されている。必要に応じて住居重複部分にて断面観察を行い、セクションの略図が日誌に記され、貼床の高さなどが記述されている。

上記の小林達雄のほか栗原文蔵、麻生優ら國學院班から多くの研究者が吹上貝塚、米島貝塚、十三菩提遺跡など竪穴住居調査を実践していくほか、立正大班の関俊彦らが潮見台遺跡の調査などにその成果を生かしていると考えられること、塚田光、三上嘉徳らが三殿台遺跡調査の限界性を反面教師として、下総考古学研究会による中峠貝塚での住居調査を実践していく母体となっていることに注目したい。

3節　加曽利貝塚

1964年にはじまる加曽利貝塚の調査も、縄文研究としてまた遺跡保存運動の成果として大きな学史的位置を占める調査である。トレンチ調査による貝塚調査が主体で、住居群を貝層中および貝層下に確認しているが、本稿で扱うような住居調査に特色ある成果を見いだすことは難しい。ここでは、「登呂体制」の調査方法が典型的に認められる事を指摘するに留める。

以上で見てきたように、大規模・全面対象調査の流れは、登呂遺跡から三殿台、加曽利貝塚の調査体制へと系譜が追える。さらに、長野県平出遺跡にもみることができる。平出遺跡の第Ⅰ期調査は、昭和25年第一次調査から最大規模となった昭和26年の第四次調査（國學院大學大場磐雄以下早稲田大学桜井清彦などの大学合同調査体制）においても、同様なトレンチ調査が行われている（小林康男 1986）。

Ⅲ章　民間による継続的発掘

1節　井戸尻遺跡群

　1959 年の九兵衛尾根遺跡第二次調査における第 5・6・7・8 号住居址の重複の調査を担当した武藤雄六と、有名な「井戸尻編年」(藤村 1965) を主導した藤森栄一らの手により、重複住居の切り合い関係からそれぞれの住居跡出土の一括土器群の編年へ結びつける方法論へと昇華していった。井戸尻』自体は、むしろ縄文中期農耕論の批判への反論として 1963 年 10 月から計画された意味合いがあるらしい (例えば桐原 2011-2 頁などでの言及)。

　井戸尻編年は、大村裕 (大村 2011) によっても再評価がなされているが、当初より滝沢浩らにより指摘されていた住居出土資料を一括資料として扱うことの疑義や時間性の問題については問題が残り「井戸尻論争」というべき議論を呼んできた。それには中期土器編年としての議論と住居覆土中一括遺存土器の性格の問題との 2 側面がある。

　大村が紹介しているが、武藤雄六の追悼文において、1966 年の海戸遺跡 3 号住居の調査で武藤は「ほぼ中央にセクションベルト兼通路を残して平面掘り下げ調査」していたところ、藤森に出土物などの成果を早く得るためベルトをとることを強く命じられ、かなりの論争になったという (武藤 1974-88 頁)。

　筆者も「土器型式設定及び編年との関係については、1) 住居址出土資料の性格 (出土状況によって時間的まとまりも遺棄・廃棄・流入の要因も検討されていない)、2) 土器型式の時間的属性自体が製作時か廃棄時か (鈴木 1969)、3) 住居址の時間列と土器編年とはパラレルか (時間幅の問題や転用・廃棄物再利用等による逆転の可能性 (小林 1997))、という 3 点において問題が議論し尽くされていない。」(小林 2000) として問題点を述べたが、現在も集落調査において同様の問題点を残しており、現代的な問題でもある。

2節　多摩の縄文集落調査

　多摩・武蔵野地域を中心とした竪穴住居調査の研究史については、旧稿 (小

3部　補論と展望

林 2002) でも記した上に、本書で小林・中山・黒尾がとらえ直している。竪穴住居の遺物廃棄と住居廃絶後の埋没状態への注意が、1960 年代末から 1970 年代初めに多摩・武蔵野地域を中心とした南関東地方の住居調査でのセクションベルト設定や廃棄論の実践的研究に端を発すると考えられることである。いわゆる吹上パターン論から遺物廃棄論、さらに竪穴住居自体のライフサイクル論へと発展していく契機は、住居の床面や覆土形成過程への遺物ドット・層位観察の注意に原点が求められる。竪穴住居のセクションベルトによる層位と遺物出土位置の記録が体系的におこなわれた「貫井南・栗山」は、1965 年の井戸尻編年に匹敵する評価を与えるべき縄文集落研究上の画期をなすと考えられる。多摩地域以外でも下総考古学研究会の中峠貝塚の調査実践など影響を広く与えた調査は多いが、旧稿での評価に譲っておく。関東地方は、関東ローム層を地山とした面に黒色土壌が発達し竪穴住居が明瞭にとらえられやすい。その反面として生活面や掘り込み面は黒土の中に黒土が掘込むことにより黒土中となってとらえにくく掘込の浅い住居は黒色土中に床面が造られて「仮称「加曽利 E 3 面」想定住居」(宇佐美 1988) とよばれる中期後葉終わり頃に特徴的な、認識しにくく遺物や炉などのみが浮き上がるように残される住居となる場合がある。そのような自然環境に即した特徴と別にも、開発が一時期に押し寄せてきた状況など多摩地域の特色とともに、大学・博物館が多く研究者が行政機関を含め多く存在した事による情報の交換のさかんであったこともすぐれた調査が続いた理由にあったであろう。同時代的な研究状況を背景に、繋がって多くの研究成果が挙げられ、現在も多様な研究視点が試されている場である。考古学バブルがはじけた今こそ、竪穴住居の調査から縄文集落・縄文社会を見通す調査に立ち帰らなくてはならない。

おわりに　―展望―

　縄文住居の構築、生活、住居廃絶、遺物廃棄、フィードバックなどの竪穴住居のライフサイクルモデルを基軸に、竪穴住居の認識は進んでいくと考える。住居の構築から埋没過程の復元が重要であることは、筆者以外からも指

摘されてきたことである（山本1978、小杉1985）。廃棄であれば、吹上パターン論（小林1965）を中心とした小林達雄の廃棄論につながる。重複住居についても、その重複状況のあり方によって、同一生活面の改修や、拡張・反復であるのか、異なった生活面の切り合いであるのか、またその間の時間経過など、分類して検討していく必要があろう（小林2000b）。火災住居は、炭化材の層位的な出土状況や遺物の分布、覆土の堆積状況から、不慮の被災による火災住居と別に、住居廃絶後に片づけとして廃材に火を付ける火付け片づけ行為、および住居廃絶直後に何らかの儀礼的な行為を伴う火付け行為、例えば石棒片の廃棄が複合的廃棄行為として行われる例等があることが摘出でき（小林1999）、構築時の情報も多く残されている。生活から住居廃絶という点からは石井寛に始まる集団移動論（石井1977、1982）に繋がり、和島誠一・水野正好にはじまる理念的な集落論にマッタをかけることができたと評価できる。しかし、具体的な事実関係の解釈、住居埋没状況に対する資料解釈に対して、具体的に議論した研究者は少なく、山本暉久（山本1978など）、江森正義（江森1991）、西田正規（西田1986など）があげられるが、住居堆積過程や重複状況の事例研究の深化へとつながることは十分とはいえなかった。考古資料という直接的な遺跡情報から過去の活動・痕跡を組み立てていくことで、地域的な視点から列島史、人類史、文化史の再構成を計っていく必要がある。

　あえて単純化して言えば、縄文時代研究においては（おそらく弥生・古墳時代や北・東アジアの竪穴住居を多く用いる先史社会研究では）、竪穴住居の研究の重要性は高い。1つは、居住システム、さらにその中に暮らしていた家族を基本とする社会組織の最小単位の復原に基本的な資料となる。さらに「ムラ」は竪穴住居を主要な構成要素（他に掘立柱建物や平地式住居が存在する場合があることは否めない）とする集落遺跡によって、セツルメントシステムすなわち、生業や婚姻、交易といった社会システムの解明に欠かせない資料となる。また、住居の構築、生活それぞれの様相も重要であるが、特に縄文時代社会を考える上では、住居廃棄（住居の廃絶・埋没）と廃棄行為（竪穴を利用したゴミ廃棄）の復原が重要である。いまも議論がつづく縄文集

3部 補論と展望

落の定住性、計画性の実態を解明する手がかりはここにある。同時に、遺構に伴う埋設土器、フンドと理解されてきた覆土中一括遺物の時間的同時性・異時性（製作・使用・廃棄といった鈴木公雄の「時間の問題」（鈴木1969）を前提とする）の解明も重要であり、「井戸尻編年論争」にみるように日本先史時代の時間的基軸となる土器編年に深い関連を持つものである。改めて重要性を喚起したい。

　本稿では1970年代以降の動向については、本書各論考に譲り議論していないが、竪穴住居の研究を廻っては、「土屋根」に代表される上屋構造の研究、埋甕や炉・貯蔵穴など附帯遺構の機能的側面の研究、AMS炭素14年代研究・プラントオパール分析・土壌の水洗選別・覆土の土壌や火山灰分析など自然科学的分析による考古学的な情報収集、一括遺存遺物定量的分析や遺構間接合を含むドットと接合関係からの2次移動・攪乱行為やN変換（動植物性攪乱や氷霜作用など）を含む遺物移動や廃棄・遺存の把握、住居廃絶後の廃棄場や廃屋墓、儀礼的行為を含む多様な窪地利用の解明から、一時的集落景観としての同時存在（同時機能）住居の把握の是非に至るまで、多くの問題点が指摘できる。集落研究自体としても定型的な大規模環状集落論と集団移動論の議論は、基本的な構造としてはこの15年間変化がないに等しい。「横切り」といわれた集落の時間軸の設定に対する問題提起（住居の寿命と土器型式の継続期間との関係、同一型式期の重複住居の存在から前者の方が短いことは明らかだが、その意味するところが共通認識となっていない）も、問題提起のまま残されている。今後も続けて論じていくつもりである。

　　註
　　三殿台遺跡の調査日誌の調査については、2011年に横浜市三殿台考古館の許可を得て実見・写真撮影をおこなった。資料調査に当たり、三殿台考古館鈴木重信、岸上興一郎、橋口豊、横浜市歴史博物館高橋健の各氏にご高配を得た。

　　参考文献
石川日出志　2008　『「弥生時代」の発見　弥生町遺跡』遺跡を学ぶ50　新泉社
板橋区郷土資料館　2004　『特別展図録　考古学の基礎を固めた巨人』

戦後集落調査の系譜

板橋区郷土資料館　2005　『特別展図録　夢を掘った少年たち』
板橋区郷土資料館　2007　『特別展図録　時代を拓いた男と女』
板橋区郷土資料館　2009　『特別展図録　貝塚に学ぶ』
大村　裕　2011　『縄紋土器の型式と層位』六一書房
大村正之・林喜太郎　1923　「氷見郡氷見町朝日貝塚」『富山県史蹟名勝天然記念物調査報告』第六号
鍵谷徳三郎　1909　「尾張熱田高蔵貝塚実査」『東京人類学会雑誌』第266号
桐原　健　2011　「『井戸尻』前後の藤森先生」『長野県考古学会誌』135・136
黒尾和久　2008　「縄文時代集落研究の近況―「新地平スタイル」の視座から―」『縄文研究の新地平（続）〜竪穴住居・集落調査のリサーチデザイン〜』考古学リーダー15 六一書房
小泉　功　2009　「和島誠一先生の東洋大学での教育活動」『板橋区立郷土資料館紀要』第17号
國學院大學日本文化研究所　2004　『國學院大學学術フロンティア構想　柴田常恵写真資料目録　Ⅰ』
小林謙一　2000　「1998年の学界動向　編年論　中期」『縄文時代』10号
小林謙一　2002　「2001年の学界動向　集落論」『縄文時代』13号
小林謙一　2003　「縄紋竪穴住居調査史の一断面」『下総考古学』17 下総考古学研究会
小林謙一　2008　「AMS14C年代測定を利用した竪穴住居跡研究」『縄文研究の新地平（続）〜竪穴住居・集落調査のリサーチデザイン〜』考古学リーダー15 六一書房
小林康男　1986　『平出―古代の村を掘る―』信毎書籍出版センター
斎藤　忠　1985　『考古学史の人びと』第一書房
佐々木藤雄　1994　「水野集落論と弥生時代集落論（上）―侵蝕される縄文時代集落論」『異貌』14
佐々木藤雄　1996　「水野集落論と弥生時代集落論（下）―浸食される縄文時代集落論―」『異貌』15
佐藤伝蔵　1898　「日本々州に於ける竪穴発見報告」『東京人類学会雑誌』第十三巻
静岡市教育委員会　2010　『特別史跡登呂遺跡』岡村渉編集
静岡市立登呂遺跡博物館　1990　『登呂遺跡第1次調査の記録（昭和18年（1943年）調査』登呂遺跡基礎資料1、中野宥編集

3部　補論と展望

品川区歴史館　2007　『図録　日本考古学は品川から始まった』
品川区歴史館　2001　『モース博士と大森貝塚（改訂版）』
鈴木公雄　1969　「土器型式における時間の問題」『上代文化』第 38 号
諏訪市博物館　2011　『諏訪地域考古資料　藤森栄一蒐集品目録』
日本考古学協会　1954　『登呂　本編』毎日新聞社
高橋良治　2006　「いくつもの出会いがあってⅡ（第 14 回）」『アルカ通信』№ 33　考古学研究所アルカ
滝沢　浩　1965　「中期縄文文化のシンポジウムに出席して」『長野県考古学会会誌　3 号長野県考古学会「シンポジウム中期縄文文化の諸問題」』
名古屋市博物館　1988　『特別展考古学の風景　名古屋における発見と調査のあゆみ』
蒔田鎗次郎　1896　「弥生式土器（貝塚土器ニ似テ薄手ノモノ）発見ニ付テ」『東京人類学会雑誌』第 122 号
蒔田鎗次郎　1902　「弥生式土器と共に貝を発見せし事に就て」『東京人類学会雑誌』第 192 号
松村恵司　1975　「井戸尻編年とその問題点」Circum-Pacific　2 号
武藤雄六　1974　「藤森先生とその人柄─知られざる一面を通して─」『長野県考古学会誌　藤森栄一会長追悼号』19・20 合併号
横浜市歴史博物館　2011　『特別展図録大昔のムラを掘る─三殿台遺跡発掘 50 年』（高橋健編集）
和島誠一　1948　「原始聚落の構成」『日本歴史学講座』学生書房
和島誠一　1953　『大昔の人の生活　瓜郷遺跡の発掘（少国民のために）』　岩波書店
和島誠一　1955　「集落址」『日本考古学講座』1　河出書房

型式組列原理再考

五十嵐　彰

「型式学的方法によって編成された型式組列は、そのままでは机上で作られた作業仮説にすぎないから、出土状況によって検証されなければならないとモンテリウスは説く。出土状況による検証とは、層位学的方法を援用することである。乱されていない土層が上下に重なっている場合、下層が古く、上層は新しい。型式学的に古いと判断した物が下層から、新しいと判断した物が上層から出土すれば、その型式学的判断は検証されたことになる。現在の日本でも盛んに使われている方法であるが、実は、モンテリウスはこの方法について詳しく語っていない。おそらく、彼の研究生活において、層の上下関係を利用するチャンスが少なかったからであろう。」（横山 1985：52）

＊はじめに

考古学においてその中心的な位置を占める型式概念を支えるさらに中心的な方法として、「型式組列」がある。モンテリウスに始まり今日に至るまで、考古学という学問において黄金律のように疑われることのない確固不動のものとして述べられている。

遺構に代表される＜場＞と遺物に代表される＜もの＞のそれぞれの製作と廃棄の諸関係に関する検討を通じて、遺構−遺物および製作−廃棄という二種類の対立項による遺構製作時間・遺構廃棄時間・遺物製作時間・遺物廃棄時間という考古学における基本的な時間性の相互関係について論じた（五十嵐 2011）。本稿ではこうした認識に基づき、型式論における「型式組列」という方法について、そこで述べられている事柄はどのような時間性を念頭に置いて述べられているのか、その内実をできるだけ筋道を立ててひとつひとつ確かめてみる。こうした検討を通じて得られる＜もの＞と＜場＞の時間性

に関する新たな見通しについても考えてみたい。

＊型式組列原理

「型式組列」と呼ばれている原理は、以下の諸概念によって構成されている。

1) 型式の設定

同じものを他の異なるものと区別するという類似と差異の認識によって、「型式」が成立する。その主たる判断材料は、「もののかたち」という製作時間に付与された属性に依拠している。

2) 型式組列の編成

「型式」の時間的前後関係の連なり（系列）の方向性（型式学的順序）、すなわちどちらが古くどちらが新しいかを推定する。型式組列における「同型式」とは製作時間における同時性を示し、「異型式」とは「型式」という区分単位の時間的変遷に基づく異時性を表わす。型式連続すなわち「もののかたち」の時間的変遷を裏付ける根拠として、当初の機能が形骸化する部位を痕跡器官（rudimental form）として認識する在り方が述べられる。

3) 一括遺物

型式組列の並行性という考え方の前提概念として、遺物廃棄時間の同時性を意味する「一括遺物」（田中 1978：18、2002、横山 1985、文化庁 2010：123）がある。「発見物（Fund）」（モンテリウス 1932）であり、「共存（co-existence）」（濱田 1922）である。

4) 組列の並行性

型式組列の並行性（「組列の平行性（Parallelismus）」（モンテリウス 1932）、「並行的事実（parallelism）」（濱田 1922）、「系列の平行関係」（エガース 1981）など）が語られる。複数の型式組列をアルファベットの大文字と小文字あるいは大文字同士の連なりによって表現し、一括遺物による組列間の対応関係を示す。組列の順序が相互に対応するものを「錯倒なき並行」、対応しないものを「錯倒ある並行」と称する（濱田 1922:151）。「錯倒なき並行」は「並行正列」、「錯倒ある並行」は「型式順序の設定に誤謬あるを示すもの」とされる。

＊並行性の図示

こうした説明原理およびその説明図は誰でも理解が容易なために、多くの概説（モンテリウス 1932：31、濱田 1922：151、田中 1978：19、横山 1985：図 5）において型通りに踏襲されている。モンテリウス以下諸氏によって示されてきた組列の並行性を示す挿図については、煎じ詰めれば以下のように表現することができる（第 1 図）。

```
A ─── a          A ─── b
B ─── b          B ─── a
```

（Ⅰ）錯倒なき並行　　　（Ⅱ）錯倒ある並行
第 1 図　型式組列の並行性

上から下に並んでいるものを左から右に、線分で結ばれている「一括遺物」関係を箱型図形で表現すると以下のようになる（第 2 図）。

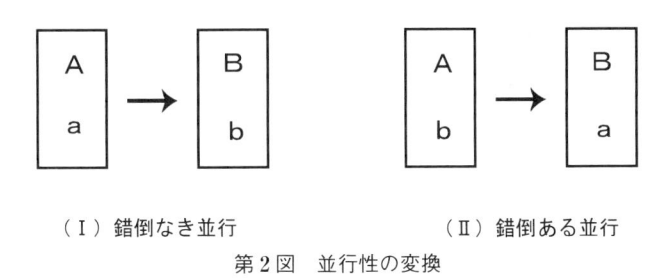

```
┌───┐   ┌───┐     ┌───┐   ┌───┐
│ A │ → │ B │     │ A │ → │ B │
│ a │   │ b │     │ b │   │ a │
└───┘   └───┘     └───┘   └───┘
```

（Ⅰ）錯倒なき並行　　　（Ⅱ）錯倒ある並行
第 2 図　並行性の変換

＊錯倒なき並行

（Ⅰ）「錯倒なき並行」について＜場＞と＜もの＞の相互関係の観点から、層位的方法（「同一地点に於いては下層のものは上層のものより古く、異りたる地点に於いても、其の連続せる層位、若しくは同一性質の層位より発見せられたる遺物は同様の関係を有するものなりとする原則」濱田 1922：143）に基づいて検討してみよう。

下層「α」にアルファベット大文字で表現される組列の古い型式「A」とアルファベット小文字で表現される組列の古い型式「a」が、上層「β」に

3部　補論と展望

新しい型式の「B」と「b」が存在している状況を、「＜場－もの＞状態模式図」として第3図（左）に示す。

これを「＜場－もの＞製作－廃棄相関図」で表現すると第3図（右）になる。廃棄時における「一括遺物」（＝共存関係）によって示される新旧関係は、製作時における型式学的順序においても「正しく」対応するものとして理解される。すなわち「古いモノは下層に、新しいモノは上層に」という理解が是認されるわけである。

言い換えれば「A－a」という「α」における「一括遺物」なる存在状態によって認識された同時期廃棄から、「A－a」の同時期製作（同型式）が推測され、同じような「同時期製作－同時期廃棄」を示す「β」における一括遺物「B－b」の存在、およびそれぞれが「α→β」という＜場＞が生成される加重複（累重）関係に応じた「異時期製作－異時期廃棄」として「A→B」および「a→b」という型式組列（異型式）が例証されると考える。

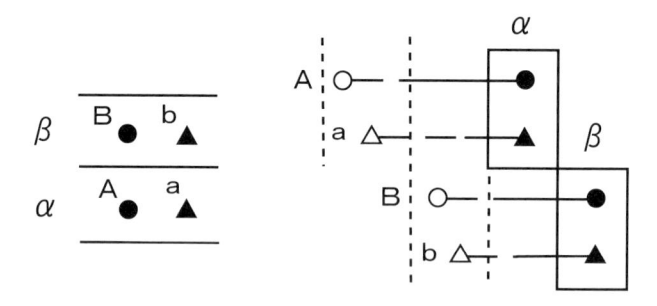

第3図　錯倒なき並行

＊錯倒ある並行

同じようにして（Ⅱ）「倒錯ある並行」について検討しよう（第4図）。

これはA－Bで表現される型式組列とa－bで表現される型式組列が対応しない場合である。A－B組列は「古いモノは下層に、新しいモノは上層に」という異時期製作－異時期廃棄の正順関係を示すのに対して、a－b組列は「古いモノが上層に、新しいモノが下層に」という同じ異時期製作－異時期廃棄でも逆順関係を示す。

こうした事象に対しては、「いずれかの、あるいは両方の組列が誤っていることになる」(田中 1978：19) あるいは「逆転した共存関係が認められた場合は、両組列の順序の正しさは検証されず、再検討を要することになる」(横山 1985：53) との評価がなされる。

しかしこうした事態は、事柄の性格上必然とも言うべきことである。なぜなら「一括遺物」という＜場＞における＜もの＞の存在状況から導かれる廃棄時間の同時性は、それぞれの＜もの＞の製作時間の同時性を保証しうるものではないからである。すなわち「吾々の研究に対する最も都合の好い「確実な」発見物でさへ、全体の品物が同時に埋められたものである事しか証明しない。全体の品物が同時代に作られたか否かに関しては、此等の発見物は何等の確証を興へないのである」(モンテリウス 1932：16)。このことは、「同時に埋められたもの」は「略ぼ(ほぼ)同時代のものである」という大まかな対応関係を示す副詞の存在、あるいは「一(つ)の「発見物」なるものは、その中にある型式が同時代のものであることを暗示するに過ぎない」という双方の対応関係の弱さを示す用語からも明らかであり、この点については繰り返し注意が喚起されている (田中 1978：18、同 2002：41)。同時性について言い得ることは、異時性についても言い得ることである。こうした場合に「いずれかの、あるいは両方の組列」が修正される可能性と共に、修正を必要としない事象として位置付けることが求められてしかるべきである。

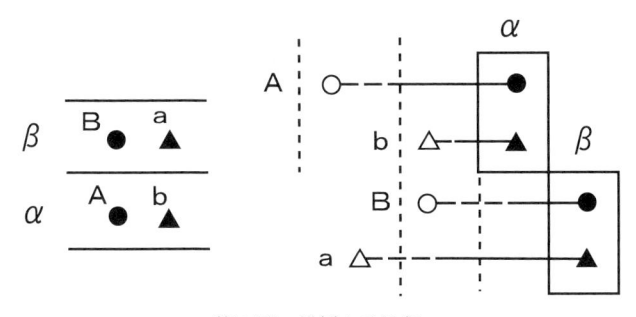

第4図 錯倒ある並行

3部　補論と展望

＊新旧型式の併存

　型式組列の並行性において、「錯倒ある並行」が生じる要因として「一括遺物における新旧型式の併存」という事象があげられる。すなわち「全く同時に埋められたとみなされた」一括遺物において、新旧の異型式が見出されることをどのように考えるかという問題である。この点に関しては、1. 製作年代と廃棄年代のズレ　2. 新旧型式が同時に行なわれていたという二つの解釈が提示されている（横山 1985：63）。その結論は、「新旧型式の併存は、製作年代と埋蔵年代の差によるのか、新旧型式の併存していた時期の現象なのか、現在のところ判断はできない」というものである。

　一方で、以下のような説明もなされている。

　「一括遺物としていくつかの型式の遺物がまとまって発見されたとしても、そのことはそれらの型式の遺物が同時に作られたものであることを暗示するにとどまることになる。異なった時代に製作された型式が組合せになって発見される偶然性を排除するためには、こういった組合せの事例数が増加し、それらが同時代の製品である蓋然性を高める必要がある。」（田中 1978：19）

　「異なった時代に製作された型式が組合せになって発見される」事象は、「偶然性」によるというよりもむしろ事柄の性格上「必然的」とも言い得るものである（第5図）。それならばそうした事象はただ単に「排除」するのではなく、どのような状況においてそのような現象が生じているのか、「そのような現象の存在については絶えず注意をはらっておく必要があろう」（横山 1985：64）。さらにこうした事象がいかに「錯倒ある並行」を生じさせるのか、その在り様、ひいては型式組列の理解を深めていくことが求められる。

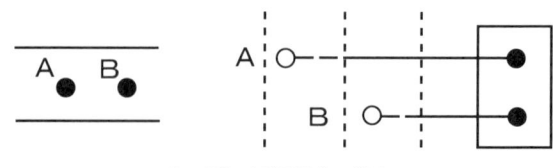

第5図　新旧型式の併存

*セリエーション

新旧両型式の併存という事象については、このように注意が喚起されているにも関わらず、その事柄の本質が深く追求されることは少ない。その際に重要な観点を提供するのが、「セリエーション」という分析手法である。

「セリエーション」とは、「一括遺物の一つ一つについて、各型式の出現頻度を算出し、各型式の出現頻度の変遷が自然な形をとるように、(中略) 一括遺物の配列順序を定めることにより、相対的な編年を行なう方法」(横山 1985：76) であり、「資料に存在する複数の要素間の組み合わせを、出現頻度のパターンとして抽出し、そのパターンの変化を時系列上の変化として捉える手法である」(鈴木 1999：8)。横山 1985 においてボストン市の共同墓地における墓石のデザイン (ディーツ 1988) あるいは京都府の木津惣墓における墓碑データが紹介されたことにより、「出現頻度の変遷」すなわち「頻度のセリエーション」は一般にも知られるようになった。

前掲引用文 (横山 1985：76) において示されているように「型式の出現頻度の変遷を示す横棒」(同：59) とは、すなわち「一括遺物」における型式組成比であり、その「横棒の縦の連なり」はある型式における系列 (型式組列) に他ならない。その「連なり」が「紡錘形」あるいは「軍艦形」を呈するということは、＜もの＞の出現・消滅に通有の現象であると共に、新旧両型式が併存する事象もまた必然であることを如実に表わしている。

ここで注意しておくべきことは、ボストン市の墓石群であれ京都府の墓碑群であれ「墓碑の型式別出現頻度の変遷」とはすなわち「部材の製作時間をパラメータとした一括遺物」に基づく型式組列であるということである。それに対して「埋納銭の型式別出現頻度の変遷」(鈴木 1999) は、「遺物の廃棄時間をパラメータとした一括遺物」に基づく型式組列である。「一括遺物」を「同時に埋没したと推定できる状態で発見された一群の遺物」(田中 2002：40) と定義するならば、前者がこの定義を逸脱していることは明白であろう。そして縦に並べる組成比単位の配列が年代という固定された前者に対して、各組列における組成比の割合によって配列を移動させることで結果としての「連なり」を形成する後者とでは、根本的なアプローチが異なる。言うなれ

ば対象資料に記された製作年代によって型式組成比を配列する「墓碑セリエーション」は、本来導き出すべき答えが分析の出発点に据えられたある意味で特異なセリエーションなのである。このことはセリエーションという手法における根本的な違いであるにも関わらず、現在なされている説明では言及されることがない（上原 2009、朽木 2009、2011）[1]。

＊文様の型式

同じように「古典的型式学の原理」（横山 1985：48）から逸脱する事例として、「文様の型式と組列」（田中 1978：22）あるいは「属性分析」（横山 1985：67）が挙げられている。＜もの＞に対する「文様要素」の型式変遷を取り扱うに際して、複数の文様を有する＜もの＞そのものを「一括遺物」とみなすわけである。これもまた「一括遺物」という用語が意味する範囲を超え出ていることは、明らかである。「共存関係」（association）ないしは「組合せ」（assemblage）といった概念（チャイルド 1964、1969）でなければ対処できない事態である。

さらに＜もの＞型式と＜文様＞型式との差異について、考えなければならない。まず文様あるいは画像（例えば縄文土器口縁直下の凹点文や方格規矩四神鏡系倭鏡の白虎あるいはミッキーマウスなど）においては、製作・使用・廃棄という＜もの＞一般に認められるプロセスそのものが区分し得ず一体化しているという点である。＜もの＞に「文様」を描き出すという行為そのものが、一括遺物扱いされる＜もの＞の製作行為そのものなのである。先に検討した新旧型式の併存という問題についても、「文様」型式と＜もの＞型式とでは異なる様相を示す。すなわち「文様」型式においては製作時間と廃棄時間のギャップという＜もの＞資料における通有の性質が存在しないために、「文様」型式における「錯倒ある並行」の発現は＜もの＞型式に比べて格段に低くなる。また同じように＜もの＞を構成する「文様」型式と「部分（要素）」型式、例えば「痕跡器官」との異同すなわち「文様」と「かたち」の相互関係についても考えなければならないだろう。

＊型式と組成

「タイプは、モノの個の属性として「いつ、どこで、だれが作ったか」を示すものであり、生産の概念である。……これに対しアセンブレッジは、そうしたタイプとしての属性を個々に内包するモノが、いかにあったか、「だれが、何を、どのように（どこで）、使ったか」という、モノの群としての、使用の場での概念である。」（小野 1995：180）

型式は＜もの＞の製作時において形成された属性によって成立する。それに対して「一括遺物」という「全く同時に埋められたもの」あるいは「同時使用を示す状況」といった出土状況を認識単位とした＜もの＞の組合せ（組成）は、＜もの＞の廃棄時に形成される「まとまり」であり「使用の場」を示す。こうした違いが明確に認識されなかったことから、多くの齟齬と混乱が引き起こされてきた。

「型式論争はさて置き、九兵衛尾根Ⅰ式とか、九兵衛尾根Ⅱ式とかの型式名を土器へ持って行くことにむしろ問題があると思うのです。これは住居址の一番最終時に存在した土器の層であって、それが果たして土器の型式であるかどうか。これを八ケ岳南麓の中期縄文土器の編年とされるから問題が複雑になるのであって、これを中期縄文時代住居址終末期層の編年というのであればおそらくよかったと思う。それで土器を使用したその面で編年して行くという努力はそこに新しい方法を見つけ出すものだと思う。上手に発掘して竪穴の前後関係を積み重ねて行ってそこに一本集落全体に見通しがついた時に土器に一つの意味がついてくるかもしれない。だからその時までに土器型式とする意味はしばらくさし置かれて住居址の一番最終末期の資料であると理解される方が適切ではないかと思う。」（水野 1965：24）

竪穴住居跡から出土する「一括遺物」を基準とした「井戸尻編年」の問題性が指摘されている（寺内 2001、大村 2011 など）。山内型式論にせよ「井戸尻編年」にせよ、前者が加重複痕跡である累重地層を参照し、後者が減重複痕跡である竪穴住居跡の「切り合い」という＜場＞における＜もの＞の在り方に基づいていることに変わりはない。製作属性である土器型式と廃棄属性である出土状況の相互検証が必須のプロセスとして認識されている限り、両者

231

3部　補論と展望

の違いは「型式と層位」あるいは＜もの＞と＜場＞のどちらにより重きを置くかといった認識の相違に起因するのではないか。

＊おわりに

「型式組列」には、「古い＜もの＞は下層から、新しい＜もの＞は上層から」という発想が前提とされており、そこに「群」としての考え方は含まれない。だからこうした前提に背馳するような事例、すなわち「新しい＜もの＞が下層から、古い＜もの＞が上層から」見出された場合には、「錯倒ある誤謬」と看做されてしまう。

しかしある＜場＞における単位性をもとにして語られる＜もの＞の廃棄時間の同時性（一括遺物）と＜もの＞の製作時間において形成される同時性および異時性（型式概念）とは異なる次元の概念だから、私たちが立つ日々の現場では「錯倒ある事例」に必ずや直面せざるを得ない。型式組列すなわち＜もの＞の製作時間を単位とした連続性と一括遺物すなわち＜場＞の単位性をもとにした＜もの＞の廃棄時間による連続性とは、似て非なるものである。そこに示されるのは、連続的に製作される＜もの＞を区分する「型式時間」と個別の＜もの＞の最終的な廃棄時の集合体としての「層位時間」との違いである。遺物廃棄の同時性に基づく「層位時間」から遺物製作の同時性に基づく「型式時間」を認識しようとしても、「確証を与へない」あるいは「暗示するに過ぎない」といった蓋然性に留まらざるを得ない。たとえ30例以上の「錯倒なき事例」を積み重ねたとしても、それはある型式連続を確定するに資するだけで、「錯倒ある事例」の存在自体が消失するわけではない。

製作の同時性を示す同型式という概念については、製作された＜場＞が検出されるような特殊な事例、例えば窯跡出土資料など以外には、実際に確かめようがない。こうした意味からも「下層の遺物は古く、上層の遺物は新しい」という文章に引き続いて記された「個々の遺物の先後関係の判定に対してではなく、それらの遺物を通じて想定される型式の先後関係の判定のばあいであることはいうまでもない」（小林1959：583）という意味を吟味しなければならない。

型式に代表される＜もの＞組列は「はやり・すたれ」というポピュラリティに、＜場＞組列は「層位的出土状況」というストラティグラフィとして、考古学における二大原則として提示されている（ギャンブル 2004：90）。両者を統合するのが、量的頻度分布であるセリエーションである。時空間の格子目に配置された＜もの＞組列の「型式編年表」と「一括遺物」の組成比という＜場＞組列の「セリエーション・グラフ」があたかも対比して示されているような場合に（例えば朽木 2011：58-59 など）、両者の内包する意味の違いに意識的でなければならない。私たちに要請されているのは、諸型式の組合せから物質文化の同定という方向性を志向する＜もの＞の製作時間に基づく＜もの＞組列に対して、＜もの＞の廃棄時間に関わる＜場＞組列の関係を明らかにしていくことであり、このことは＜場＞と＜もの＞の相互関係を解き明かす考古学の根本問題である。

　註
1)　両者すなわち時間的序列が明らかな資料に基づく固定されたセリエーションと出現頻度の「横棒の連なり」を相応しい位置に配置する移動可能なセリエーションとを併用する文様型式に着目した研究事例がある（岩田 2011）。

　文献
五十嵐　彰　2011　「遺構時間と遺物時間の相互関係」『日本考古学』第 31 号：39-53.
岩田安之　2011　「頻度のセリエーション、系統のセリエーション、流行のタイムラグ　－青森県縄文時代前期後半期における土器の分析－」『考古学と陶磁史学　－佐々木達夫先生退職記念論文集－』金沢大学考古学研究室：200-218.
上原真人　2009　「セリエーションとは何か」『考古学　－その方法と現状－』放送大学教育振興会：129-148.
エガース、ハンス（田中　琢・佐原　真　訳）　1981『考古学研究入門』岩波書店.
大村　裕　2011　「「井戸尻編年」とその周辺　－山内清男の方法論との対比から－」『縄紋土器の型式と層位　－その批判的検討－』六一書房.
小野正敏　1995　「中世の考古資料」『岩波講座　日本通史』別巻 3　史料論、岩波

3部　補論と展望

書店：175-200.
ギャンブル、クライブ（田村　隆　訳）　2004　『入門現代考古学』同成社.
朽木　量　2009　「セリエーション・グラフによる六道銭分析と標準化」『六道銭の考古学』高志書院：51-60.
朽木　量　2011　「時間をよむ」『はじめて学ぶ考古学』有斐閣：51-74.
小林行雄　1959　「層位学的研究法」『図解　考古学辞典』東京創元新社：583.
佐原　真　1974 a　「一括遺物」『古代史発掘5　大陸文化と青銅器』講談社：105.
佐原　真　1974 b　「遺物変遷の順を追う　－型式学的方法の原理－」『古代史発掘5　大陸文化と青銅器』講談社：133-136.
佐原　真　1995　「原始・古代の考古資料」『岩波講座　日本通史』別巻3　史料論、岩波書店：131-174.
鈴木公雄　1999　『出土銭貨の研究』東京大学出版会.
田中　琢　1978　「型式学の問題」『日本考古学を学ぶ』1、有斐閣：14-26.
田中　琢　2002　「一括遺物」『日本考古学事典』三省堂：40-41.
チャイルド、ゴードン（近藤義郎　訳）　1964　『考古学の方法』河出書房（改訂新版 1981）.
チャイルド、ゴードン（近藤義郎・木村祀子　訳）　1969　『考古学とは何か』岩波新書 703.
ディーツ、ジェイムズ（関　俊彦　訳）　1988　『考古学への招待』雄山閣.
寺内隆夫　2001　「勝坂式土器と後沖式土器、および「井戸尻編年」のとらえ方　－『縄文時代』10号掲載の三上徹也論文に答える－」『長野県考古学会誌』第97号：33-60.
濱田耕作　1922　『通論考古学』大鐙閣.
文化庁文化財部記念物課　監修　2010　『発掘調査のてびき　－整理・報告書編－』同成社.
水野正好　1965　「シンポジウム　中期縄文文化の諸問題　Ｉ中期縄文土器の編年型式の把握について　発言」『長野県考古学会誌』第3号：24.
モンテリウス、オスカル（濱田耕作　訳）1932『考古学研究法』岡書院（再版 1984 雄山閣）.
横山浩一　1985　「型式論」『岩波講座　日本考古学』1　研究の方法、岩波書店：43-78.

結〜縄文集落研究の足場

黒尾和久

　『縄文研究の新地平（続々）』をお届けした。
　本書は、私たち「新地平グループ」の活動の端緒となった1995年開催のシンポジウム『縄文集落研究の新地平』から15年という節目に行った研究集会の記録集である。「縄文集落研究の現在・過去・未来」という副題は、私たちはどこから来て、今どこにいて、どこへ行くのか、という意味が込められている。皆さんの読後感はいかがであろう。

＊

　序で小林謙一は、グループの研究目的を、南西関東の縄文中期集落遺跡における活動内容の考古学的情報から実証的復元（基礎研究）と、居住形態や社会組織、生業形態、社会システムの復元（展開研究）に分けて紹介した。また私たちの研究は、他者に広く連帯を求める運動であるとし、その当面の目的を、縄文集落研究の実像を探るために必要な研究ツールの獲得と実践、改良や普及という基礎研究の徹底にあり、必ずしも縄文社会を明らかにする展開研究をすぐさま行う義務はないとも断った。
　基礎研究を重視するグループの研究姿勢（「新地平スタイル」）に対して、本書に研究集会「参加記」を寄せた山本典幸は、一部の安易な社会組織論や親族組織論やクランや出自、双分制などの曖昧な定義に対する私たちの批判的対応を評価する一方で、なかなか縄文社会の復元へと研究を進めない慎重な態度（「急がば回れ」）に、「禁欲的」「こだわり」というキーワードを用いて、いい加減に基礎研究から展開研究へと移行しろと誘った。
　私たちが、外からどう見られているのか、良く解ったので、山本からの「こ

3部　補論と展望

だわり」という箴言をありがたく受け止めたい。ただ提案にしたがって、新たなユニットを組織し、縄文社会の復元までを志向する研究集会に参与することにやぶさかではないが、私たちは、きっとそこでも「新地平スタイル」を墨守するに違いない。宇佐美哲也による「討論のまとめ」にも書かれているが、このスタイルに拠ることが、私たちが私たちである証であるし、だからこそ支持してくれる同道の輩がいると信じているからである。

＊＊

　私たちの集落研究の目的や方法は、東京を中心にした埋蔵文化財行政の調査現場で働き、経験値を上げることで培われたものである。「団塊の世代」の背中を見ながら、記録保存を前提とする行政調査に参加したわけで、発掘現場に事欠かなかったという意味では良い時代を生きられたと思う。だから責任もあると自覚する。小林も述べたように、直近の20年間に行政発掘調査は、時間短縮を目途とした効率化・省力化・画一化へと傾斜し、調査資料を量的には積み上げてはきたものの、それを研究に十分に活かしきれない状況を招来した。埋文行政の厳しい現況に抗い、発掘調査を主とした考古学的情報から社会復元する手立ての確立を目指し、広く連帯を求めるのが、私たちの「新地平運動」の一側面である。もう一側面は、縄文集落や社会をめぐって様々な解釈論が提示されてきたが、山本の言うように、その大半が根拠に乏しい荒唐無稽な机上の空論（見てきたような嘘！）ばかりであり、それらは共同体論や水野集落論に代表される演繹的モデル論が主体であった戦後の集落研究の系譜の上にある。そうした研究史や研究現状を厳しく批判的にとらえて、「発掘調査を主とした考古学的情報」から帰納的・実証的に社会復元する手立ての確立（研究地平の開拓）を目指し、広く連帯を求めることである。

＊＊＊

　私たちが考古学調査に携わるようになった1980年代に、すでに集落研究の停滞が認識されていた。そうした閉塞状況からの脱却を目指した「新地平

結～縄文集落研究の足場

　グループ」の調査資料を駆使した実証主義的な営みは、90年代以降、学界内でも一定のポジションを獲得したと思う。

　しかしながら、今なお縄文集落に対する旧態依然とした見方は根強い。その代表例を本書の編集が進んでいる最中に行われた練馬区教育委員会主催の講演会「縄文のムラ」での小林達雄の言説にみることができる。氏は、典型的なムラには、住居群の真ん中に広場があり、社会的機能を有すること、住居群は二群に別れ、居住者の血筋が異なること示す（双分制）と確信的に語った（同記録集2012年3月）。そこで言及された先行研究は、宮坂英弌の与助尾根遺跡の調査と和島誠一の集落論のみであった。読者は、このムラ語りを冒頭の調査史年表に照らして如何に評価するのだろう。講演会が水野集落論に先立つ1960年代前半に行われたものならば納得もいくが、2010年代の所産であることに驚きを禁じ得ない。

　もちろん、私たちは、研究地平を50年以上後退させるようなムラ語りは全く容認できない立場にあるけれども、それ以前に氏が「縄文人のことは私に聞け」と言わんばかりであることも腑に落ちない。開陳される「見識」の根拠は何で、それを証明する道具立ては何かと改めて問いたい。原発安全神話の崩壊という教訓を得た今こそ、「縄文神話」も根拠に乏しいならば、見直されて然るべきだろう。流布する「縄文」に関する言説のうらを、縄文人に代わって如何にとるのか、それもまた実証研究の醍醐味の一つでもある。要するに縄文文化に関する研究素材は、まずは列島における発掘調査資料に求めるべきであり、縄文人のことは遺跡に「聞く」しかない（→「縄文研究姿勢方針」とでも呼ぼうか？）。

　私たちは、調査記録の積み上げによる実証的・帰納的所見を基礎にすれば、あり得ない珍妙な解釈論、教条主義による公式的理解はおのずから清算消去され、復元可能な社会像も絞られていくと信じている。新たな解釈モデルのヒントを得るために欧米の理論書を読むのを否定しないし、先学の持論に盲従するのも勝手であるが、私たちは、研究レベルが縄文社会の復元にあるならばなおさらに、「新地平スタイル」による実証的・帰納的な検討によって導きされた所見が尊重されることを願う。

3部　補論と展望

＊＊＊＊

　さて発掘調査資料を中核にした実証的・帰納的なアプローチによって、縄文集落の実像を探るために必要な研究ツールの獲得に「こだわり」続けている「新地平グループ」であるが、今回の研究集会での小林・中山・黒尾の発表は、図らずも自らが参画した1980年から30年間の竪穴住居を中核とした調査経験を、考古学調査史に位置づける試みとなった。集会参加者には後ろ向きに映ったかもしれないが、集落研究目的や方法など、私たちの研究の足場の「正統性」について学史に照らして確認する営みになった。と同時に、従来の集落研究のどこに弱点があったのか、改良すべきことはどこにあるのか、過去に学び、現在の足場を確認し、未来へと展望する営みとなった。

　本書冒頭に小林の提案で、山本・五十嵐両氏の協力も得て、武蔵野・多摩地域を中心とする調査史年表をまとめた。今後も補訂する心算であるし、すでに小林は研究の余滴として、補論「戦後集落調査の系譜」をまとめた。今後、私たちは1960・70年代の集落遺跡や竪穴住居の調査の目的・方法などについて、先学からの聞き取りも始めたいと思う。

　また研究集会では、北海道・北関東・中部・東海・瀬戸内地域の集落調査や竪穴住居調査の方法についての個別研究報告を行った。縄文集落の実像を探るために必要な研究ツールの獲得、その実践と洗練、改良や普及という「新地平スタイル」の指向に即した具体的実践報告（大網・遠部・村本報告）と、「新地平スタイル」の視座に立つときの各地での調査実践の現状を垣間見る報告（纐纈・櫛原・武川）に別れた。前者のような意欲的な個別報告は今後も機会をとらえて行う予定であるし、後者は、必ずしも「新地平スタイル」対して前向きな報告ばかりではないのが残念だが、各地域において、研究・調査の当事者が、自分はどこから来たかを学び、どこへ行くのかを展望するきっかけにしてほしい。

＊＊＊＊＊

　なお補論として五十嵐彰には「型式組列原理再考」を寄せてもらった。即

物的で細かい話題提供が中心になりがちな「新地平グループ」であるが、「私たちに要請されているのは、諸型式の組合せから物質文化の同定という方向性を志向する＜もの＞の製作時間に基づく＜もの＞組列に対して、＜もの＞の廃棄時間に関わる＜場＞組列の関係を明らかにしていくことであり、このことは＜場＞と＜もの＞の相互関係を明らかにする考古学という学問の根本問題である」というまとめは、示唆にとみ、納得がいく。

　私たちが縄文中期集落研究のために設定した「新地平編年」も、基本的には文様要素の変遷を縦軸にとって構築されている「製作時間に基づく＜もの＞組列」であり、それを時間軸としての住居の重複・近接、竪穴の覆土形成、遺物の分布・接合状況などを駆使しての一時的景観の復元研究とは、まさに「＜もの＞の廃棄時間に関わる＜場＞組列の関係を明らかにしていくこと」に他ならない。

　じつは「製作時間に基づく＜もの＞組列」である「新地平編年」については、大方の理解を得られるようになったが、「＜もの＞の廃棄時間に関わる＜場＞組列の関係」を明らかにする後者についての意義は、なかなか理解が得られない。私たちは、そこに土器型式における時間と集落や住居における時間は異なるものであるという最も基本的な認識が、ベテランともいえる調査者・研究者にも形成されていない弱点をみる。集落研究のあゆみを繙けば明らかだが、当然行われるべき「＜もの＞の廃棄時間に関わる＜場＞組列の関係」について吟味されている仕事は驚くべきことだが、ほとんど認められない。だからこそ1995年のシンポジウム『縄文中期集落研究の新地平』の画期性が際立っていると自負している。

＊＊＊＊＊＊

　「＜もの＞の廃棄時間に関わる＜場＞組列の関係」の検討が軽視されてきたことに無関係ではないのが、土器の細別時期と住居の存続時間に対する認識の齟齬、というよりも哀しき混乱の存在であろう。私たちは、ここ15年以上にわたって次のように繰り返し述べてきた。時期細別を進めた「新地平編年」でも「環状集落跡」などの「重層的な居住の場」においては、同一時

3部　補論と展望

期に2〜3軒、事例によっては5・6軒以上の竪穴住居の重複・近接が認められる。各住居には、上屋の建て替えを示す複数の周溝、柱穴の重複、炉の付け替えなども珍しくないし、重複住居には古い竪穴が埋没する時間も見積もらなければならない。要するに、土器型式の細別時期の有する時間幅は、一軒の竪穴の構築から廃絶にいたる時間よりも相対的に相当に長いと考えるのが、資料実態に即した理解である。つまり同じ時期に属するからといって、同時機能した住居とはならない。「＜もの＞の廃棄時間に関わる＜場＞組列の関係」の吟味がないままに、「われ思う故に縄文ムラはかくありき」というような恣意的・独善的に住居群をグルーピングする水野集落論以来のやり方は、いい加減に集落研究のステージから退いてもらいたい。

　さらにこの10年の研究動向として、AMS炭素14年代測定の進展によって、「新地平編年」の有する時間幅が「20年」から「80年」と具体的に推定できるようになったことも貴重である。調査資料で点検するならば、一軒の竪穴住居の構築から埋没にいたる時間は、平均で10〜15年、場合によっては10年に満たないことも考えられる。

　具体的検討は個別に進めるべきであるが、上記の時間認識はもはや動かしがたい。私たちは、後学もそれを常識として、個別集落遺跡の形成プロセスに関する実証的検討（基礎研究）を行うべきだと考える。当然のことながら、その営みの過程で、解釈モデルとなっているセトルメントパターンの内容の破棄と新生を伴うであろうし、その上で複数の集落遺跡の関係性について考究する研究（展開研究）へと止揚するべきであろう。私たちは、この研究プランに賛同し、共に歩む者を常に求めている。

＊＊＊＊＊＊＊

　記録集のまとめとして相応しくない内容になった。研究集会に関わった方々に申し訳なく思うぐらいに、守旧派集落研究者への身構えと「新地平スタイル」への「こだわり」ばかりが目立っている。だが、そこに私たちのアイデンティティーがある。ご海容願いたい。

　最後に、私たちの考え方に共感していただける方、まったく賛同できない

と否定される方の双方に、集落研究の足場に関わる質問をして、本書を結ぶことにしたい。

　あなたの研究の目的はなんですか？

　目的の達成のための道具立て（ツール）はなんですか？

　成算はありますか？

　皆様には、この問いに対する応答を、次期研究集会で是非開陳していただきたい。

　もちろん私たちも、実践を通して考え、発言し続けたいと思う。

編者紹介

小林謙一(こばやし　けんいち)
1960 年生まれ
総合研究大学院大学修了
中央大学文学部准教授、博士(文学)

黒尾和久(くろお　かずひさ)
1961 年生まれ
東洋大学大学院修士課程修了
国立ハンセン病資料館学芸課長

執筆者一覧 (執筆順)

小林　謙一　(編者紹介参照)
中山　真治　府中市教育委員会
黒尾　和久　(編者紹介参照)
纐纈　茂　名古屋市見晴台考古資料館学芸員
遠部　慎　徳島大学遺跡調査室助教
櫛原　功一　帝京大学山梨文化財研究所
大網　信良　北杜市教育委員会
武川　夏樹　栃木県教育委員会
村本　周三　斜里町埋蔵文化財センター
宇佐美哲也　狛江市教育委員会
山本　典幸　首都大学東京兼任講師
五十嵐　彰　東京都埋蔵文化財センター

考古学リーダー21
縄文研究の新地平（続々）～縄文集落調査の現在・過去・未来～

2012年11月30日　初版発行

編　　　者	小林謙一・黒尾和久・セツルメント研究会編
発 行 者	八木　環一
発 行 所	株式会社 六一書房

〒101-0051　東京都千代田区神田神保町2-2-22
電話 03-5213-6161　FAX 03-5213-6160　振替 00160-7-35346
http://www.book61.co.jp　Email info@book61.co.jp

印刷・製本　藤原印刷株式会社

ISBN 978-4-86445-019-5　C3321　©2012　　　　　　　Printed in Japan

考古学リーダー
Archaeological L & Reader Vol.1〜20

1 弥生時代のヒトの移動 〜相模湾から考える〜
西相模考古学研究会 編　209頁〔本体2,800＋税〕

2 戦国の終焉 〜よみがえる天正の世のいくさびと〜
千田嘉博 監修　木舟城シンポジウム実行委員会 編　197頁〔本体2,500＋税〕

3 近現代考古学の射程 〜今なぜ近現代を語るのか〜
メタ・アーケオロジー研究会 編　247頁〔本体3,000＋税〕

4 東日本における古墳の出現
東北・関東前方後円墳研究会 編　312頁〔本体3,500＋税〕

5 南関東の弥生土器
シンポジウム南関東の弥生土器実行委員会 編　240頁〔本体3,000＋税〕

6 縄文研究の新地平 〜勝坂から曽利へ〜
小林謙一 監修　セツルメント研究会 編　160頁〔本体2,500＋税〕

7 十三湊遺跡 〜国史跡指定記念フォーラム〜
前川 要　十三湊フォーラム実行委員会 編　292頁〔本体3,300＋税〕

8 黄泉之国再見 〜西山古墳街道〜
広瀬和雄 監修　栗山雅夫 編　185頁〔本体2,800＋税〕

9 土器研究の新視点 〜縄文から弥生時代を中心とした土器生産・焼成と食・調理〜
大手前大学史学研究所 編　340頁〔本体3,800＋税〕

10 墓制から弥生社会を考える
近畿弥生の会 編　288頁〔本体3,500＋税〕

11 野川流域の旧石器時代
「野川流域の旧石器時代」フォーラム記録集刊行委員会（調布市教育委員会・三鷹市教育委員会・明治大学校地内遺跡調査団）監修　172頁〔本体2,800＋税〕

12 関東の後期古墳群
佐々木憲一 編　240頁〔本体3,000＋税〕

13 埴輪の風景 〜構造と機能〜
東北・関東前方後円墳研究会 編　238頁〔本体3,300＋税〕

14 後期旧石器時代の成立と古環境復元
比田井民子　伊藤 健　西井幸雄 編　205頁〔本体3,000＋税〕

15 縄文研究の新地平（続）〜竪穴住居・集落調査のリサーチデザイン〜
小林謙一　セツルメント研究会 編　240頁〔本体3,500＋税〕

16 南関東の弥生土器2 〜後期土器を考える〜
関東弥生時代研究会　埼玉弥生土器観会　八千代栗谷遺跡研究会 編　273頁〔本体3,500＋税〕

17 伊場木簡と日本古代史
伊場木簡から日本古代史を探る会 編　249頁〔本体2,900＋税〕

18 縄文海進の考古学 〜早期末葉・埼玉県打越遺跡とその時代〜
打越式シンポジウム実行委員会 編　208頁〔本体3,200＋税〕

19 先史・原史時代の琉球列島 〜ヒトと景観〜
高宮広土　伊藤慎二 編　306頁〔本体3,800＋税〕

20 縄文人の石神 〜大形石棒にみる祭儀行為〜
谷口康浩 編　239頁〔本体3,500＋税〕

六一書房刊